谨以此书
向奋斗在钢铁行业的劳动者致敬！

强国钢铁书系

共和国钢铁脊梁丛书

薪火

——辉煌 75 载之钢铁劳模志

中国钢铁工业协会　主编

北　京

冶金工业出版社

2025

内 容 提 要

一代人有一代人的使命。党的领导凝聚建设中国式现代化的磅礴力量。"希望广大劳动群众大力弘扬劳模精神、劳动精神、工匠精神，爱岗敬业、创新创造，踊跃投身以高质量发展推进中国式现代化的火热实践，为全面推进强国建设、民族复兴伟业而不懈奋斗。"这是习近平总书记向广大劳动者发出的伟大号召。

回首新中国成立75年来的壮阔征程，中国钢铁人集结在党的旗帜下，以建设钢铁强国为己任，代代英模辈出，为钢铁工业的发展积淀了宝贵的精神财富。作为钢铁行业第一部劳模志书，本书以社会主义革命和建设时期、改革开放和社会主义现代化建设新时期、中国特色社会主义新时代三个历史时期为时间轴，选取钢铁行业在不同历史时期涌现出的部分全国劳模和大国工匠、全国先进工作者等，讲述了他们矢志报国、艰苦奋斗、无私奉献、创新创造、追求卓越、勇攀高峰的感人故事，探寻钢铁人千锤百炼、薪火相传的动力源泉，为劳模精神、劳动精神、工匠精神留史存志，激励新时代的钢铁人为强国建设、民族复兴接续奋斗。

图书在版编目（CIP）数据

薪火：辉煌75载之钢铁劳模志 / 中国钢铁工业协会主编． --北京：冶金工业出版社，2025. 4. --（共和国钢铁脊梁丛书）． -- ISBN 978-7-5240-0177-5

Ⅰ. K826.16

中国国家版本馆CIP数据核字第2025BY2667号

薪火——辉煌75载之钢铁劳模志

出版发行　冶金工业出版社　　　　　　　电　　话　（010）64027926
地　　址　北京市东城区嵩祝院北巷39号　邮　　编　100009
网　　址　www.mip1953.com　　　　　　电子信箱　service@mip1953.com

责任编辑　王梦梦　张熙莹　徐银河　美术编辑　彭子赫　版式设计　郑小利
责任校对　郑　娟　责任印制　禹　蕊
北京捷迅佳彩印刷有限公司印刷
2025年4月第1版，2025年4月第1次印刷
710mm×1000mm　1/16；26.75印张；389千字；412页
定价198.00元

投稿电话　（010）64027932　投稿信箱　tougao@cnmip.com.cn
营销中心电话　（010）64044283
冶金工业出版社天猫旗舰店　yjgycbs.tmall.com
（本书如有印装质量问题，本社营销中心负责退换）

组织委员会

主　任　何文波　赵民革

副主任　谭成旭　姚　林　刘　键　沈　彬　钱　刚

　　　　　李建宇　张宝才　孟繁英　薄学斌　丁立国

　　　　　陈建光　刘安栋　张少明　张志祥　黄一新

　　　　　何天仁　程子建　姜　维

委　员（按姓氏笔画排序）

　　　　　王　芳　王　亮　方兴发　卢小龙　卢燕青

　　　　　朴银泉　闫爱中　许晓增　孙　宁　苏长永

　　　　　杜东兴　李炳军　吴晓玲　旷高峰　何　展

　　　　　张　捷　陆　婷　陈　琢　武军强　范铁军

　　　　　郏静洪　季　健　周　刚　聂振勇　柴　萃

　　　　　徐　英　高　杲　高梦婷　陶　广　楚绍国

　　　　　魏庆军

薪火相传　跟党奋斗

2024 年，我们迎来新中国成立 75 周年这一重要历史时刻，同时也站在实现"十四五"规划目标任务的关键节点。习近平总书记强调："广大劳动群众与党同心、跟党奋斗，辛勤劳动、无私奉献，用智慧和汗水为党和国家事业发展作出了重要贡献。""希望广大劳动群众大力弘扬劳模精神、劳动精神、工匠精神，爱岗敬业、创新创造，踊跃投身以高质量发展推进中国式现代化的火热实践，为全面推进强国建设、民族复兴伟业而不懈奋斗。"这些话语，如同一盏明灯，照亮了钢铁行业前行的道路，也赋予了钢铁人沉甸甸的责任与使命。

钢铁工业作为国民经济的重要基础产业，是国家综合国力与国防实力的重要象征。总书记的殷切期望，让我们每一位钢铁人，既为传承英模精神而深感自豪，又因肩负强国重任而热血沸腾。回首 75 载风雨历程，中国钢铁工业走过了一条波澜壮阔的奋进之路。1949 年，我国粗钢产量仅 15.8 万吨，钢铁供给极度匮乏；1950 年，钢材自给率仅 50%，钢种冶炼与钢材轧制种类极为有限。但历经岁月磨砺，到 2023 年，我国粗钢产量跃升至 10.19 亿吨，占全球总量的 54%。如今，我们能够冶炼包含高温合金、精密合金在内的 1000 多个钢种，轧制和加工 4 万多个品种规格的钢材。中国宝武的高牌号取向硅钢、鞍钢的桥梁钢、首钢的蝉翼钢、河钢的家电钢、太钢的手撕钢、沙钢的管线钢、中信泰富特钢的轴承钢等，在全球市场中占据领先地位。从浩瀚宇宙到深邃海底，从广袤大地到城市高楼，钢铁无处不在，支撑起共和国的坚实脊梁。

回顾来时之路，中国钢铁工业从弱小走向强大的每一步，都与中国人民从站起来、富起来到强起来的伟大征程紧密相连，也处处闪耀着劳模精神、劳动精神与工匠精神的光辉。在社会主义建设的激情岁月里，钢铁人在旧中国满目疮痍的土地上，以顽强意志和拼搏精神，奠定了新中国3500万吨产能的钢铁基础。这期间，涌现出了"老英雄"孟泰、"走在时间前面的人"王崇伦、"勇攀高峰"的马万水工程队等一大批全国闻名的英雄模范，写就了习近平总书记在2021年全国两会期间提及的"齐心协力建包钢"的动人故事。当时，鞍钢不仅输送大量钢材，还派遣7000多名干部和工人支援包钢建设，全国劳动模范孟泰更是带领技师奔赴包钢，助力解决技术难题。

改革开放时期，钢铁企业迎来脱胎换骨的变革。"工人阶级主人翁"李双良、"中国知识分子的光辉典范"曾乐、"改革先锋""国企改革'邯钢经验'的创造者"刘汉章等党员先锋模范人物脱颖而出，鞍钢共产党员集资买煤助企业渡难关、重钢共产党员带领职工开辟转岗再就业"第二战场"等感人故事广为流传。到了当下，"当代雷锋"郭明义的事迹家喻户晓，艾爱国、陶功明、叶宏勇、唐笑宇、唐成凤等一大批大国工匠、全国劳动模范群星耀眼，分别于2015年、2019年获得中宣部"时代楷模"称号的李超、河钢塞钢管理团队等闪亮登场，新一代钢铁人紧密团结在党的旗帜下，传承先辈精神，续写钢铁行业的时代赞歌。

是什么铸就了钢铁行业今日的辉煌？答案是中国共产党的坚强领导。新中国成立之初，党就将钢铁工业发展置于突出重要位置，通过建设"三大、五中、十八小"的战略布局，基本奠定了新中国钢铁工业的基础。1978年，党的十一届三中全会开启改革开放大幕，钢铁人在这一伟大决策指引下，奋起直追世界一流水平。党的十八大以来，钢铁行业深入学习贯彻习近平新时代中国特色社会主义思想，坚定不移推进高质量发展，在化解过剩产能的阵痛与绿色可持续发展的蜕变中，积极构建新质生产力，踏上以中国式现代化全面推进中华民族伟大复兴的壮阔征程。

又是什么激励着钢铁人前赴后继、报国图强？答案同样是中国共产党的坚强领导。从"跟共产党走，棒打不回头"的孟泰，到面对精密焊领域与国外 20 年差距立下"我要赶上去，也只有拼命"誓言的曾乐，再到牢记总书记嘱托"加速打造欧洲极具竞争力钢企"的河钢塞钢管理团队，以及"赠人玫瑰、手有余香"的郭明义、被习近平总书记赞许为"大国工匠，国家就需要你这样的人"的"七一勋章"获得者艾爱国、"严谨治学、甘为人梯"的北京科技大学老教授们……他们的勇毅笃行、坚韧不拔、勇担使命与无私奉献，充分彰显了党的领导所凝聚的磅礴力量，这股力量推动着中国式现代化建设不断向前。

习近平总书记指出："劳模精神、劳动精神、工匠精神是以爱国主义为核心的民族精神和以改革创新为核心的时代精神的生动体现，是鼓舞全党全国各族人民风雨无阻、勇敢前进的强大精神动力。"中国钢铁工业协会以习近平新时代中国特色社会主义思想为指导，在新中国成立 75 周年之际，组织全行业企业共同编写本书。作为钢铁行业第一部劳模志书，本书以时代发展为主线，分为艰苦奋斗、改革创新、开创未来三个部分，详细记录不同历史时期钢铁行业劳动模范的先进事迹，以此铭记他们为共和国建设立下的不朽功勋，展现中国钢铁人的精神风貌，探寻他们的初心使命与动力源泉，激励新时代钢铁人进一步增强"四个意识"、坚定"四个自信"、做到"两个维护"，传承榜样力量，跟党奋斗、不懈拼搏、成就梦想，续写钢铁行业新的辉煌篇章。

　　历经 75 年的砥砺奋进，几代钢铁人梦寐以求的钢铁强国目标，正逐步在新时代钢铁人手中实现。尽管当前世界处于百年未有之大变局，实现目标绝非一蹴而就，但有着光荣历史的中国钢铁人，在党的坚强领导下，有信心、有能力高举先辈薪火，在中国式现代化道路上铸就更加坚实、日益稳固的钢铁脊梁，为国家繁荣富强、民族伟大复兴贡献钢铁力量！

何文波

2025 年 3 月

目录
CONTENTS

开创未来

薪火

辉煌75载之钢铁劳模志

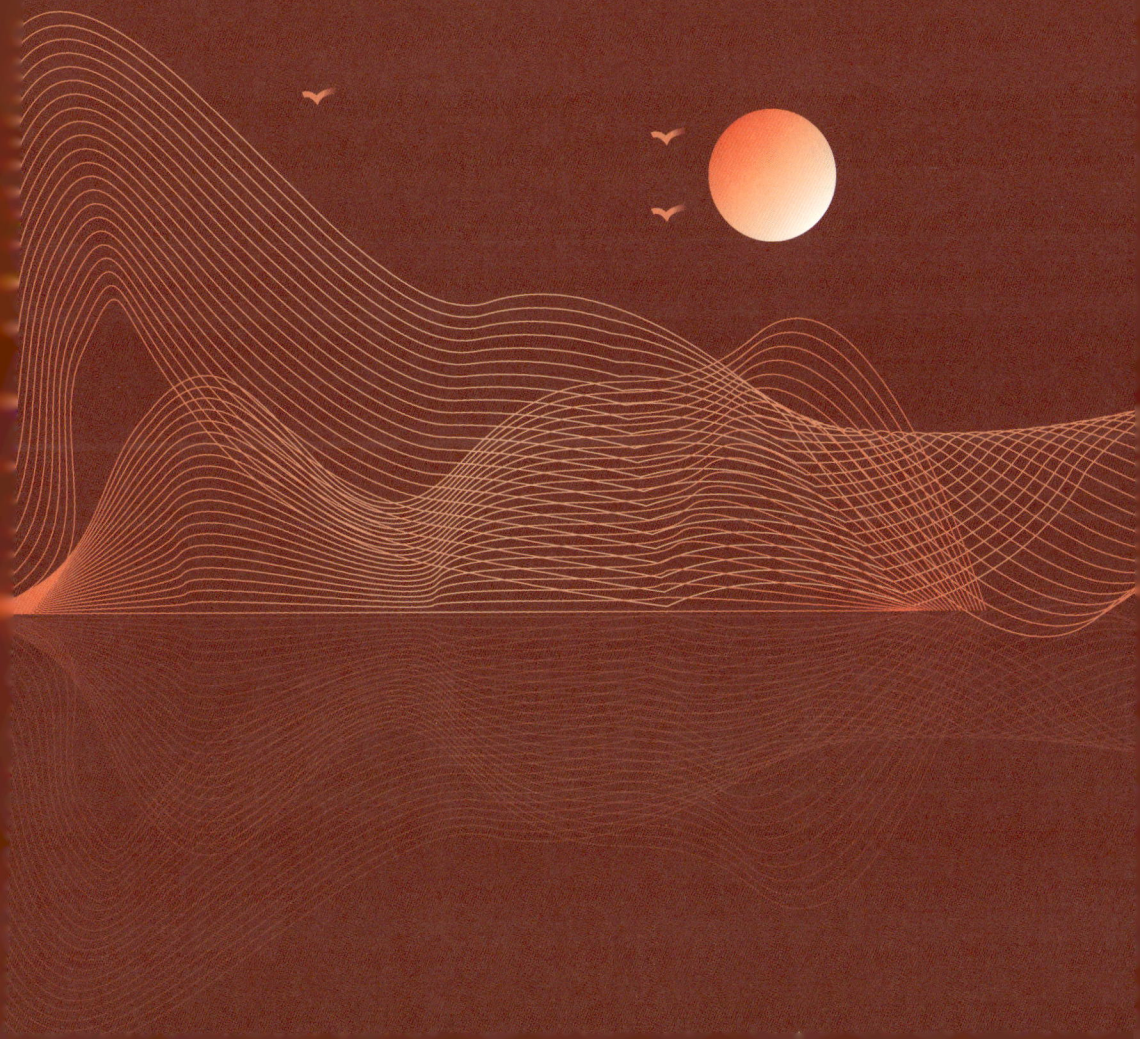
艰苦奋斗

习近平总书记在庆祝中国共产党成立100周年大会上庄严宣告："经过全党全国各族人民持续奋斗，我们实现了第一个百年奋斗目标，在中华大地上全面建成了小康社会，历史性地解决了绝对贫困问题……"这份伟大光荣离不开钢铁工业的艰苦奋斗和强力支撑。实现中华民族伟大复兴，是中华民族近代以来最伟大的梦想。100年来，中国钢铁工业在党的领导下，取得了举世瞩目的伟大成就，成为世界最大的钢铁生产国、消费国和出口国。今天，钢铁人可以自豪地说，中国钢铁为中国人民站起来、富起来、强起来，为实现第一个百年奋斗目标作出了卓越贡献。

100年炙焰炼初心，100年铁肩担使命。打开100年来中国钢铁工业发展的壮丽画卷，可以清晰地看到，中国共产党始终为钢铁工业发展领航定向。新中国成立70多年来，我国钢铁工业在党的领导下取得了举世瞩目的发展成就，为国民经济发展和国防建设提供了重要的基础原材料保障，为共和国挺起了钢铁脊梁。

社会主义革命和建设时期，我国一直把发展钢铁工业作为实现工业化的中心环节，基本建成了从地质勘察、设计、科研、教育、施工到钢铁生产的门类比较齐全，以大型企业为骨干、大中小相结合，具有3500万吨钢生产能力的新中国钢铁工业体系，为改革开放后我国钢铁工业的快速发展壮大奠定了基础。

这一时期，我国钢铁行业经历了三次建设高潮：

1953年到1956年，也就是第一个五年计划时期，钢铁行业掀起了第一次大规模投资建设高潮。在苏联156个援建项目中，虽然钢铁项目只占8个，包括新建武钢、包钢、北满钢厂、吉林铁合金厂、吉林炭素厂、热河钒钛厂（现为河钢承钢）及改扩建鞍钢和本钢等，但投资额占到援助总额的近一半，投资额最大的是鞍钢的改扩建。

在1956年4月25日毛泽东主席发表《论十大关系》之后，当时的冶金部于1957年8月根据中央精神提出了钢铁工业建设"三大五中十八小"的战略部署，由此掀起了新中国钢铁工业的第二次大规模建设高潮，初步构建了我国基本完整的钢铁工业布局。

从1964年开始，钢铁行业开展了以西南攀钢、西北酒钢为主的"大三线"建设和为中西部地区军工配套的"小三线"建设，迎来了新中国钢铁工业的第三次大规模建设高潮。

这一时期，尽管钢铁工业经历了"大跃进"全民大炼钢铁、"文革"等曲折经历，但钢铁人积极排除各种干扰，坚韧前行。1972年8月，我国在外汇十分短缺的情况下，投资38.9亿元引进当时国际先进的1700毫米连轧机，拉开了中国钢铁工业走向现代化的序幕。

本书艰苦奋斗部分记述了这一时期钢铁行业的全国劳模先进事迹。新中国成立初期百废待兴，全国的钢产量不过15.8万吨，远不能满足国家建设和国防安全的需要，少铁缺钢一直是国家之痛、人民之痛，因此千方百计提高钢产量既是领袖的意志，也是人民内心的呼声。当鞍钢"三大工程"提前竣工、成渝铁路用上了重钢自己生产的钢轨、南京长江大桥用上了鞍钢生产的"争气钢"等消息传来，带给中国人民的是无以复加的振奋和自豪。

这一时期，钢铁人积极响应号召，撸起袖子加油干，展现了特有的使命担当和家国情怀。在这一段激情燃烧的岁月里，从城市到乡村，从戈壁荒滩到高山峡谷，钢铁人在旧中国千疮百孔的土地上，奠定了拥有3500万吨产能的新中国钢铁之基。在艰苦创业中，钢铁行业涌现出了"老英雄"孟泰、被誉为"走在时间前面的人"的王崇伦、"勇攀高峰"的马万水工程队等一大批闻名全国的英雄模范。

高炉卫士，劳动英雄——孟泰。他用一腔热血，为"爱厂如家"精神做出完美的诠释。他用一份执着，为高炉恢复生产的每个细节而日夜奔忙。他用一股干劲，为钢铁人树立起"时代楷模"的标杆形象。与高炉循环水打了几十年交道，孟泰对密如蛛网的1000多根冷却水管线烂熟于心，达到了如指掌的程度。实践中，他总结归纳出一套"眼睛要看到，耳朵要听到，手要摸到，水要掂到"的工作规律及操作技术。这"四到"被人们称为"孟泰工作法"。在孟泰、王崇伦的倡议和带动下，鞍钢形成了一支以先进模范为骨干的技术革新队伍，经过反复琢磨，实现技术革新。开展技术革新以后，十几项技术难题被先后攻克，大型轧辊也最终自制成功，填补了我国冶金史上的空白。此项重大技术攻关的告捷，在当时的全国冶金战线轰动一时，被誉为"鞍钢谱写的一曲自力更生的凯歌"。历史不断翻过新的页码，不经意间，英雄的价值也在不断传承与弘扬。孟泰爱厂如家，爱炉如命，钻研精神与苦干精神并存，积累经验与技术革新并重，在恢复和发展鞍钢生产中做出了重大贡献。艰苦奋斗、爱厂如家、为国分忧、无私奉献，孟泰精神永不过时。

走在时间前面的人——王崇伦。他是新中国成立后鞍钢职工队伍中为数不多的年轻高级技工之一。他投身技术革新，研制出"万能工具胎"，将工业生产效率提升了6~7倍，为抗美援朝军品生产做出了重大贡献。他仅用一年时间，完成了 4 年的生产任务，被誉为"走在时间前面的人"。1959 年初，王崇伦和孟泰组织鞍钢能工巧匠开展技术协作攻关活动，引起了鞍山市委和鞍钢党委的高度重视。1960 年初，鞍山市委起草并形成了《鞍山市委关于工业战线上的技术革新和技术革命运动开展情况的报告》，鞍钢宪法由此诞生。由于长期超负荷工作，王崇伦积劳成疾，但他从不为自己谋"福利"，比如，有专车非要坚持骑自行车走访，拒绝机关事务管理部门按规定给他家配备的优质沙发等。王崇伦以他坚定的政治信仰和崇高的追求，始终保持着共产党员的高风亮节。

矿山铁人，永远争先——马万水。他用铁锤、钢钎，带领工友 14 次创造黑色金属矿山掘进全国纪录，被评为全国劳动模范。他勇于创新，提倡苦干、实干和巧干，探索出一整套矿山快速掘进经验，被推广至全国。他把自己的美好年华，奉献给了新中国矿山事业。他于 1961 年 8 月 12 日病逝，年仅 38 岁。他被誉为冶金战线"铁人"。1961 年，马万水同志积劳成疾患骨癌，尽管疼痛时时在折磨着他，但他很少想到自己，时时刻刻挂念着集体、工友和工作。每当工友们前来探访，他总是急切地询问组里和公司里的生产情况，梦呓中也常常喊着："点炮！装渣！"临终前，马万水一字一顿告诉前来探望的工友："回去转告……小组和同志们，要……永远……争先进，把党交给……咱的……红旗…保…保住……"2009 年 9 月，他当选"100 位新中国成立以来感动中国人物"，被全国总工会评为"时代领跑者——新中国成立以来最具影响力 60 位劳动模范"之一。从 1950 到 1960 年，马万水带领小组共计 12 次攀登全国黑色金属矿山掘进高峰，被冶金部授予"英雄矿山掘进队"荣誉称号，成为全国冶金战线"一面永不褪色的红旗"。

从孟泰的"四到"工作法，到王崇伦研制的"万能工具胎"，再到马万水带领工友创造的掘进纪录，这一个个鲜活的事例，无不彰显着钢铁人在社会主义革命和建设时期的拼搏与奉献。他们在艰难困苦中坚守，在挫折困境中奋进，以钢铁般的意志铸就了中国钢铁工业的坚实基础。如今，回首那段激情燃烧的岁月，钢铁人的奋斗精神依然熠熠生辉，激励着一代又一代的建设者砥砺前行。展望未来，钢铁工业将继续在党的领导下，为实现中华民族伟大复兴的中国梦贡献磅礴力量，正如那诗句所云："千淘万漉虽辛苦，吹尽狂沙始到金。"

孟泰：钢铁战线的老英雄

· 人物档案 ·

孟泰（1898—1967年），原名孟瑞祥，河北丰润人，中共党员。曾任鞍山钢铁公司炼铁厂副厂长、工会副主席。全国著名劳动模范，全国第一届、第二届、第三届人大代表，中国工会第七次、第八次全国代表大会执行委员。孟泰是中国工人阶级的一面旗帜，先后8次受到党和国家领导人的亲切接见，毛主席称赞他是"钢铁战线的老英雄"。他热爱党、热爱毛主席、热爱社会主义新中国；他几十年如一日，兢兢业业，任劳任怨，大公无私，艰苦奋斗，把毕生的精力无私地贡献给无产阶级革命事业，鞠躬尽瘁，死而后已，为恢复鞍钢的生产建设和发展我国的钢铁工业作出了突出贡献。他为鞍钢广大职工留下了工人阶级的优良传统和作风，留下了最宝贵的精神财富。

只有树立主人翁精神，我们的国家才能富强。

——孟泰

1926 年，孟泰来到鞍山，进了当时由日本人开办的鞍山制铁所的炼铁厂，当配管工。在日本帝国主义和封建势力的双重压榨下，孟泰和许许多多工友一样，过着饥寒交迫的生活。1945 年，看着国民党恢复鞍钢无望，孟泰毅然离开工厂。

高炉卫士

1948 年 2 月 19 日，鞍山解放，孟泰终于盼到了救星。但是，由于盘踞在沈阳的国民党军队尚未被最后消灭，形势动荡不定，当时还没有条件恢复鞍钢。孟泰听从党组织的安排，领着全家到了当时的解放区——通化。在通化，孟泰率领伙伴们顺利完成了修复两座小型炼铁炉的任务，为此受到了通化铁厂负责同志的表彰。

1948 年冬，孟泰带领全家跟随解放军从通化铁厂回到鞍山。到了鞍钢，他顾不得把自己的家安顿好，就往厂里跑。当他看到高炉群被破坏得千疮百孔、七歪八扭时，他决心要分担国家的困难，默默无声地劳动着，不管白天黑夜、刮风下雨，跑遍了十里厂区，刨冻雪抠备件，扒废铁堆找原材料，手碰伤了不喊疼，脚冻破了不叫苦，他每天泥一把、油一身、汗一脸，一根根铁线、一颗颗螺丝钉、一件件备品见到就捡，从不空手，就这样，他堆放这些宝贝疙瘩的地方，后来便成了闻名全国的"孟泰仓库"。在他的带动下，炼铁厂配管班在短短几个月内就回收了上千种材料，上万个零备件。这种"金不换"的艰苦创业精神，创造了令人敬佩的奇迹。

1949 年春，二号高炉开始修复。"孟泰仓库"立了大功。整座高炉的配管材料几乎都是孟泰他们捡来的，共计 300 余件。在各种器材极为缺乏的当时，这是一个巨大的贡献。在孟泰的带领下，一个献交器材的热潮在鞍钢掀起，鞍钢广大职工为恢复生产创造了辉煌的成就。6 月 27 日，鞍山钢铁公司成立后的第一座高炉——炼铁厂二号高炉开工生产了。7 月 9 日，在庆祝鞍钢开工大会上，鞍山市委、鞍山职工总会和鞍山钢铁公司授予他为一等功臣。8 月 15 日，在鞍山市纪念"八一五"四周年暨鞍钢立功竞赛运动庆功颁奖大会上，孟泰又获得了特等功臣的光荣称号。

1949 年 8 月 1 日，孟泰光荣地加入了中国共产党，成为解放后第一批工人党员。不久，他被提升为工人技术员。在修复高炉的那些日子里，孟泰经常不回家，他把工厂当成了自己的家。在一号、二号、三号高炉点火的前前后后，他干脆住进了炼铁厂。他根据自己长年维护高炉的经验，总结出了一套维护高炉的方法，提出了"宁叫人找事故，不叫事故找人"的口号。他的操作方法和经验，在炼铁厂至今仍在使用，有的还形成了制度。1950 年，孟泰先后为瓦斯贮藏器装上了防尘罩，为检修高炉的架工师傅设计和制作了卷扬机。在以后的几年里，经孟泰提议和主持发明的"小改小革"就更不计其数！

1950 年 6 月，朝鲜战争爆发后，美国把战火一直烧到了鸭绿江边，并出动飞机在我国边境进行狂轰滥炸。在这紧张危急的关头，孟泰考虑的不是自己的安危，他把家属安顿好后，就扛着行李，拎着米袋进了厂，自愿承担起守护高炉的任务，他下决心要和高炉共存亡。每当空袭警报拉响时，他就抓起大管钳往高炉群飞跑，站在高炉总水门跟前守护。他告诉人们说，总水门是高炉供水系统的"心脏"，如果飞机扔炸弹，我死也要用身体护住它。老孟泰这种舍生忘死、誓与高炉共存亡的行为，是工人阶级高尚的道德情操、大无畏英雄气概的具体体现。

1950 年 8 月 23 日，鞍山市总工会召开了第一次劳动模范代表大会，孟泰被推选出席全国工农兵劳动模范代表会议。9 月 25 日，在北京中南海的怀仁堂，孟泰作为主席团的成员，坐到了毛泽东主席的身边。1952 年 8 月，鞍山市召开第四届劳动模范大会，孟泰被命名为市特等劳动模范。孟泰精神从这时起已成为鞍钢工人阶级的精神。1953 年 5 月，孟泰出席了中国工会第七次全国代表大会，并当选为执行委员。1954 年，被选为第一届全国人民代表大会代表。1957 年 12 月，孟泰出席了中国工会第八次全国代表大会，再次当选为执行委员。1959 年 4 月，孟泰出席了第二届全国人民代表大会。同年 10 月，孟泰参加了全国工业、交通运输、基本建设、财贸等方面社会主义建设先进集体和先进生产者代表大会，并被授予全国劳动模范的光荣称号。老英雄孟泰和他的事迹成了全国人民家喻户晓、老幼皆知的动人故事。

技术创新

1964 年，孟泰走上了领导岗位，担任了鞍钢炼铁厂副厂长。他虽然已经 60 多岁，却依然老当益壮，始终保持着工人阶级的本色，坚持不脱离劳动，不断为人民作出新贡献，他亲手建立了"孟泰储焦槽"，每年为国家节省了成千上万吨的焦炭。他刻苦钻研，大胆创新，成功改造了热风炉底部双层燃烧筒，比原来的单层燃烧筒提高寿命近百倍。他还研制成功了冷却箱串联，使高炉用水量比以前节约了30％，受到广大职工的热烈赞扬。同年12月，孟泰出席了第三届全国人民代表大会。在会上又一次受到了毛泽东主席等中央领导同志的亲切接见。1965年，孟泰担任了鞍钢工会副主席的职务。

初心不改

1966年，"文化大革命"开始以后，孟泰面对林彪、"四人帮"的诬陷和迫害，立场坚定，旗帜鲜明，刚直不阿，坚决斗争，不向邪恶势力屈服。他曾讲过："我孟泰是不是劳动模范没关系，但要否定鞍钢工人阶级我绝不能答应！"1967年9月30日下午2时，孟泰于北京医大附属医院溘然病逝，终年69岁。

孟泰是鞍钢工人阶级的优秀代表，是新中国成立后的第一代全国著名劳动模范，是中国共产党的优秀党员。他为恢复鞍钢、建设鞍钢所作出的突出贡献，鞍钢工人阶级已铭记在心。他的高贵品质和优良作风，给鞍钢数十万职工留下了一笔宝贵精神财富。孟泰的名字和精神，为世世代代鞍钢工人阶级和辽宁工人阶级，乃至全国工人阶级所传颂继承，发扬光大。

（周以纯）

贾鼎勋：炼钢大王

◆ 人物档案 ◆

贾鼎勋，1921 年生，辽宁本溪人，中共党员，全国劳动模范、全国先进科技工作者。曾担任中国金属学会第三届理事、安徽省金属学会副理事长。1949 年带领工人炼成我国第一批特殊钢；曾改造钢锭模，使效率提高一倍；成功解决了 RS5 枪钢纵向裂纹问题，为国防建设提供了高质量的枪钢材料。

　　人不能被困难吓倒，只要有人在，就没有克服不了的困难。

——贾鼎勋

　　有一件事，在本溪市的发展史上有着辙深辎重的作用，也关乎着本钢的成功起步。1948 年 11 月 11 日，许多人认为没希望的高周波感应炉，经过 11 天的紧张修复，炼出了解放后本钢历史上的第一炉特殊钢水，火红的钢水映红了本钢的未来，也映红了本溪的未来。

　　那一天，望着这来之不易的一切，炼钢大王贾鼎勋哭了，工友们紧紧拥抱在一起，任凭汗水、泪水交织。随之，贾鼎勋带领工友们在本钢又研制成功了 50A、50 特型钢材，结束了利用日本牌号和从苏联进口枪钢的历史，填补了我国枪钢生产的空白。由于突出的贡献，1950 年 9 月 25 日，贾鼎勋作为全国劳动模范，第一次来到北京，光荣地出席了第一届全国工农兵劳模大会。会上，贾鼎勋等人受到了毛泽东、刘少奇等国家领导人的亲切接见。

　　贾鼎勋的一生因钢而起，因钢而红，他的名字，与本钢的钢铁事业紧紧印刻在一起，从而书写了本钢创业史上辉煌的篇章！如今，本钢正大门处新建的板材特钢事业部一排排现代化电炉厂房，在"本钢"两个大字的辉映下，向这位炼钢大王、本钢特殊钢的引路人致敬！

　　翻开本溪市的史志，我们可以看到一个更真实、更丰满的贾鼎勋。他 1921 年出生在本溪市一个贫苦的农民家庭。1934 年，读完小学后的贾鼎勋进入本溪湖特殊钢试验场当徒工，开始学炼钢技术。本溪湖特殊钢试验场由日本人管制，冶炼技术基本掌握在日本技术员手中，中国工人主要承担最辛苦的底层工作。然而，有心的贾鼎勋却不甘于此，暗自留心，找一切机会学习技术。到抗战胜利时，他的冶炼技术已经达到相当娴熟的地步，通过炉前取样，观看钢花，就可以判断出含碳量，还能根据电炉冒烟情况，报出熔化期、氧化期和还原期的不同炉温。

正是这份孜孜以求的坚韧和匠心，造就了新中国的炼钢大王，造就了这位炼钢大王在本钢特钢这块沃土上的三段传奇人生。

传奇故事一：在废墟上炼出本溪解放后的第一炉钢

炼钢大王炼出钢来本不稀奇，但在那个特定的历史时期却堪称奇迹。

本溪解放时，本溪钢铁生产基地已经满目疮痍，体无完肤。当时公司的 32 个厂矿，除电厂部分维持发电，煤矿少有产量外，其余全部停产。特钢厂厂房内除了"肢体不全"的高周波感应炉孤零零地趴在那里，一片空荡，没有一点生气。

对此，上级有关部门作出有步骤地恢复本溪钢铁重工业的决定，向本溪职工提出复工号召。而复工几乎是从零开始的。

特钢厂里，贾鼎勋和工友们把支离破碎的高周波感应炉抬上了"手术台"，工友们期待地看着贾鼎勋，看他这位电炉专家能否让这唯一的废旧设备"起死回生"。那些日子，贾鼎勋吃住在厂，在炉前摸爬滚打，饿了就咬一口苞米面饼子，白开水就咸菜充饥，填饱了肚子再继续干……

"咣，咣，咣！" 1948 年 11 月 11 日，出钢的钟声把废墟敲醒，工厂沸腾了。许多人认为没希望的高周波感应炉，经过 11 天的紧张修复"复活了"，炼出了本溪解放后的第一炉特殊钢水。望着火红的钢水，工友们紧紧地拥抱在一起……

然而，只有这一炉钢是不够的。要增加钢材产量，只有尽快恢复电炉炼钢。

此时，公司向全体职工发出了"收集器材及献纳运动"的号召。贾鼎勋把工人们聚到一起做起了动员工作，大家情绪高涨，这家捐出一个化验用的白金坩埚，那家献上一台变压器，工厂附近的路边、池塘、山坡、草丛和太子河边，许多持锹、扛镐、操耙子的人，仨一群俩一伙，不时地扒拉出一些"战利品"。贾鼎勋又想起了日本鬼子投降时他藏到夹壁墙里的 100 多支电极，赶紧挖了出来，还完好无损。几天的成果累计起来，工人们收集献纳出 878 件炼钢器件。在几乎空壳的电炉前，贾鼎勋把这些器件反复端详、琢磨、比对，装了卸，卸了装，终于有了成果。1949 年 2 月，1 吨电炉恢复了生产。到 1949 年年底，特殊钢产量达 2146 吨，是新中国成立前三年钢产量的 4 倍。

1949 年 7 月 15 日，本溪解放还不到一年，在本溪煤铁公司职工的奋战下，公司全面开工。这不仅是本溪人民的大喜事，也是全东北和全国人民的一件大喜事。中国共产党中央委员会、中国人民革命军事委员会为本溪煤铁公司开炉纪念题"为工业中国而斗争"，中共中央东北局东北行政委员会等单位纷纷发来贺电。在隆重的开工典礼上，表彰了在第一期修建生产中涌现出的一等劳动模范 13 名，钢铁部炼钢厂制钢课长贾鼎勋名列榜首，并且作为劳模代表在会上讲话。

不久，上级有关部门根据本钢特钢厂设备陈旧，工艺落后，产品产量、品种均受到限制，发展缓慢的实际情况，做出"两厂合一"的决定，要求钢厂在短时间内搬迁到工源工厂（现在的板材特钢事业部所在地），合并为本溪工源特殊钢厂。

1949 年冬，特钢厂开始了战略大转移。但一无图纸，二无起重设备，想抬走一座电炉，搬走一个工厂，可就不是一件容易的事。贾鼎勋还是那句老话："人不能被困难吓倒，只要有人在，就没有克服不了的困难。"贾鼎勋立下军令状，不超过 4 个月，保证完成搬迁任务。没有交通工具，他们用人拉，小车推；没有起重设备，他们就用肩扛，铁棍撬；缺少图纸、资料，没有技术人员，他们就边干边摸索。为了不使搬迁的设备"张冠李戴"，贾鼎勋让人找出红、绿、黄、白四种颜色的粉笔，在卸下来的设备上做上记号，以便日后安装"对号入座"。

气温零下 30 多摄氏度的一天，贾鼎勋站在寒风中，指挥工人搬运炉壳。一辆载运炉壳的汽车缓缓驶出钢厂，却在永丰附近发动机出现了故障，换车，已经来不及了。贾鼎勋急得直搓手，看着滴水成冰的路面，他有了主意：用水浇马路，使马路快速结冰，再抬来两根枕木，垫在炉壳的底部，做成一个简易的"冰车"。前拉后推，"冰车"慢慢启动、滑行。当贾鼎勋他们把载着炉壳的"冰车"拉进厂里时，天已经亮了。

原计划 6 个月的搬迁任务，3 个月就完成了，贾鼎勋带领工人，硬是靠着这种精神，创造了奇迹。

传奇故事二：编制炼钢历史上第一部技术教材

恢复生产的特钢厂不仅缺设备，更缺技术。

日本侵华时期，由于日本监工的严密封锁，工人根本学不到技术，只能出苦力。而恢复生产后又招收了大量新工人，技术就成了制约生产的短板。平时炼钢时只能采取"民主炼钢法"，靠大伙合计着干，如果再遇到冶炼高合金钢，就更吃力了。

为提高工人的生产技术，贾鼎勋白天上班，晚上下班后又利用业余时间给工人上课，辅导操作技能。工人们遇到了什么技术难题，也愿意找他请教。一天，一个工人对贾鼎勋说："咱们手里要是有本教材或是技术手册就好了，学习起来可就方便多了。"贾鼎勋心里一动，对呀，我们为何不按照多年炼钢的实际经验，动手编写一本呢？有了通用手册，工人普及技术就会更快、更好、更准。凭着一股韧劲，在付出别人数十倍的努力之后，30出头的贾鼎勋虽然只上过6年学，却独立完成了炼钢历史上第一部技术教材——《制钢技术手册》。有了这个小册子，工人炼钢有了"法"，再也不用采取"民主操作法"和"民主炼钢法"了，大幅缩短了冶炼时间、提高了产品质量。

然而，这只是贾鼎勋刻苦钻研技术的一个表现，在1950年开展的创新纪录运动中，贾鼎勋一人创出20多项新纪录，其中一项用生铁直接炼钢，用矿石沸腾造渣脱碳工艺试验成功后，钢锭合格率由原来的60%提高到93%，不仅保证了军工生产，而且还为国家创造近百万元的价值。

传奇故事三：研制出新中国的第一代枪钢

早在日伪时期，特钢厂的产品就主要用于军工生产。自己炼制的优质钢却用来制造屠杀自己国人的武器，这让当时的特钢工人感到极大的屈辱和愤怒。但他们却只能采取想方设法向外偷运金属原料支援抗日队伍生产武器或干扰破坏生产等方式抵制和反抗侵略者的强盗行径。本溪解放后，特钢厂回到人民自己手中，开始为祖国的国防建设贡献力量，这让特钢人倍感自豪，也让他们以极大的热情投入到新产品的研发中。

1950年，国家亟需一批轻武器用钢。特钢厂接受了RS5镍铬枪钢的试制生产任务。试验一开始，贾鼎勋便碰到了钢锭纵向裂纹问题，久攻不下。随着交货日期的临近，贾鼎勋嘴角急出了大泡，人也瘦了一圈。大伙都劝他回去歇歇，别累坏了身体，贾鼎勋却微微一笑说："一忙起来就顾不上这些了。"谁也说不清他一天究竟工作了多少个小时，直到有一天贾鼎勋疲倦的脸上终于绽开了笑容。导致钢锭纵向裂纹的质量难关被攻破了！经过逐道工序的研究、分析、查找，得出结论：钢中非金属夹杂物是造成钢锭纵向裂纹、影响枪钢质量的根源。原因找到了，贾鼎勋又马上组织工人，利用现有的设备和冶炼条件，采用氧化沸腾精炼，加大脱碳量和造白渣等新工艺，彻底解决了 RS5 枪钢纵向裂纹问题。同年 6 月，特钢厂完成了 RS5 型枪钢的试制生产任务，为我国国防建设提供了高质量的枪钢材料，保证了 626 厂的枪械生产，并为试制 Cr13 汽轮机用不锈钢，PCrNiMo、30CrMnSiA、30CrNi3A 炮钢和 50A、50A（乙）枪钢奠定了基础。

新中国的第一批枪、第一批炮、第一台汽轮发电机、第一批汽车弹簧的材料均来自本钢特钢厂，这是何等的荣耀啊！而这荣耀缘于贾鼎勋这样一代又一代的优秀共产党人，坚持不懈地用钢铁意志、用热血激情冶炼着优质的特殊钢，冶炼着优秀的特钢人。巍巍平顶山，滚滚太子河见证了这位炼钢大王的传奇故事，本溪人不会忘记！共和国不会忘记！

（何　涛）

马万水:"站在排头不让,把住红旗不放"

• 人物档案 •

马万水(1923—1961年),河北深县(今深州市)人,中共党员,1950年被授予全国劳动模范称号,是第一届、第二届全国人大代表。1950年、1959年"马万水小组"两次获全国先进集体称号。1960年4月,被授予工人工程师职称,被有色金属矿山研究院聘为特约研究员。2009年,当选"100位新中国成立以来感动中国人物",被全国总工会评为"时代领跑者——新中国成立以来最具影响60位劳动模范"之一。2019年9月25日,被授予"最美奋斗者"荣誉称号。

苦干加技术，石头变豆腐。

——马万水

在新中国波澜壮阔的建设画卷中，马万水宛如一颗耀眼的星辰，以其非凡的奋斗历程，在矿山建设领域留下了浓墨重彩的一笔。他把生命中最美好的年华，奉献给了新中国矿山事业，为打造共和国"钢铁粮仓"作出了重要贡献。在多年的艰苦奋斗中，马万水和他的英雄集体用铁锤和钢钎，先后创造 20 次全国冶金矿山掘进纪录，树起了全国冶金战线一面永不褪色的红旗，"站在排头不让，把住红旗不放"的马万水精神，成为激励一代又一代冶金人踔厉奋发的精神支柱。

投身建设，开拓荒芜矿山

1949 年，新中国刚刚成立，百业待兴，钢铁工业作为国民经济的基石，急需加快发展。而矿石作为钢铁工业的"粮食"，其开采的重要性不言而喻。马万水带领着他的团队，毅然投身于龙烟铁矿的建设。龙烟铁矿是华北地区最早的近现代钢铁企业之一，也是河钢集团张宣科技（前身为河钢宣钢）和首钢的孕育者。当时的龙烟铁矿，历经日伪的掠夺式开采和破坏，已是满目疮痍。没有宿舍，他们就住在土窑洞里、破庙里，四面透风、顶上漏雨；吃的是小米饭拌盐面，盖的是百孔千疮的破棉被；劳动条件更是艰苦到了极点，不仅没有机器设备，甚至连一件像样的工具都难以寻觅。但马万水和队员们没有丝毫退缩，他们从废渣堆上找来生锈的钢钎和铁锤头，到山坡上砍来树干当锤把。没有吹风机，就脱掉衣服往外扇炮烟；没有雨衣，就从伙房里借来三条麻袋，大家轮着披；没有胶鞋，就在布鞋里垫把麦草当胶鞋穿。就这样，马万水带领队员们在这片荒芜的矿山上，打响了建设的第一炮。

在这般艰苦的条件下，马万水和队员们凭借着顽强的毅力，依靠手工凿岩，一寸一寸地推进着巷道掘进。1950年6月，他们凭借一双双满是老茧却无比有力的双手，创造了月进尺23.7米的全国黑色金属矿山掘进新纪录，马万水小组也由此声名远扬，成为全国矿山建设者们学习的榜样。这一成绩的背后，是马万水和队员们无数次抡起大锤，磨破双手的辛勤付出，他们用双手在坚硬的岩石上，镌刻下了属于新中国矿山建设的开篇传奇。

钻研技术，引领掘进变革

在矿山建设的道路上，马万水深知，仅仅依靠拼体力是远远不够的，必须将苦干、实干与巧干紧密结合起来。1958年年初，马万水小组在龙烟铁矿巷道施工时，遭遇了罕见的坚硬岩石——大白石英岩，其硬度系数高达18，钢钎打上去，只见火花四溅，却难以打进分毫。原本十分钟能打成的炮眼，此时用半个小时也难以完成。面对这一棘手难题，马万水展现出了非凡的智慧。他带领队员们反复研究、认真摸索。他们白天仔细观察岩石的纹理结构，研究打眼的进度；晚上查阅相关资料，甚至在吃饭时还把窝头翻过来当作掌子面，进行布眼演练。经过无数次的尝试和失败，他们终于摸索出针对各种岩石的先进掘进方法，如"中间楔形掏槽法""旁楔形掏槽法""稀孔深眼作业法""浅眼多循环操作法"等。这些方法的应用，大大提高了施工工效，实现了一个月完成一般掘进队5个月才能完成的施工任务，并创造了小断面独头进尺514米的全国矿山掘进纪录，第七次攀登上全国矿山快速掘进的新高峰。马万水凭借着对技术的执着钻研和智慧洞察，成功攻克了坚硬岩石这一难关，为矿山掘进技术带来了革命性的突破。

在后续的施工中，马万水小组还面临着诸多复杂的地质条件。例如，在龙烟铁矿850平峒的掘进任务中，这里地质结构复杂，岩石极度破碎，刚刚掘进20多米，就遇到了历史上罕见的淋头水大断层，顶板碎如豆腐渣，淋头水倾泻如注，队员们稍有不慎，就会有被埋入泥石流的危险。面对如此严峻的挑战，马万水带领队员们群策群力、细心研究，积极改进支护方法和作业工艺，采用了穿梁护顶、打桩楔、快充填等先进的施工方法，最终成功制服了这只"拦路虎"。在多年的施工过程中，马万水用智慧引领着团队，在复杂多变的地质条件下，开辟出一条又一条安全高效的掘进之路。

无私奉献，铸就不朽丰碑

马万水将自己的全部精力都奉献给了矿山事业。1955年年底，身居管理岗位的他，依然坚守在工地上，亲自开钻打眼。困了，就歪在机房打个盹；饿了，就啃几口凉干粮。就连妻子生小孩这样的大事，他都因为工作繁忙而无暇顾及，孩子出生几天后，他才匆匆赶到医院，放下一包糖后又急忙返回工作岗

位。他将自己的身心完全投入到矿山建设中，一心只为推动工程进展，为国家的矿山事业贡献力量。

由于长期在潮湿的坑道中进行高强度的工作，马万水的身体逐渐出现了问题。到1960年年初，他的腿疼已经非常严重，但他依然拄着棍子坚持往井下跑。在生命垂危之际，他心中挂念的依然是矿山生产，他语重心长地嘱咐工友们："要永远争先进，把党给咱们的红旗保持住。"1961年8月12日，年仅38岁的马万水因病离世。他虽然离开了人世，但他留下的无私奉献精神、不屈的意志和艰苦朴素的创业精神，却永远激励着后人。马万水用自己的一生，诠释了对矿山事业的无限忠诚与热爱，铸就了一座不朽的精神丰碑。

精神传承，书写崭新篇章

2009年，马万水当选为100位"新中国成立以来感动中国人物"和60位"时代领跑者——新中国成立以来最具影响的劳动模范"。2019年，马万水荣获新中国成立70年以来"最美奋斗者"称号，马万水小组荣获"新中国70年十大经典班组"称号。

从龙烟铁矿到邯邢矿山基地，马万水和他的英雄集体不断攀登全国矿山井巷掘进新高峰。20世纪90年代，"马万水精神"与"孟泰精神""攀枝花精神""铁山精神""李双良精神""曾乐精神"一起，被冶金部评定为六大钢铁行业精神。如今，马万水精神早已在新时代的冶金人心中生根、发芽，传承、弘扬。在张宣科技和河钢矿业，在河钢集团，在整个钢铁行业，广大钢铁人在高质量发展的路上踔厉奋发，无私奉献，克难攻坚；在中国华冶，在中国中冶，在中国五矿，在整个冶金建设领域，一支支冶建铁军在新时代的浪潮中踏浪前行，开拓进取，迎难而上。

今天，在新时代的新征程，马万水精神代代相传，熠熠生辉。

展望未来，在马万水精神的激励下，中国冶金行业必将继续在新时代的浪潮中勇立潮头，为国家的基础工业建设贡献更为强大的力量，不断书写新的辉煌篇章。

（王子坤　陈　聃）

王崇伦：走在时间前面的人

◆ 人物档案 ◆

　　王崇伦（1927—2002年），辽宁辽河人，中共党员，先后当选第一届、第二届、第三届、第四届、第五届全国人大代表，中共十大、十二大代表，中共十二届中央委员会委员，第七届全国政协委员，全国职工技术协作委员会主任、中国发明协会副会长。1953年，评为鞍山市工业特等劳动模范，被誉为"走在时间前面的人"。1956年、1959年，两次被授予全国先进生产者称号。1959年，毛主席称赞他是"青年的榜样"；庆祝新中国成立60周年时，被评为共和国建设的时代领跑者；庆祝新中国成立70周年时，被命名为"新中国最美奋斗者"。

　　"崇尚技术，追求效率，勇于创新，甘于奉献"是王崇伦的真实写照。

　　当你走进鞍钢重型机械有限责任公司灵山制造基地的时候，你第一眼就会看到一个半身塑像和一个绿色的刨床，塑像上写着一行字——走在时间前面的人。让我们跟随时间的脚步，把目光追溯到社会主义革命和建设时期……

展露光芒——走在时间前面的人

　　这是我国开始实施第一个五年计划的 1953 年，矿山建设第一线大批凿岩机因缺少卡动器而告急，被迫停止作业。试制卡动器的特殊任务最终落在王崇伦所在的工具车间。卡动器是凿岩机上最易磨损的零件，虽然体积不大，但制作工艺复杂，需要经过车、插、铣、渗碳、淬火等 12 道加工工序，而且精度要求很高。当时国内尚无厂家能够生产这种备件。

试制卡动器开始，就遇到了"拦路虎"：第一道工序的车床加工只需 45 分钟就能加工一个，而第二道工序插床加工一个却要两个半小时。全车间只有一台插床，插床工忙得满头大汗，可机床前积压的待加工件却越来越多，负责后部加工铣床、磨床的操作工人被迫干干停停。结果一天下来只能制作四五个卡动器，远远满足不了矿山生产迫在眉睫的需要。偏偏在这个节骨眼上，工具车间又接到为凿岩机试制第二种常备件——反螺母。这又是必经插床加工的活，一周过后，插床面前积压待加工件多达上千个。

厂长、车间主任都在为插床的低效而犯愁，急得团团转。王崇伦没等领导发话，就悄悄地搞起了攻关。半个月后，双颊凹陷的王崇伦把特殊工具胎的图纸展现在车间领导面前。这个工具胎外壳酷似一台

小电动机，由 40 多个零件组成，卡动器和反螺母都可以固定在套子中，可旋转 360 度，任意选择加工角度。原来插床只能一次加工一个工件，而工件置放在这个工具胎内，刨床可以成摆切削，就像串糖葫芦一样方便。在车间领导的大力支持下，几天之后，一个长达 500 毫米、直径 200 毫米的工具胎安置在王崇伦的刨床上。试车这天，数百人前来观看。当第一批工件加工完毕之时，计时人宣布：加工一个卡动工具耗时仅 45 分钟，更让在场人震惊的是，以往加工凿岩机的 40 多个零件，每加工一种零件都得制作一套专用的卡具，而这一工具胎竟能全部取而代之。经过一番集思广益，王崇伦创造的这独特工具胎被命名为"万能工具胎"。王崇伦继续攻关夺隘，加工卡动器的纪录连连取得新突破，最后由 45 分钟提高到了 19 分钟，相当于效率提高了 6~7 倍，他操作的"牛头刨"，成了"千里马"，在同时间赛跑中不断创出奇迹。1953 年，王崇伦仅用一年的时间完成了 4 年又 17 天的工作量，被评为鞍山市特等劳动模范。

王崇伦的事迹经新闻媒体报道之后，在全国引起强烈反响。著名作家魏巍特地致信王崇伦，他在信中写道："你摆脱了时常捉弄我们的恼人的时间，勇敢地出色地走到了时间的前面。"由此，王崇伦被誉为"走在时间前面的人"。

技术革新——运筹帷幄的好指挥

这是 1959 年的春天，王崇伦找到老英雄孟泰说出自己开展技术协作的设想，想把鞍钢一批身怀绝技的能工巧匠吸纳在一起，形成攻关夺隘的合力。两人一拍即合，经过精心筹划，1959 年年底，鞍钢拥有一支以劳动模范、先进人物为骨干的技术协作队伍，人数达 1500 多人。

·王崇伦（右）和老英雄孟泰

从发起组织鞍钢技协积极分子队伍那天起，王崇伦就以极大的热忱开始了不寻常的奔忙。每逢星期天，他家门前都停放一排自行车，来自各厂矿的"刀具大王""焊接大王""吊装大王"纷至沓来，经过一番切磋交流，一场场技术攻坚战便很快打响。在发展壮大技协积极分子队伍的过程中，王崇伦提出了"一连十"的办法，要求每位鞍钢公司级能工巧匠年内串连 10 名本单位的能工巧匠加入技协活动行列，他形象地称之为"滚雪球"。

鞍钢技协活动的蓬勃发展引起了鞍山市委、市政府的高度重视，1960 年年初，鞍山市委根据王崇伦和老英雄孟泰发动鞍钢职工开展技术协作活动的伟大创举，起草形成了《关于工业战线上技术革新和技术革命运动开展情况的报告》，经市委讨论后报送省委和中央。1960 年 3 月 22 日毛泽东主席在报告上批示："这个报告很好，使人越看越高兴……这个报告创造了一个'鞍钢宪法'，'鞍钢宪法'在远东，在中国出现了……"

这是我国 3 年困难时期的 20 世纪 60 年代初，苏联政府又停止对我国供应大型轧钢机轧辊，鞍钢各轧钢厂面临停产的局面。在这严峻的关头，王崇伦与孟泰主动请缨，承担组织研制大轧辊的攻关任务。在他们的带领下，由500多名干部、工程技术人员、能工巧匠组成的技协积极分子队众志成城，从炼铁、炼钢到铸造形成一条龙跨厂际联合攻关，先后突破十几项重要技术难题，终于试制成功大型轧辊，填补了我国冶金史上的一项空白。此项重大成果轰动了全国冶金战线，被誉为"鞍钢谱写的一曲自力更生的凯歌"。

在王崇伦主抓设备大修工作期间，他从鞍钢的长远发展需要出发，两年内先后组织对矿山、冶炼、轧钢等主体设备进行技术改造和技术难题攻关达36项，使鞍钢主体设备的完好率明显上升。

这是发生唐山大地震的1976年7月28日，按照冶金部的指令，鞍钢挑选200名精兵强将组成抢修小分队，由王崇伦担任指挥，24辆满载人员和各种抢修器材的汽车在王崇伦的带领下火速驶向唐钢。历经20天的苦战，1号变电所提前10天恢复送电，各地抢修现场一片欢腾。时任唐钢党委书记的邓春兰赞誉鞍钢抢修队是一批"扎得牢、上得快、打得响、过得硬"的钢铁队伍；赞誉王崇伦是"有胆、有识、有招的高明指挥"。

这是改建鞍钢七号高炉的1977年3月，一副前所未有的重担落在王崇伦的肩头，王崇伦担任鞍钢七号高炉改建工程总指挥。从拆除原有的七号、八号高炉、土建施工到设备安装上百个项目，王崇伦一边亲临指挥，一边协调173个兄弟企业参与改造工程，涉及材料数万吨。1977年12月29日，这台当时国内最大、技术装备最先进的容积达2580立方米的七号高炉胜利竣工，实现了当年设计、当年施工、当年投产，万名参战职工用智慧和汗水为鞍钢写下具有历史性的辉煌，创造了我国大型高炉建设史上的一个奇迹。

精神永驻——争做王崇伦精神的传人

王崇伦走在时间前面的精神，曾经影响了一个时代，更激励着一代又一代重机人坚守工匠精神，奋勇前进，不断谱写重机新篇章。

王崇伦累计为三峡、乌东德、白鹤滩等水电站生产上冠、下环、转轮体、导水机构、分流管等产品总重超过 2300 吨，为我国水电大型铸钢件国产化作出了重要贡献，被国家评为三峡工程贡献奖；为湖北宜昌等大桥生产桥梁用主鞍、散鞍等重要部件千余吨，为我国桥梁建设作出贡献；设计制造的攀长特 1450 钛特合金薄板轧机、唐银 850 轧机、东华 1450 轧机，鞍钢 600 平烧结机、鞍钢 2150 连铸机等国内大型冶金项目相继投产；承担工程总承包的鞍钢大型 950 连轧改造项目，创国内同类项目建设最短工期；成功完成国内首台大卷重高性能宽幅镁合金卷板六辊轧机的制造装配；承制国内最大的鞍钢炼铁总厂 600 烧结机和 715 环冷机；成功制造国内最大直径 $\phi 5.1$ 米 $\times 22$ 米圆筒混合机；成功研制"超薄带生产线高速钢轧辊"并实现产业化，轧辊制造技术达到国内领先水平；攻克"大型厚壁高锡青铜压下螺母"关键核心制造技术，成功实现国内最大青铜压下螺母的制造生产；成功研发"炼钢工序全程钢包加盖节能系统"项目，在提高成品钢材质量的同时，显著降低炼钢工序的生产成本，为鞍钢主业年降本 1 亿元以上；开发的具有全部自主知识产权的国内首条钛 – 特结合高温合金中薄板轧制生产线实现达产，标志着在钛金属和高温合金特殊钢轧制领域的研发设计、装备制造能力达到国内领先水平。

2009 年 9 月 30 日，王崇伦"万能工具胎"与老一号高炉、孟泰纪念馆被列入中国工业遗产名录。2009 年 11 月 20 日，在王崇伦曾经工作过的地方耸立起一座王崇伦的半身塑像，在塑像前摆放着王崇伦当年发明的万能工具胎试用的刨床。

王崇伦精神就是一部代表着鞍钢重机精神的成就史，把王崇伦"走在时间前面"的精神所体现出的"崇尚技术，追求效率，勇于创新，甘于奉献"深刻内涵，列为鞍钢重机的企业精神。

（刘益民　董恩伟　靳　妍）

李凤恩：我国第一个工人出身的炼铁总技师

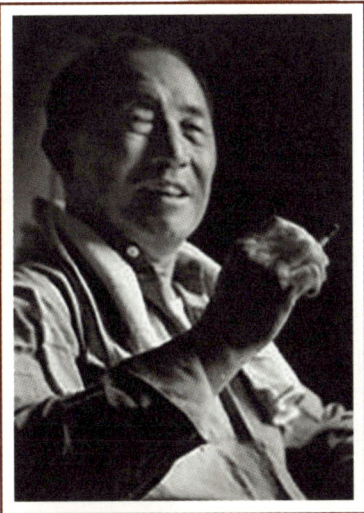

· 人物档案 ·

　　李凤恩（1917—1993 年），辽宁海城人，中共党员，新中国第一位工人出身的炼铁总技师。1956 年 10 月被组织上派往苏联学习深造，1957 年 8 月学成回国后到武汉支援武钢建设。先后担任了鞍钢炼铁厂技术员、炼铁总技师，武钢炼铁厂炉前总技师、车间主任、副厂长、党委副书记、武钢工会副主席、湖北省总工会副主席、湖北省政协常委、全国总工会执委、全国人大代表、全国政协委员等职务。先后获得鞍山市（省级）劳动模范、全国先进生产（工作）者、湖北省劳动模范、武汉市先进生产者、武汉市"五好"职工、湖北省工业学大庆先进生产者等荣誉称号。

李凤恩的一生是中国工人阶级奋斗历程的缩影，从半文盲到炼铁专家，以刻苦钻研和勇于创新的精神，书写了中国工人阶级的辉煌篇章。

"祖国要拥有自己的高炉！"

1933 年，日本帝国主义大肆殖民掠夺，在东北多地建立昭和制钢所。17 岁的李凤恩为了生存，成为制铁所的一名炉前工。

当时中国劳工工资微薄、劳动繁重、工作环境恶劣、生命和安全毫无保障，还要忍受监工的严密监视甚至酷刑杀戮。

1945 年，他被国民党赶出工厂，靠做小工过日子。

东北解放后，李凤恩第一时间加入新成立的鞍山钢铁公司，没日没夜忙碌在现场。他从工人迅速成长为技术员，带领工友精益求精、严格苛求，所在的高炉成为鞍钢炉况最佳、各项指标一流的"模范高炉"，有力支援了解放军军备发展和地方经济建设，为解放全中国作出了积极贡献。

1956 年，国家选派他到苏联学习。学成归来后，他作为鞍钢炼铁总技师服从国家建设需要来到武汉，跟众多满怀斗志的中国工人一起，立志在荒山沼泽上，竖起一片钢铁森林。

"毛主席，铁水流出来了！"

新中国百废待兴，重工业尤为落后，毛泽东主席一直牵挂武钢的建设和投产。1958 年 9 月，武钢建设指挥部提出了向十一国庆节投产献礼的目标。李凤恩带领工友们 8 天 8 夜战炉台，攻克了一个又一个难关。

9 月 12 日是高炉出铁的最后准备阶段，要往炉内装 1500 根废枕木。时任武钢炼铁筹备组组长、出铁指挥长张寿荣说："在鞍钢，比这小的炉子需要 8 个到 12 个小时。"但武钢建设指挥部命令 4 个小时全部装完。

简短动员后，开炉第一仗正式打响。作为炉前负责人，李凤恩带领工人分别从高炉的风口和出铁口爬进炉内。炉内烘炉余温在 50 摄氏度以上，热得工人们头昏脑胀，汗如雨下。在炉外的工人从 3 号、11 号风口和铁渣口，把枕木一根根递进去。扛的、搬的、递的、架的，你来我往，一片火热的劳动场面。

枕木都是从旧铁道上拆下的，钉子划破了手、脚和肩膀。现场的护士要为工人们敷药、包扎，工人们怕浪费时间，擦一点药水就又接着干。几位老师傅拿大锤把钉子锤平，减少伤害。

炉内的枕木，越架越高。从 12 日 23：30 到 13 日 3：00，1500 根枕木只用了 3 个半钟头就在炉内架好了，为高炉提前出铁作出了突出贡献。

13 日 15：00，毛泽东主席登上炉前工休息室屋顶的平台。15：25，历史性的时刻终于到来，出铁口被打开，一团红光闪现，一条火龙喷涌而出。李凤恩站在二道出铁弯沟处，兴奋地高呼："毛主席，铁水流出来了！"

33

毛主席高兴地站起来，望着奔流的铁水，愉快地与随行人员边交谈边指点，炉台上下一片欢腾。毛主席按捺不住心头的喜悦，先向炉前工们鼓掌致意，然后，走近护栏，向在场工人高举双臂，高喊"同志们好！"，全场欢声雷动。李凤恩激动地流下了眼泪。

第二天的《人民日报》头版头条登载《日产两千吨的世界第一流高炉飞速赶上钢铁前线——武钢一号高炉提前为祖国效劳》，并配发社论《贺武钢出铁》。国内第一座 1000 立方米以上大高炉的顺利投产，作为历史性的节点载入了中国钢铁工业史册。

勇攀高峰，永攀高峰

高炉投产后，李凤恩提出更高目标，要让武钢投产不久的两座大型高炉的"炉顶压力"达到世界先进水平。

1959 年 5 月 29 日，他开始在高炉进行 0.08~0.1 兆帕高压实验，开展技术攻关甚至达到痴迷的程度。

一天夜里，他在睡梦中被孩子上厕所拉水箱的流水声惊醒，以为是铁口爆破了，急忙从床上跳起来向铁厂跑。在半路上，赶紧到邮电局挂电话到厂里打听情况，得知铁口一切正常，才知道是一场梦。

最终，他和工友们大胆创新炮泥的配料比，改进开铁口操作方法，克服了出铁过程中铁口浅、易跑大流的现象，解决了高炉出铁的关键问题，使武钢高炉的炉顶压力一举达到当时的世界一流水平。

从放牛娃成长为我国第一个工人出身的技术员、炼铁总技师，李凤恩怀揣民族钢铁梦，在不同的岗位上铸就钢铁雄魂，为新中国钢铁从无到有、从弱到强奋斗一生。

（武钢集团有限公司）

张明山：发明创造"反围盘"的劳模

◆ 人物档案 ◆

张明山（1913—1981年），辽宁辽阳人，中共党员，第一届全国人大代表、辽宁省劳动模范。1953—1970年，先后任小型轧钢厂一车间主任、科长、副厂长及第二中板厂副厂长等职务；1956年出席全国先进生产者代表会议，并获全国先进生产者称号。

"反围盘"的创造点燃了全国工业战线群众性技术革新技术革命运动的熊熊烈火。

张明山于1913年9月18日出生在辽宁省辽阳县唐马寨张家村的一户贫苦农民家里，从8岁起，就给地主放猪、做饭、种地。1929年，16岁的张明山从老家逃荒到鞍山，进了日本人开办的机修厂学徒当钳工。1931年九一八事变以后，他先后在日本人开设的鞍山制铁所、昭和制钢所，以及满洲制铁会社鞍山本厂第二延压工场做钳工，直到1945年日本投降，工厂停产。鞍山解放后，张明山于1949年3月回到鞍钢小型厂。1950年他光荣地加入中国共产党。

鞍钢小型厂是日本人在1935年建造的老厂，设备十分落后，不论酷暑严寒，工人都要站在操作台上，加热炉内1300摄氏度高温，100多千克重的通红钢坯是靠人工用钩子从炉内拉出；夹钳工手持大铁钳，当火红的轧件刚出轧槽时，立即用铁钳夹住其头部，迅速转身180度将轧件送入下一轧槽，以轧制22毫米轧件为例，工人每分钟则需要弯腰夹钳送钢5次。这样高的劳动强度，不仅需要力气，而且需要眼神，如果眼神一岔，手脚一松动，上千摄氏度的钢条脱钳后不是穿到身上，就是把人缠住，有时还会顶立起来，造成伤亡事故，工人整天提心吊胆，过着朝不保夕的日子。工人上班时家属都时刻担心亲人的安全。除此之外，日本人怕温度高损坏机器，还经常往轧机上注水，工人时而热得浑身淌汗，时而凉水浇头一阵寒栗。许多人因此得了腰痛、腿痛、头痛、肌肉痉挛等职业病症。一个结结实实的小伙子，三两年便成了废人。当时流传说，"小型厂是阎王殿，要吃饭，拿命换"。旧社会资本家不顾工人死活，解放了，工人当家作主了，这种生产方式不能再继续下去了。

新中国成立后，党十分关怀工人们的健康，积极改善工人们的劳动条件和生产环境，除发给工人作业服、靴子、围裙等劳保用品外，还采取了安装安全走台，以及给压延工人发甲级保健饭等措施。但是，这并不能从根本上解决问题。特别是由于毛轧机上推广了新操作法后，毛轧生产效率高，光轧靠人工操作效率低，生产工序之间不平衡的矛盾越来越突出。

1949 年 11 月间，张明山看到只有毛轧实现机械化自动化，不能从根本上把工人从笨重体力劳动中解放出来，从而来提高生产率。因为他是小型厂最早接触光轧机的老工人，而且伪满时期日本人在光轧机上安装反围盘时，他是这项试验的一名钳工。目睹了日本人的失败，20 年前就给他留下深刻的印象。他反复思考这个难题，找到了老工人徐立章商量，两个人七拼八凑，两天三宿就把那个扔掉的围盘捡回来收拾妥了，可一试验，轧件根本就钻不进去。他起早贪黑，废寝忘食，充分利用业余时间，甚至连短短的午休也不放过。先是跑到厂房北头，在那个报废的围盘上逐件量准尺寸，然后又回到压延班看铁型、看铁甩出嘴子有多高、转圈的角度有多大，还把毛轧机上的正围盘卸下来仔细考察，他把一个又一个图形、数据画在本子上，记在脑海里，晚上再回到家里制图、做模型。在家里，张明山就像着了魔似的，碰到什么就在什么上画图，墙上、地上、桌子上……有时甚至半夜起来随便找个东西画起来。功夫不负有心人，张明山借鉴毛轧机反围盘的原理和构造，把光轧机上反围盘的出口和入口管改为两相管子，把配合围盘的外槽改低，终于避免了上次试验中挤铁和顶铁的现象。接着又着手解决椭圆铁型在围盘内不能立着进入导板的关键问题。

1951 年 8 月，他联合了陈会言、鲁宝善等老工人一起合作，跑到河沿背回来沙子和黄土，自己花钱到铁匠炉打了一把小铁挠子，买了

·张明山（左一）向工友讲解反围盘原理

十几个大篮箩，自己干起来。3 年之中，他在业余时间用纸片、格背、黄泥、篮箩、高粱秸子做成的反围盘模型就有 1000 多个。

1952 年 8 月初，他找到燕鸣厂长说："我研究的那个反围盘想试试，好不好使可没准，最好给四个钟点。"燕鸣厂长召开了一次由党总支书记、工会主席、老工人及工程技术人员参加的研究论证会。第二天，燕鸣厂长把好消息告诉了张明山："干吧，老张，给你八个钟点。"为了尽快做好准备工作，燕鸣厂长还派了技术员和老工人协助他们一起安装。

正式试验这天，恰逢星期日。张明山一大早就从 20 里外骑车进厂。6 点 40 分，燕鸣厂长带着一群人来了，围盘周围立刻站满了人。只听燕鸣厂长一声令下："来铁！"试验便开始了。第一根火红的铁条从毛轧机飞出来，在光轧机前又停住了。人们屏住了呼吸，喧嚣的厂房顿时静得有如伏兵等待激战的来临。张明山也紧张得有些颤抖。只见刘家财顺手把导板螺丝放松，高贵武把挡板螺丝拧紧，葛永新把出口嘴子扭斜 25~30 度。厂长问了一声："调整好了没有？""不大离了。"他们回答。"继续来铁！"厂长又命令道。第二根铁条又像火龙似的在跑槽里欢腾地奔驰起来，只见它刚一出嘴子，就"嘭"的一声进了导板。刹那间人们惊呆了。接着那胜利的欢呼，便立即充溢了整个车间。

初试基本成功。燕鸣厂长从人群里挤过来，张开双臂紧紧地搂抱着有 24 年工龄的老工人张明山，兴奋地说："老张，你可给咱小型厂解决了大问题了，这价值是无法计算的。"过去被火龙"咬"断了一只胳膊的老工人用一只胳膊抱着张明山的肩头说："这回咱们压延工人可该多活几十年了，大伙感谢你呀！"

当时国外同类型轧机也没有用上反围盘。反围盘成功了，中国工人真正当了机器的主人，当看到火红的钢材自动地从轧机间穿梭而过，大家都激动得流下了热泪。过去人力夹钳，由前一机架出钢夹入次一机架的入钢口，需 3 秒，使用"反围盘"后，只需要 0.8 秒，效率提高 40%，产品质量提高 6%，劳动力节省 70%；每年可为国家创造价值 500 多亿元（合现在人民币 500 多万元）的财富，并为安全生产奠定了基础，同时还根除了长期损害工人健康的烫伤和职业病。

"反围盘"的成功，是张明山意志和毅力的结晶，也是他对党和人民赤胆忠心的奉献！苏联专家华西列夫称之为"爆炸性的新闻"。专家们说："反围盘的创造是有世界地位的，应当受到世界人民的重视！"在我国，张明山的这一创举得到了党和国家的重视，并给予他很高的荣誉。1952 年 9 月 24 日，东北总工会发来贺电；9 月 25 日，鞍山市政府、鞍山钢铁公司、鞍山市总工会联合发表了《关于批准小型厂张明山同志为 1952 年的特等劳动模范的决定》，并发给张明山奖金 1000 万元（合现人民币 1000 元）。1952 年 9 月 25 日，全国总工会电贺张明山创造反围盘成功。1952 年 10 月 1 日，东北总工会特别邀请他进京参加国庆观礼。1953 年，全国总工会吸收张明山为中国工会赴苏联"五一"国际劳动节观礼代表团的成员，去莫斯科参加观礼活动。1956 年，张明山出席了全国先进生产者代表会议，成为全国著名先进人物。

反围盘发明创造的成功是一个具有标志性的事件。从此，鞍钢乃至全国掀起了机械化自动化运动高潮，起到了一石激起千层浪的作用，直接推动了鞍钢技术革新技术革命的新高潮，导致后来"鞍钢宪法"的诞生。

重工业部于1953年2月20日发出了《关于推广小型厂机械化自动化运动经验的决定》。1953年10月28日《人民日报》为张明山创造反围盘成功发表题为《努力推进现有企业的技术改造工作》的社论。全国迅速掀起了技术革新和技术革命的热潮。在技术革新、技术革命的过程中，不断出现新的不平衡，不断出现新的矛盾，事物也是在不断的矛盾中互相推动前进的，创新永无止境，因而说，"鞍钢宪法"永放光芒。

1954年以后，张明山相继担任了小型轧钢厂和中板厂副厂长职务，走上了领导岗位，1970年离休。11年以后，即1981年7月26日，这位曾对技术革新、技术革命起过相当作用的老人，因患脑血栓医治无效而故去，终年68岁。

张明山这段光辉的历史已成过去，但张明山对工作的热情、认真和钻劲，和他那种艰苦奋斗、爱厂如家、为国分忧、无私奉献的劳模精神，以及不屈不挠、坚毅勇敢的精神，永远激励我们后人前进。

（钟翔飞）

李绍奎：炼钢能手

◆ 人物档案 ◆

　　李绍奎，1924 年生，河北丰润人，中共党员。历任鞍山钢铁公司第一炼钢厂技师、总炉长、厂工会主席，鞍山市总工会主席，中共鞍山市委书记，鞍山市政协副主席、鞍山市人大常委会副主任，是中共十大代表、第五届全国政协委员。1956 年、1959 年两次被评为全国工业先进生产者，曾获评"全国红旗炉"旗手、全国著名炼钢能手。多次被评为鞍山市劳动模范、特等劳动模范和辽宁省劳动模范，是我国著名的炼钢能手，先后 7 次受到毛主席的亲切接见。

扎根一线，用炉前的坚守淬炼创新的火种。

　　李绍奎 1949 年 6 月到鞍钢炼钢厂工作，他把工厂当成自己的家，无论工作多累，都毫无怨言。他常说的一句话是："给自己干活，难道还能偷懒吗？"进厂不到两个月，就成了全厂有名的"生产突击手"。为了尽快在废墟上恢复生产，李绍奎把行李搬到厂里，并提出"向一秒钟要钢"。仅 3 年他和工友们就试验成功了炉门埋管吹氧新技术，缩短冶炼时间两个多小时。过去外国专家烧结炉底需 7 天 7 夜，而他们只用 10 个小时；原来平炉装入量仅 100 吨，他们可以装到 300 吨。在恢复生产中，不管是抬管子、推小车，还是切铁，他总是抢在最前头。1953 年 1 月，李绍奎被提升为 8 号炉丙班炉长。当时，平炉全部恢复生产，但作业率并不高。8 号炉的生产也不好，主要是三班工人只顾本班抢产量，不顾下一班，也不顾炉体。为了多得计件工资，互相抢工序（当时炼钢厂把炼钢分成补炉、加料、熔化、精炼、出钢等几道工序，规定哪个班多干一个工序就多得一个工序的计件工资），不等补好炉就加料，料没等加热就兑铁水，常常发生交班的马虎，接班的不让人的情形。严重影响三班工人的团结，也给炉体造成很大损害，三天两头修，影响了生产计划的完成。

　　李绍奎知道护好炉，炼好钢，非三班共同来做不可。他首先在自己的丙班做起，处处为下一班创造好条件，使下个班一接班就能顺利工作。他还主动帮助另两个班的炉长搞好交接班，建立三班交接班制度，实现了文明生产，8 号炉因此成了"红旗炉"。炉顶寿命由 130 次提高到 191 次，使用寿命提高了 46.9%。

　　1953 年 9 月，无缝钢管厂竣工即将进行热试轧，上级领导提出要求，热试轧及今后的生产，必须用咱们自己炼的无缝钢。炼钢厂首先在几个比较好的平炉试炼，都没有成功。又转到 8 号炉试炼，这个任务交给了丙班。炼无缝钢的最大困难就是质量要求十分严格，温度必须保持在 1620 摄氏度以上（炼一般钢的温度只需 1550 摄氏度左右）。这样高的温度，容易损害炉体，而且炉体上的

·李绍奎创造炼钢新纪录

镁砂氧化后，还会渗入钢水从而影响钢的质量。李绍奎把白帆布工作服脱掉，只穿一件被汗水湿透了的黑色衬衫。他时时从 5 个炉门外观察炉内变化，注意钢水面有无翻腾的现象。因为这是炉底出坑的征兆，如果发现这种征兆，就得立刻把钢水倾倒出去，否则就会发生炉底穿漏的严重事故。在精炼时，他站在炉前的矿石堆上，指挥工人们有组织、有秩序地向炉内加料，一炉优质无缝钢水炼成了，保证了无缝钢管厂热试轧和今后生产的需要。李绍奎领导的 8 号平炉，为国家增产了 1.5 万吨优质钢，成为全国大型平炉的一面红旗。毛泽东主席亲笔写信祝贺他们创造的快速炼钢新纪录。

1954 年 7 月，他被评为鞍山市特等劳动模范，不久又出席了全国先进生产者代表会议。这些荣誉给了李绍奎巨大的鼓舞，他对自己要求更严了，不仅工作中勤勤恳恳，而且遇到困难和危险总是冲在前面。1958 年，一个下过大雪的清晨，李绍奎正在做接班后的准备工作。突然炉下有人大叫："水要淹上蓄热室啦！"如果蓄热室淹了，整个平炉

就无法生产。李绍奎听到喊声马上跑过去，把衣服一脱，就跳进了地下水道，他和另一名工友在齐胸深的水里蹚了几个来回，发现是渗水口堵了。他不顾水冷和被吸进水道的危险，让同事扯住自己的脚，一个猛子扎进去，把水道口的脏东西掏出来。蓄热室安全了，李绍奎的皮肤却冻成了黑紫色，头发也冻成了一根根冰丝。这一年他带领工友们创造了全厂平炉装入量最高纪录，被冶金部评为"全国红旗炉"。

1959年6月23日上午9时，9号平炉的渣子从炉门和炉头溢了出来，通红的钢渣直往炉下翻滚。正赶上炉下堆放着32个氧气瓶，一旦爆炸，钢厂就会受到不可想象的损失。李绍奎闻讯从7号炉赶来，他发现灼热的渣子在氧气瓶四周越聚越多。有两个氧气瓶已经浸泡上渣子了。瓶嘴上的胶皮头烧得直冒火苗。他飞步来到氧气瓶附近，用水桶往淤积在氧气瓶四周的渣子上浇水，还没等渣子完全降温，便扛起氧气瓶往外跑。接着，其他工人陆续把氧气瓶都转移出来，避免了一场可能发生的重大恶性事故，保护了国家财产。

· 炼钢能手李绍奎

进入 20 世纪 70 年代后，年近五旬的李绍奎仍战斗在生产一线。1972 年的一天，7 号平炉的后墙烧穿了一个洞，烈火直往外喷，眼看就有停炉的危险。李绍奎凭着自己多年的经验，提出了顶火补炉的建议。他夹着一包耐火材料，奔向蹿出一米多长火苗的炉墙缺口，在高压空气喷管的掩护下，冒着炽热的高温，把耐火材料补到缺口上，经过两个小时的奋战，他补好了炉墙，挽救了一炉好钢，并保证了生产的正常进行。

1973 年，李绍奎担任平炉车间副主任，他和几名有经验的老炼钢工组成了技术表演队，活跃在平炉台上，搞快速炼钢表演，解决了 6 号炉和 7 号炉熔炼时间长的疑难问题。仅 6 号炉 6 个月的时间，就给国家增产一万多吨优质钢，他的快速炼钢表演，受到了冶金部、辽宁省委和鞍山市委领导的表扬。

（李胜茂）

宋学文：电机华佗

◆ 人物档案 ◆

　　宋学文（1911—1983年），奉天盖平（今辽宁省盖州市）人，中共党员，1928年参加工作，曾任鞍钢电修厂总工程师，在鞍钢修复中立下一等功。在物质条件极困难的情况下，研制成功了当时国内还不能生产的密封水冷600马力高速电机；为鞍山红旗堡变电所解决了大型电机无法拆除的困难，被树立为"鞍钢十面旗帜"之一。先后被评为鞍钢护厂英雄、鞍山市特等劳动模范、辽宁省双革能手、辽宁省劳动模范、全国劳动模范等光荣称号。

宋学文以"华佗"之智破电机技术困局，用科技报国之心铸就行业传奇。

　　他是鞍钢"七九开工"的特等功臣，他是鞍钢第一批劳动模范。他身患癌症时，口被封着、不能说话、不能吃饭，但他却仍然在现场担当着总指挥，用手势、用写字，指导着工人们安装调相机的工作。他是鞍钢公开发展的第一批工人党员，他是鞍钢从工人中提拔的第一批工程师及总工程师。他从20世纪60年代的"鞍钢的十面红旗之一"到今天20位之一的"感动鞍钢——创新功勋人物"。他是全国冶金战线著名的电机专家，被誉为"电机华佗"。他的名字，不仅仅响彻鞍钢，还响彻了整个冶金战线乃至响彻了全国的电机制造业；除了"电机华佗"，他还有"驱动力之神"的美名。他让许多"死去的电机"复活，他让许多"带病的电机"康复工作，他让鞍钢为他骄傲兴奋了四十五个春秋。

　　1948年11月2日，中国人民解放军解放沈阳，同时也宣告了东北全境解放。当时的中共中央东北局急电，指示鞍钢尽快组织恢复工作，争取早出钢铁，支援全国解放战争。1948年12月26日，鞍山钢铁公司宣告成立：下设4处、9部、29个厂矿。留在鞍钢的日本人，一听说鞍钢要恢复生产，马上把头摇得像拨浪鼓似的说："鞍钢要想在一片废墟上恢复生产，简直比登天还难。倒不如把空壳的高炉平炉都彻底拆扒，种高粱种庄稼！"宋学文听了，差点把肺气炸，他要用实际行动，叫日本人收回"鬼话"。

　　鞍钢公司成立伊始，鞍山市委、市政府、市总工会广泛发动群众为恢复建设人民自己的鞍钢献交器材，这当中就有关键的557台电动机，几乎全是外国货。当时的电修厂，工人只有几十个，新招来的工人还占了一多半。宋学文当时是 37 岁，17 岁进厂，断断续续干了 20 年，绝对是个"老工人"。厂领导看他积极"跟着共产党干"的劲头，就让他牵头，带领着工友，先把这 557 台电动机运回来。他丢下家里的妻子儿女 6 口人，把自己的被褥往身上一背，住进了厂里。在宋学文和工友们的努力下，经过半年多的艰苦奋战，修复了上百台大电机。宋学文和他工友的足迹，遍布鞍钢各个角落。宋学文对钢厂、铁厂、轧钢厂、矿山等重点厂矿的主要设备的大电机，都做到了亲临现场，在检修的同时，都做了逐一登记，并设立检修档案，对铭牌、参数、产地、制造厂家、运行状况、病史分析、检修情况等详细记录。他甚至能将上百台电动机的相关数据熟记在心，张口就来。在他带领下，电修厂对遍布鞍钢各个角落的大大小小的电机，都来了个彻底的"人口普查"。从此，鞍钢的"万国牌马达"，都在宋学文和他的工友们掌控之下了。

· 宋学文在指导工友电机嵌线

　　1949 年上半年，鞍钢在恢复生产的过程中，一些小电动机十分短缺。当时，全国还没有完全解放，新中国还没有成立，要想在国内买不可能，要想在国外买又找不到渠道，只能靠自己想办法，自力更生解决。宋学文带领工友们废寝忘食地研制出了小电机样品，试验成功，随后便马不停蹄地制造出了急需的小电机，为鞍钢"七九开工"作出了重要贡献。也就是在这一天，宋学文立功受奖，被鞍钢公司授予"特等功臣"称号。

1950年，新中国成立后的第一个春天，他和孟泰一起成为鞍钢工人中公开发展的第一批共产党员。入了党的宋学文，工作的热情空前高涨。他畅谈体会说："我决心跟着中国共产党，干一辈子革命，一定活到老，学到老，干到老！"

1952年，刚过完春节，鞍钢化工总厂一台600千瓦的电机，因短路而烧毁。这是安装在焦炉煤气及化工副产品回收管道上的大电机，别说公司没有备品，就是跑到上海和哈尔滨等电机制造厂去买也没买到。电机坏了，焦炉煤气和化工副产品不能回收，只能白白地对空放掉，经济损失严重，环境污染严重。经过几天的冥思苦想，宋学文终于拿着自己画的草图，向领导请缨："我想在七一前和同志们制造这样一台电机，向党的生日献礼。"就这样，宋学文在上上下下的全力支持下，终于在七一前，带领他的团队，制造出了"大电动机"，解决了"大难题"，为化工厂回收巨额的副产品立了大功。鉴于此，宋学文被破格提拔为技师，同年被授予鞍山市"首批特等劳动模范"。他还被冶金部命名为"全国冶金战线的劳动英雄。"从此，宋学文成了电修厂领导的"一张王牌"，成了工人们"心中崇拜的英雄"！

1959年3月，鞍钢一连接到了两封加急电报：一封是湖北大冶轧钢厂发来的，一封是冶金部发来的。两封电报，一个内容。说的都是新安装的轧机主传动变流机组，从1月到现在，运行一直不正常。从德国进口的大电机，轴瓦不断发高烧，请来了不少国内外电机专家都束手无策。连德国制造厂家都来人了，处理了一个多月，仍然没有根除。冶金部想到了宋学文，让他想办法力争解决。他接到厂领导的电话连工作服都没换，顺手抓了一件油脂麻花的旧棉袄，带了一个助手径直到了飞机场。在武汉下了飞机，夜幕已经垂下来了。他坚持直接去现场看电机，"拿出处理方案，再吃饭"。在现场，两位德国专家一老远看见宋学文这打扮，又听说只是鞍钢的一个工人技师，便借故上厕所溜了。大冶轧钢厂的人也很尴尬，有的还窃窃私语："鞍钢咋派这样的人来，能行吗？"

宋学文带着助手进了现场，并没有理会一些领导奇异的眼神，他全神贯注地"听声音、摸温度、闻气味、看参数"，像中医"望、闻、问、切"一样，把好脉，又详细地听了现场工人的叙述，最后在心中形成了"初步处理方案"，几经斟酌，才说出是轴瓦间隙的问题，让轧钢厂管生产的领导做出安排，第二天早上一上班就按"检修方案"处理。他和助手被送回到宾馆，已经是凌晨2点钟了。第二天早8点，宋学文带着助手，准时到达现场进行检查、处理，前后不到3个小时，当轴瓦温度升到57摄氏度后，就不再上升了（制造厂家规定，温升不超过80摄氏度就合格）。在场的技术人员、领导干部、检修工人无不惊叹。一位老工人脱口而出："你真是神医，是华佗，是电机华佗

· 宋学文（右一）在检查电机嵌线施工质量

啊！"那两位德国专家折服地向宋学文竖起大拇指说："好的！中国工人有能人，了不起！了不起！"

20 世纪 60 年代初，宋学文对鞍钢的成千上万台电机进行了全面调查，进一步熟悉和掌握了鞍钢各主体生产厂矿的电机容量、型号、性能、安装地点、运转情况及故障点等。每当主体厂大修，他都要深入现场，精心指挥工人检修，为保证鞍钢电气设备的正常运转立下了汗马功劳。1964 年，宋学文为鞍山红旗堡变电所解决了大型电机无法拆除的困难，令国内专家为之叹服。同年，他被鞍钢党委树为社会主义建设中"鞍钢十面旗帜"之一。他还多次应邀赴包头、武汉、太原、哈尔滨、沈阳、大连、营口、莱芜等地的几十个冶金企业，协助排除各种大型电机的疑难故障。宋学文在"文化大革命"时期，身处逆境仍以国家利益为重，担当了改制国内最大的 25 万千瓦双水内冷调相机的重任。1977 年 3 月，调相机进入安装阶段时，宋学文突患牙龈癌。他在北京手术期间，仍时刻关心调相机的安装进展，没等痊愈便主动要求出院。在身体极度虚弱的情况下，用笔写和打手势指挥工人安装。1978 年 7 月，25 万千瓦双水内冷调相机终于投入运行，使辽南地区的电网电压普遍升高，保证了鞍钢厂区的供电质量，按其经济价值每天可为国家多创造 2 万元。水电部部长钱正英在陪同法国专家到鞍山视察时，对他的这一杰出贡献给予了高度评价。同年，宋学文出席了全国科学大会和中华全国总工会第九次代表大会，并被冶金部命名为"劳动英雄"。在此期间，宋学文相继担任了鞍钢电修厂总工程师、副厂长及鞍山市人大常委会副主任等职。1979 年以后，宋学文担任了鞍钢电修厂技术顾问。

从修电机到造电机，宋学文的足迹遍布大半个中国，应邀前往几十个冶金企业，协助排除各种大型电机的疑难杂症，手到病除，他还带出了电机神医牟永武，先后被评为鞍钢护厂英雄、鞍山市特等劳动模范、辽宁省双革能手、辽宁省劳动模范、全国劳动模范等光荣称号。宋学文常说："全国冶金战线一盘棋，我只是一个过河的卒子。咱是共产党员，只要党召唤，就没有不去的道理。"

（王　颖）

改革创新

改革开放和社会主义现代化建设新时期，是我国钢铁工业的快速发展期。1978 年 12 月 18 日—22 日，党的十一届三中全会召开，改革开放的号角自此吹响。钢铁工业在党的领导下，开始挣脱计划经济体制的桎梏，迈开了建立社会主义市场经济体制、赶超世界一流水平的步伐。

1. 从计划经济向市场经济过渡阶段（1978—1992 年）

1978—1992 年钢铁行业从国外引进了 700 多项先进技术，利用外资60 多亿美元，新建了宝钢、天津大无缝两座现代化大钢厂，并对老钢厂实施了一系列重点改造，使中国钢铁工业缩小了与世界先进水平的差距。1992 年与 1978 年相比，钢产量增加了 1.55 倍，国内市场占有率提高 16.9个百分点，平炉钢比下降 10.8 个百分点，连铸比提高到 30%，吨钢综合能耗下降到 1.57 吨标准煤（降低了 62.3%）。

这一阶段是由高度集中统一的计划经济体制向初步建立社会主义市场经济体制过渡的时期。改革主要体现在扩大钢铁企业经营自主权，实行放权让利，逐步推行承包经营责任制和价格双轨制的两项制度改革等方面，其中最有名的是首钢承包制，极大地调动了企业和职工发展生产的积极性；进行了"三项试点"，即组建企业集团试点、股份制试点、现代企业制度试点；实施了"四大开放"政策，即充分利用国内外两种资源、两种资金、两种技术、两个市场。这些改革，大大增强了企业活力。

2. 建立社会主义市场经济体制阶段（1993—2001 年）

1992 年年初，邓小平同志发表了著名的"南方谈话"。当年 10 月党的十四大召开，明确提出"我国经济体制改革的目标是建立社会主义市场经济体制"。从此，我国改革开放从初期有计划的商品经济向建立和完善社会主义市场经济体制转变。

这一阶段，国家基本取消了钢铁产品的指令性计划，终结了钢材价格"双轨制"，实现了真正意义上的"利改税"；探索股份制改造、深化现代企业制度改革取得了重要进展，截至 2001 年年初，已有 27 家钢铁企业先后在国内外上市。这一阶段，钢铁工业的行业管理体制改革也稳步推进。1998 年，冶金部被撤销，国家冶金工业局成立；1999 年年初成立的中国钢铁工业协会作为钢铁行业的自律性中介组织，在 2001 年 2 月国家冶金局被撤销后，开始在企业和政府之间发挥桥梁和纽带作用。这样，钢铁工业的行业管理逐步由冶金部直接管理、国家冶金局间接管理转变为在国家宏观调控下，以市场为导向的行业协会自我、自律管理。

这一阶段，钢铁工业利用大量的国外技术装备和资金对落后的工艺装备进行改造，装备技术得到飞速发展。到 2001 年，我国全部淘汰了落后的平炉炼钢工艺，连铸比达到 88.2%，赶上了当时世界钢铁工业平均水平；吨钢综合能耗降低到 876 千克标准煤，比 1992 年降低了 44.2%，大大缩小了中国钢铁工业与国际先进水平的差距。1996 年，我们粗钢产量历史性突破 1 亿吨，成为世界第一大产钢国并保持至今。

3. 完善社会主义市场经济阶段（2002—2012 年）

2001 年 12 月 11 日，中国正式成为世贸组织成员。2002 年 11 月党的十六大召开，提出了建成完善的社会主义市场经济体制的目标。我国的改革开放从建立社会主义市场经济阶段进入到全面完善社会主义市场经济阶段。

以 2005 年《钢铁产业发展政策》正式出台为标志，政府开始运用法律、法规和产业政策等符合市场经济规则的手段维护钢铁产业发展秩序。

这一阶段，国有钢企建立健全了国有资产管理体制，逐步实施了企业负责人经营业绩考核制、国有资产保值增值责任制等制度，股东会、董事会、监事会和经理层协调运转、自我约束的现代企业管理制度基本形成。民营钢铁企业迅速崛起，涌现出了沙钢、中天钢铁、建龙、德龙、青山控股、津西、敬业等一批民营钢企巨头，到 2012 年钢产量占全行业的比例已超过 50%。这一阶段，钢铁行业进一步扩大对外开放，积极融入世界市场。2002 年，中国钢铁行业取得加入世贸组织后的首起钢铁保障措施案的胜利。2006 年，我国成为钢材净出口国，结束了 100 多年来中国靠净进口钢材和钢坯发展经济的历史。

这一阶段，在经济快速增长的带动下，钢铁工业进入新一轮高速增长期，钢铁产量几乎以每年 5000 万吨的速度递增，彻底结束了中国钢铁材料供给不足的历史。到 2012 年，我国钢产量达到 7.24 亿吨，基本满足了国内对各类钢材品种的需求。

本书改革创新部分记述了改革开放和社会主义现代化建设新时期钢铁行业的全国劳模先进事迹。1989 年，钢铁市场遭遇"寒冬"，邯钢生产的钢材 90% 出现亏损。刘汉章带领干部职工冲破计划经济思想观念的束缚，创立并推行"模拟市场核算，实行成本否决"经营机制。新机制让邯钢发生了巨变，这就是闻名全国的"邯钢经验"。这一时期，还涌现出"自强不息、助人为乐、不计名利、奉献不已、勇于负责"的"焊神"曾乐，"当代愚公"李双良等一批闪烁着时代精神的钢铁英模，至今想起仍然令人肃然起敬。

国企改革"邯钢经验"的创造者——刘汉章。至今，邯钢人也认为："没有刘汉章，邯钢今天可能还是一个不知名的中小钢厂。"作为身处转型经济时期的企业家，刘汉章克服许多体制上的障碍，成为改革开放时期中国企业界的佼佼者。"模拟市场核算、实行成本否决"。"邯钢经验"为20世纪90年代初在摸索中前行的国有企业打开了一条直面市场的道路。在全国掀起了一场企业管理模式的革命性变革，先后有2万余家企事业单位到邯钢学习取经，被誉为我国"工业战线上的一面红旗"。2018年12月18日，党中央、国务院授予刘汉章同志改革先锋称号。

"中国知识分子的光辉典范"——曾乐。改革开放之初，面对我国精密焊领域与国外20年的差距，曾乐"拼命"追赶。在宝钢生产建设期间，他创建了我国第一个精密焊接实验室，试制出20多种填补国内空白的精密焊接用品，推动了我国精密焊接技术飞速发展，被誉为"焊神"。曾乐不仅为我国冶金工业和宝钢建设作出了卓越贡献，而且为南浦大桥、杨浦大桥、深圳发展中心大厦、秦山核电站等全国几十个重点工程解决了重大技术难题。他先后获国家科委发明奖、国家科委重大科技成果奖、全国科学技术大会奖、国家科技进步奖等几十项奖励，他撰写的专著《焊接工程学》被国内外焊接界誉为"焊接构造方面经典著作"。从1991年到1996年，在曾乐与病魔抗争的6年间，他撰写了8万字的《精密焊接》一书，主编了《现代焊接技术手册》，研发的多个易焊钢种填补了多项国内空白。曾乐，早已成为钢铁人心中自强与奉献的不朽丰碑。

"当代愚公"——李双良。他是全国著名劳动模范、全国优秀共产党员、全国五一劳动奖章获得者，联合国环境规划署颁发的"保护环境及改善环境卓越成果全球500佳金质奖章"获得者。"把太钢的事当作自己家的事"。李双良没向国家要一分钱，带领挖渣队伍，发扬工人阶级主人翁精神，走出一条"以渣养渣、以渣治渣、综合治理、变废为宝"的治渣新路，累计搬走太钢堆积的废钢渣1000多万立方米，回收废钢142万吨，创收45523.07万元，盈利14377.86万元，节约治渣成本4.5亿元，被誉为"当代愚公"。后来，学习李双良活动在太钢掀起高潮。太钢持续开展"学双良、做主人，比贡献、创一流""学双良百佳、做双良传人"等主题活动，一代代双良式职工茁壮成长，有力地推动了太钢的改革发展。

改革开放和社会主义现代化建设新时期，钢铁工业在时代浪潮中勇立潮头，以改革为笔，绘就发展宏图；以创新为墨，书写奋进篇章。在这段波澜壮阔的征程里，钢铁行业不仅实现了产量的飞跃、技术的革新，更孕育出无数闪耀着时代光芒的劳模先进，他们以无畏的勇气、卓越的智慧和不懈的努力，铸就了钢铁工业的坚实脊梁。钢铁工业的发展历程，如同一首激昂的诗篇，诉说着奋斗与拼搏的故事，展现着中国工业不断崛起的力量。正如诗句所云："炉火照天地，红星乱紫烟。"钢铁工业的辉煌，在时代的熔炉中闪耀着永恒的光芒，激励着我们在新的征程中继续砥砺前行，为实现中华民族伟大复兴的中国梦贡献力量。

孙德新：矿山机械专家

• 人物档案 •

孙德新，1932年5月生，辽宁大连人，中共党员，教授级高级工程师。曾任鞍钢矿山公司副经理、中国金属学会矿机分会理事。主持设计了我国第一台YQ-150A型潜孔钻机、我国第一台QZ-250大型露天潜孔钻机。先后被评为鞍山市先进生产者、鞍山市劳动模范、鞍钢科技标兵、全国科学大会先进科技工作者、全国劳动模范、辽宁省先进生产者、冶金部劳动模范、冶金部先进科技工作者。1992年起，享受国务院政府特殊津贴。

> 孙德新以技术创新引领矿山机械发展，以敬业精神奉献于国家。

1953年2月，孙德新中专毕业后，被分配到鞍钢一初轧厂技术科做见习技术员。1954—1955年，被派到苏联克里沃洛格矿区的矿山及矿山设备制造厂实习。归国后，孙德新承担的第一项任务就是制定硬质合金钎头的制造工艺规程。他采用先进工艺，提高了硬质合金钎头的质量。

1956年下半年，孙德新调任鞍钢矿山管理处（后改为矿山部）技术科副科长。他一面抓技术管理，一面着手技术革新。先后组织工程技术人员进行了"锚杆支护""毫秒微差爆破""铵油炸药""下向接杆深孔凿岩"等技术开发项目，均获得成功。

1957年，经领导研究决定，由孙德新负责，创办了《矿山技术》杂志。为交流经验，提高生产技术水平，介绍国内外先进的矿山生产科技成果和经验起到了重要的作用。

1958年年初，孙德新负责当时矿山生产急需的项目——穿孔爆破的科研工作。鞍钢矿山凿岩工作环境危险，且生产效率低。凿岩工一次只能凿1~2米的炮孔。为提高生产效率，确保职工人身安全，孙德新和同事研究设计了露天矿下向深孔凿岩台车及工具。经过反复改进试验，效果良好，下向深孔凿岩台车较手持凿岩机效率提高3倍，实现了光面爆破和分级开采。此项目在两个矿山进行推广。

20世纪60年代初，研制潜孔钻机和牙轮钻机的创意，经冶金部向国家申请立项，获得立项后，矿山技术处与宣化风动机械厂合作研制新型潜孔钻机。孙德新为课题负责人，任主任设计师，很快拿出样机设计图纸交给厂家。宣化风动机械厂于1963年春节前，将新型潜孔钻机的样机试制出来了。

1964 年，矿山技术处研究室改为矿山研究所。当年由一机部、冶金部在大石桥镁矿召开国家级鉴定会认为：这是我国第一台自主研发生产的 YQ-150A 型潜孔钻机，填补了国家空白，试验证明钻机效率较磕头钻提高 2 倍多。

YQ-150A 钻机除具有操作方便、钻孔效率高的优点之外，不仅钻垂直炮孔，还能钻倾斜炮孔。这给矿山分级开采，边坡维护及光面爆破创造了条件，在全国推广使用后市场上供不应求，一机部为满足市场需求安排太原矿机厂与宣化风动机械厂并行生产，并少量出口到第三世界国家。YQ-150A 钻机试制成功后，新华社作了报道，外电（法新社）报道称之为斜孔钻机。邮电部出版了钻机纪念邮票。

1970 年，矿山研究所刚开始恢复工作，孙德新就提出要搞大型潜孔钻机课题，即研制 QZ-250 型潜孔钻机。由矿山研究所、宣化风动机械厂及东北工学院组成设计组，他任主任设计师。

QZ-250 型潜孔钻机样机运往弓长岭露天矿进行工业试验；1974 年 1 月，试验组与矿山工人开始工业试验。地处风口的露天采场北风呼啸，大雪封山，气温零下 30 多摄氏度，试验条件极其艰苦，大家却顽强坚持试验。1974 年 1—4 月，钻孔 11363 米。通过了国家级鉴定并批量生产。QZ-250 大型潜孔钻机超过了当时国外同类钻机的最大孔径。具有结构简单、操作方便、效率高等优点，月纪录达 4817 米，填补了我国的空白。

为了实现高钻架的研制目标，在 QZ-250 的基础上，孙德新又设计出 KQ-250G 高钻架潜孔钻机，实现了在没有上卸钻杆接头操作的前提下，能一次钻成炮孔的愿望。1977 年 5 月，在弓长岭矿投产。5—8 月共钻孔 17174 米，较 QZ-250 又提高了效率，在弓长岭露天矿及海南铁矿被采用。

孙德新坚持吸收国外先进技术，借鉴并加以创新，成功研制具有我国自主知识产权的 FC 系列冲击器和球面齿硬质合金钻头；创造性地设计出双环进气配气阀和尼龙阀片，具有效能高、结构简单、工作可靠、使用寿命长等优点，后交由宣化风动机械厂及嘉兴机械厂批量生产。在矿山进口牙轮钻期间，孙德新及时解决了多项安装、调试中遇到的技术难题，得到了外国专家的好评。

1978 年 3 月 18—31 日，全国科学大会在北京隆重召开。孙德新作为代表，出席了大会，受到表彰。

1982 年 11 月，孙德新任矿山公司副经理，主管设备管理工作，认真地抓矿山设备的更新改造，以及先进设备的引进消化，为矿山建设和发展作出了重要的贡献。

1986 年孙德新被派往澳大利亚、加拿大、美国，肩负验收拆运二手设备的使命。出国前，他细心研究合同，对细节问题都了如指掌。他到美国专业制造厂时，得知对方根本没按合同要求到制造厂家改制，却按专业制造厂改制来报价，便据理力争。对方自知理亏，主动提出将省下来的资金变为电铲备件给中国，为国家避免了损失。

1990 年，矿山设计院两个设计组准备对大孤山铁矿、东鞍山铁矿的排岩系统都采用皮带排土机模式，并对排土机提出两组不同的参数。

大连重机厂认为要满足这些要求，需提高一个重量级。孙德新提出将排土机排料臂缩短，收料臂加长的方案，解决了设备平衡问题，避免了设备加重，同时将两台排土机参数统一，降低了制造成本。

"八五"期间，国家重点项目鞍钢齐大山铁矿采选扩建工程被批准。他组织大家与外商进行技术交流，夜以继日地工作。其后又参加了商务谈判与签合同工作。

齐大山铁矿采选扩建工程如期建成，扩建后齐大山铁矿达到20世纪90年代国际同类矿山的先进水平，对推动我国矿山的技术进步有十分重要的意义。

孙德新基础理论厚实，相关知识广博，出版《国外潜孔风动冲击器》一书，撰写多篇学术论文，并在国家级刊物上发表，在国内享有较高知名度，是名副其实的矿山机械专家。

（安　轩）

顾思乡：以高炉为家的铁人式标兵

◆ 人物档案 ◆

顾思乡，1939年生，江西人，中共党员，曾任首钢四高炉炉长，1978年被首都钢铁公司命名为"铁人式标兵"，荣获全国冶金战线"劳动英雄"称号，1979年被评为全国劳动模范。担任炉长期间，四高炉的主要经济指标达到国内同类型高炉先进水平，先后被冶金部评为"冶金战线红旗炉""学大庆红旗单位"。

顾思乡认为在高炉的烈焰中，要以匠心雕琢工艺，深挖潜力、精进管理，铸就钢铁的辉煌，追求卓越，谱写高产优质低耗的华美乐章。

顾思乡，这个名字在首钢的发展历程中熠熠生辉，他宛如一座巍峨的丰碑，承载着无数首钢人的奋斗记忆，其故事恰似一首激昂奋进的宏大乐章，在首钢的岁月长河中奏响了最为壮丽的奋斗与奉献旋律。

顾思乡出生于一个普通但充满奋进气息的家庭，自幼便深受家庭中勤劳质朴氛围的熏陶。在成长过程中，他目睹了国家建设对工业力量的迫切需求，一颗立志投身工业建设的种子在心底悄然种下。凭借着自身的勤奋与聪慧，他成功考入北京冶金学院，在校园里，他如饥似渴地汲取专业知识，课堂上全神贯注，课后还一头扎进图书馆，为日后在钢铁行业的深耕厚植了坚实的理论根基。

1961 年，怀揣着满腔热血与抱负的顾思乡，踏入了首钢炼铁厂的大门，就此开启了与高炉长达数十载的不解之缘。初入炼铁厂，简陋的工作环境、繁重的劳动任务都未能磨灭他的热情，反而让他更加坚定了要在这片土地上干出一番事业的决心。1966 年，因工作表现出色，他先后担任起高炉工长、炉长的重要职责。自那时起，高炉便如同他生命的全部，占据了他生活的核心位置。

他的老伴儿回忆起那段时光，眼中满是复杂的神情，既有对丈夫忙碌的心疼，又有对他事业的理解与支持。老伴儿略带嗔怪地说道："自从当上炉长后，他就像被高炉'黏'住了，一门心思扑在上面。常常十天半月都住在厂里，家里的事儿基本顾不上。能和他一起安安稳稳吃顿晚饭，在那些年的记忆里都成了稀罕事儿。"记得有一次，孩子生病发烧，病情较为严重，老伴儿心急如焚地打电话到厂里找他，可彼时的顾思乡正全身心投入到高炉的一项关键调试工作中，实在无法抽身。他在电话里匆匆叮嘱老伴儿几句后，便又继续忙碌起来。直到深夜，完成工作的他才拖着疲惫的身躯赶回家中，看着病床上熟睡的孩子和满脸倦容的老伴儿，心中满是愧疚。但在面对高炉生产与家庭的抉择时，他总是毫不犹豫地选择前者，因为他深知，高炉的稳定运行关乎着首钢的发展，关乎着国家工业建设的大局。这份对工作的执着与热爱，犹如一颗明亮的火种，为他日后在高炉事业上取得卓越成就点燃了希望之光，奠定了坚实基础。

1977 年，对于顾思乡和首钢四高炉而言，无疑是具有重大里程碑意义的一年。当时的四高炉有着独特的炉型——矮胖且多风口，这一特殊炉型在旁人眼中或许是个棘手的难题，但顾思乡却凭借着多年积累的丰富经验和敏锐的洞察力，敏锐地意识到这其中蕴含着巨大的潜力。他深知，要想充分挖掘四高炉的潜能，仅靠个人的力量远远不够。于是，他积极奔走，广泛发动群众，组织大家深入总结过去几年来的生产经验。为了探寻最适合四高炉的操作制度，他一头扎进了资料堆里，如同一位寻宝者，不放过任何一丝可能有用的信息。他查阅了全厂高炉历史上所有的操作制度，从泛黄的老旧资料到最新的生产记录，逐一仔细研读，在这个过程中，积累了上万个宝贵的数据。

在探索的道路上，顾思乡并非一帆风顺。技术讨论会一场接着一场，先后历经 70 多次，每一次讨论都是思想的激烈碰撞，大家各抒己见，从不同角度分析问题、提出方案。而强化攻关更是艰难，50 多次的尝试，每一次都伴随着失败的风险，但他和他的团队从未退缩。在一次强化攻关中，尝试新的操作方案后，高炉出现了短暂的不稳定情况，炉温波动较大，部分职工开始面露担忧之色，甚至有人提出放弃这次尝试。但顾思乡却坚定地站出来，鼓励大家："我们已经走到这一步了，每一次失败都是向成功靠近一步。大家不要灰心，我们一起冷静分析问题，一定能找到解决办法。"在他的鼓励下，团队成员重新振作精神，经过连续几天几夜的奋战，终于找到了问题的症结所在并加以解决。终于，经过无数次的摸索、尝试与改进，他们总结出了"大风量、高风温、大料批、多正装、重负荷"的基本操作制度。这一制度的诞生，犹如为在黑暗中摸索前行的四高炉找到了一条通往高效生产的光明大道，瞬间为高炉的发展注入了强大的动力。

在这一创新制度的推动下，四高炉的生产面貌焕然一新。主要经济指标如同插上了翅膀，迅速攀升。产量稳步增长，质量显著提升，能耗大幅降低，各项指标一举达到国内同类型高炉的先进水平。这一卓越成就引起了行业内外的广泛关注，四高炉被冶金部评为"冶金战线红旗炉"，同时被北京市评为"工业学大庆标杆集体"。那一刻，整个首钢都沉浸在喜悦与自豪之中，而顾思乡和他的团队无疑成为了这场荣耀盛宴的主角。

1978年，在顾思乡的带领下，四高炉继续书写着辉煌的篇章。这一年，高炉仿佛被注入了无穷的活力，产量一路飙升，利用系数大幅提高，焦比也突破了历史纪录。在行业竞争日益激烈的大环境下，四高炉再次在国内同类型高炉中脱颖而出，以其卓越的表现被冶金部命名为"学大庆红旗单位"。这一荣誉不仅是对四高炉过去一年努力的高度认可，更是对顾思乡团队技术创新与管理能力的充分肯定。

1979年上半年，顾思乡并未满足于已取得的成绩，而是以更加饱满的热情和坚定的决心，带领全炉职工深挖高炉生产潜力。他深知，生产管理如同精密的齿轮，任何一个环节的松动都可能影响整个生产链条的顺畅运行。于是，他狠抓生产管理，从人员调度到设备维护，从原材料采购到产品质量把控，每一个细节都亲自过问、严格把

关。同时，他积极组织团队成员，结合实际生产情况，健全各项管理
制度。在制定原材料验收制度时，他和团队成员经过多次实地考察和
数据分析，确定了一套严格且科学的验收标准，确保进入高炉的每一
批原材料都符合高质量要求。在他的努力下，四高炉生产比 1978 年同
期又有了大幅度提高。到 1979 年 7 月底，生铁合格率连续 24 个月达
到 100%，创造了 7200 炉 167 万吨无废品的优异成绩。这一成绩在当
时的钢铁行业内堪称奇迹，令同行们纷纷投来羡慕与敬佩的目光。后
来，四高炉凭借着持续稳定的高产表现，成为我国第一个有效容积产
铁量过万吨的高炉，为国家经济建设奉献了巨大的财富，创造出令世
人瞩目的辉煌业绩。

退休后的顾思乡，虽然离开了工作岗位，但他的心始终牵挂着首
钢。在集团党委的组织安排下，他和老伴儿踏上了前往曹妃甸的旅程。
当他们站在建设在渤海之滨的现代化首钢京唐公司那巍巍矗立的 5500
立方米大高炉下时，激动与欣慰之情如决堤的洪水般涌上心头。顾思
乡仰望着这座现代化的钢铁巨擘，眼中闪烁着泪光，他感慨地对老伴
儿说："你看，这就是我们首钢的未来啊！从我们当年简陋的高炉到如
今这般现代化的规模，这一路的变化太大了。"眼前的现代化高炉，不
仅是首钢发展的新象征，更是对顾思乡等老一辈首钢人奋斗成果的传
承与延续。它见证了首钢从传统走向现代、从内陆走向沿海的伟大跨
越，完成了一代又一代首钢人的梦想，这让他们感到无比骄傲和自豪。

作为一名共产党员，在建党 100 周年到来之际，顾思乡感慨
万千。他坐在家中的书房里，看着墙上挂着的党徽，陷入了深深的回
忆。他缓缓说道："没有共产党，就没有新中国，就没有首钢的今天，
就没有我们今天美好的生活。回想起当年，我们在艰苦的条件下，靠
着党的坚强领导和同志们的齐心协力，才一步步将首钢发展壮大。如

今，我们过上了好日子，但不能忘记党的恩情，要珍惜现在的幸福生活。"他深知，劳模精神是推动社会进步的强大动力，在新时代，更需要传承和发扬这种精神。他希望年轻一代能够接过奋斗的接力棒，在各自的岗位上发光发热，用双手创造更加美好的幸福生活；希望我们的国家更加繁荣昌盛、国泰民安，祝愿曾经奋斗过的首钢日新月异、蒸蒸日上。

顾思乡的一生，是与高炉紧密相连的一生，是为了首钢发展无私奉献的一生。他用自己的实际行动诠释了什么是敬业、什么是奋斗、什么是传承。他的故事，将永远铭刻在首钢的发展史册上，激励着一代又一代的首钢人，在新时代的征程中，继续为实现梦想而努力拼搏，为国家的繁荣富强贡献自己的力量。在未来的日子里，首钢必将在新一代奋斗者的努力下，续写更加辉煌的篇章，而顾思乡的精神，也将如同永不熄灭的火炬，照亮首钢前行的道路，引领着全体首钢人向着更高的目标奋勇迈进。

· 顾思乡（中）和同事在讨论问题

（王文婧）

张殿发：铁山骄子　矿工楷模

◆ 人物档案 ◆

　　张殿发，1951年生，辽宁辽阳人，中共党员，1969年到鞍钢弓长岭铁矿工作。工作期间历任井下矿-160米东车间井下矿凿岩工、采掘队长、井下矿-180米车间生产副主任、井下矿生产科副科长、井下矿工会管理、井下矿-180米车间党支部书记等职务。先后获评鞍钢劳动模范、鞍山市劳动模范、辽宁省五一劳动奖章、辽宁省劳动模范、全国劳动模范荣誉称号。

汗水浇灌的成果最踏实，双手创造的荣誉最光荣。

——张殿发

1989 年 10 月 4 日，鞍钢弓长岭矿区比往常热闹了许多，震耳欲聋的鞭炮声，喜庆的锣鼓声响成一片，人们正怀着崇敬的心情，欢迎参加全国劳模大会凯旋的井下铁矿 –160 米车间采矿队长张殿发同志。

冲破世俗偏见　扎根艰苦岗位

1951 年，张殿发出生在弓长岭一个普通的农民家庭，1969 年，矿山扩大生产规模进行征地，张殿发也因此被招收到弓长岭铁矿，成了新中国第二代矿工。当时张殿发的心情十分高兴，他认为当工人光荣，待遇高，可以学技术，一切都是新的，都是那么美好。可万万没有想到，他被分配到井下当凿岩工，看到同他一同入矿的青年都去了理想的工作岗位，他的心里有一种说不出的滋味。农民出身的张殿发，脏、苦、累他都不怕，工种他也不嫌弃，可他是一个人，一个感情丰富、自尊心极强的男子汉，面对着人们瞧不起井下凿岩工这一世俗的偏见，他不服气，他受不了。为此，他不知暗地里流过多少泪，伤过多少心。他失望、困惑过，也产生过宁可回乡务农，也不愿在井下干的念头。当过多年农村党支部书记的父亲觉察到他的思想变化后，便及时开导教育他："咱是农村的孩子，能到矿山当工人很不容易，领导让咱干啥就干啥，只要干好就是有出息。"党组织也对他进行了及时的帮助，给他讲矿山发展史，讲井下工人的使命和光荣传统。老师傅对他更是关心备至，不但手把手地向他传授技术，而且还热情地帮助解决工作和生活中的实际困难。有时张殿发在工作中累了，坐在地上休息时，老工人怕他着凉，就脱下自己的棉衣给他垫在屁股底下。父亲的谆谆教诲，党组织的热情关怀，老工人的真诚帮助，使他体会到了矿工队伍这个大家庭的温暖，提高了他的思想觉悟，同时也坚定了扎根井下，奋斗一生的信念。他深有体会地说："老师傅在井下干一辈子一不攀比、二不动摇，我们是年轻人还有什么说的。"他告诉班里的同志："你们放心吧！我张殿发今后要一心一意地和你们在井下干一辈子。"

他在采矿队里，脏活、累活总是抢着干，有时连班不下岗，由于工作的劳累，他面色发黄，总是疲惫不堪的样子。有些人劝他找人帮忙离开井下，可他却说："我在采矿队工作一段时间，钻机性能我都掌握了，我要是上井，还得有人下井，工作总得有人干，我怎忍心扔下艰苦的工作，让别人来作，让别人来干？"纯朴的语言，诚实的品德，模范的行动，赢得了同志们的信赖和组织的信任。1979年在党组织的教育和同志们的帮助下，他光荣地加入了中国共产党。入党后，他把坚定的共产主义信念，同脚踏实地艰苦奋斗的行动统一起来，在这平凡而又艰苦的岗位上，忠实地履行一名共产党员的光荣义务，默默地奉献着自己的光和热，为矿山的建设事业谱写了一曲曲催人奋进的奉献之歌。

克服重重困难　创造一流业绩

张殿发的工作地点在从地表垂直下降 300 米的地层深处、靠外界强力压风调节空气的地下世界。那里终年见不到阳光，只有灯光照明；那里阴冷潮湿，水天泥地，工人四季离不开棉衣和胶靴。张殿发在这样恶劣的环境里，一干就是 20 余年。同他一起入矿的同志，在一线的已屈指可数了，有的被提拔当了干部，有的则千方百计地调离井下，可他却始终兢兢业业地在这个艰苦的岗位上，用优异的工作业绩，来实现他那崇高的人生价值。

从 1980 年任采矿队长那天起，到 1989 年，张殿发带领全队 6 名队友，共完成采矿任务 1192.6 万吨，超产 380 万吨，等于用 9 年的时间干了 13 年的工作量。辛勤的劳动、突出的贡献，赢得了领导的信任和同志们的尊敬。他处处以身作则，哪里有险活、累活、硬活，他就出现在哪里，在他的感召下，队友们同心同德，指哪打哪，战无不胜，攻无不克。1986 年 10 月，为了完成全矿的采矿任务，矿领导将张殿发采矿队调到杨木车间承担 70 米的深孔采矿任务，要求他们在年底前完成，并明确地告诉他们：全年采矿任务的盈亏这一仗是关键。张殿发等 7 名同志接受任务后，决心以实际行动来完成党和同志们的重托。这一阶段，张殿发不仅在井下作见不到阳光，由于早出晚归，在地面上也很难感受一点阳光的温暖。深孔采矿是用凿岩机垂直向上钻孔，随着岩机的吼叫，泥水夹着油污飘洒而下，顺着他的脖子淌进去，又沿着裤筒流出来，同人的体温交织在一起，冰冷刺骨，让人望而生寒。然而，张殿发就是穿着满身油污泥水，谁看了都发愁的工作服一干就是十几个小时，一天下来，异常疲惫的身体像散了架一样，吃不好饭睡不好觉。可在生产紧张阶段，他一连几天几夜待在井下，渴了，喝口凉水；饿了，啃几口火勺；困了，就靠在冰冷的掌子头上打个盹。他们艰苦奋战 31 天，仅用了工期的一半，便完成了任务。领导为了嘉奖他们的忘我劳动，决定将剩余的一个月的工期作为休假来予以补偿。可是张殿发和队友们却说，虽然全矿的生产任务完成了，可祖国需要的矿石是没有顶线的。于是他们又转战到新的采场，开始新的工作。

当好矿山主人　为国分忧解难

张殿发对矿山有着无限的爱，他始终把矿山当成自己的家，千方百计、一点一滴为它节约资金，积累财富。采矿队使用的 BY-100 凿岩机是 20 世纪 50 年代生产的老设备，在张殿发工作时已经没有生产厂家生产这种设备了，备件更是无处寻找。为使这台老设备干出更高的效率，张殿发和队友们多次到已报废的旧巷道中搞回收，把能找到的旧机器、旧备件从几百米远的地方用肩扛、人抬，运到自己生产的掌子头，用洗油浸泡，细心擦洗除锈后再重新组装起来，硬是让

两台已经"死掉"的凿岩机复活了。仅从 1980 年开始，张殿发共计回收合金钎头、冲击器等备品备件 32 种、1500 余件，为企业节约成本 13.4 万余元。

在生产消耗上张殿发更是精打细算，点滴节约。过去凿岩机的检修工作是外包出去，由专人负责检修的，为了节省开支，张殿发主动找领导要求承担这分外的工作。由于设备老化，经常出现故障，为了不耽误生产，他就利用中午休息时间维修机器。遇到设备大修时，他就连续工作甚至放弃休息出勤检修，仅义务献工这一项每年就为企业节约人工费 2000 多元。在原材料使用上，张殿发始终本着"少花钱多办事，不花钱也办事"的原则，可花可不花的坚决不花，能用旧的代替，他决不领新的。在他的精心管理下，这个队节约原材料和备件费 5.9 万元，充分体现了"艰苦创业、求实从严、开拓登攀、服务奉献"的矿山精神，展示了一名共产党员艰苦朴素的优良品质。

张殿发深知人是生产力中最积极的因素，始终把提高业务能力和技术水平作为增产增收的重要手段。他们使用的凿岩机是风电启动的老设备，由于防水装备不合理，打眼时经常被机器排出的废水和岩浆淋湿，用不上 10 天就被烧坏，造成严重的浪费。张殿发经过细心的观察和研究，同全队同志一道对原来的机器进行了改进，把电机的铁皮防护盖改成橡胶盖，并在钎杆推进器上安装了橡胶垫，使电机的一次使用寿命从过去的十几天，延长到 90 天以上，每年为矿山节约 4100 余元的修理费。初次尝试的成功，更增进了他们学技术的热情。张殿发又根据富矿节理发达，容易引起局部顶板冒落和过去机器震动后经常掉渣打伤操作人员的实际，与队友一道对他们使用的凿岩机进行了改造，使机器上的操作阀与机身脱离，操作人员改变了站在机器下操作的旧方法，可以在 3 米外安全地点操纵设备，消除了不安全因素。小改小革促进了生产，也保证了安全，张殿发带领掘进队常年在极艰苦的条件下生产，但连续 10 年实现轻伤以上事故为零的安全目标。一笔笔数字并不庞大，一件件成果也不惊人，但却体现出当代工人阶级的集体智慧和高度的政治责任感，证明了工人阶级是当之无愧的企业主人和国家主人。

就这样，在张殿发的率领下，一支敢打硬仗的队伍，年年立新功，月月创新业，连续 9 年荣获矿山公司、鞍钢先进集体称号，张殿发本人从 1982 年起，先后被弓长岭铁矿、矿山公司、鞍钢、鞍山市、辽宁省命名为先进生产者、标兵、省劳模和优秀共产党员。1989 年 9 月又被授予全国劳动模范光荣称号。

面对荣誉，张殿发说："人活一世不只为了钱，为了荣誉，而是为了能干点啥，别说党给了我这么高的荣誉，就是一个普通的工人，咱也该干一天就干好一天。再说咱还是一名党员，更应该多干一些。"这质朴的话语蕴含着一名共产党员的高尚情操，一个普通矿工对祖国钢铁事业的挚爱深情。

（曹业义　孙春礼）

郭英杰：一声劳模，一生劳模

◆ 人物档案 ◆

　　郭英杰，1953年生，辽宁本溪人，中共党员。先后被评为本钢先进生产者、标兵，本溪市新长征突击手。1982年被评为本溪市劳动模范；1984年被评为本溪市特等劳动模范、辽宁省劳动模范；1985年获全国五一劳动奖章；1986年被评为辽宁省特等劳动模范、本溪市特等劳动模范；第六届辽宁省人大代表；1989年被评为全国劳动模范；2019年荣获本溪市"十大好人"称号。

　　大家叫我一声劳模，我就要一生用劳模的标准去要求自己，这也是一名共产党员应尽的义务和责任。

——郭英杰

　　2024年8月16日早7时，辽宁省本溪市德太社区文化大院里，71岁的郭英杰像往常一样与几位伙伴儿相约去散步，顺路他还要到社区书记苏志华那里报个到。"老郭，你这位劳模又要做啥好事儿？"相识27年的工友兼邻居贾立军拍了拍郭英杰的肩膀说。"问问书记有啥能帮忙的呗，咱本钢人不都是热心肠吗？"郭英杰笑着说。

　　退休11年，全国劳动模范郭英杰虽然离开了他热爱的炉台，但熊熊燃烧的炉火，却早已化作他的赤诚之心。多年来，他积极投身关心下一代工作中，义务帮助患病邻居，帮扶困难家庭、自费改善所在小区环境设施……2019年，郭英杰荣获本溪市"十大好人"称号，再一次用行动诠释了劳动模范是最美劳动者的精神内涵。

奉献之"火"热辣滚烫

　　"没有奉献的苦，就没有收获的甜。"这是郭英杰的人生信条。

　　1977年1月，郭英杰和一批招工进城的沈阳知青被分配到当时的本钢一钢厂。这喜讯传到了在新民县农村务农的郭英杰那里，他欣喜万分，能去本钢当工人，让他心里充满了对未来的憧憬。

　　然而当他穿着新发的工作服迈进炼钢车间时，电炉震耳欲聋的轰鸣声和喷涌着浓烟迎面扑来的火焰，让他的心陡然凉了半截。望着眼前的一切，很多人已经打起了退堂鼓，有人去找车间领导调换工种，还有人干脆跑回了沈阳，临走时还留下这样一句话："宁可回家扫大街，也不在炉前'烤地瓜'。"

是走？是留？面临着艰难的选择，郭英杰那些天的内心很难平静。苦和累他不在乎，7年的农村生活，不仅赐予了他健壮的体魄，还锻造出他坚韧的性格。他是在苦与累中熬过来的人，现在生活出现了新的转机，真的要放弃吗？

就在郭英杰犹豫彷徨的时候，他接到了父亲的来信。父亲在信中说道："青年人，无论干什么工作，都是为社会作贡献，只要干好了，都会有出息。"父亲的一席话，让郭英杰豁然开朗。

从此以后，一个年轻的身影便像一颗螺丝钉一样，"盯"在了炉前。从"职场小白"到一名合格的"钢铁工人"，郭英杰深知自己要走的路还很长，业余时间他不仅努力学习炼钢方面的知识，还时常在生产现场向老师傅们学习炼钢技术。当年在钢铁企业中，炼钢工的岗位最辛苦。有人说，炼一炉钢就要掉到炉台上两公斤汗水。其实，这句话并不夸张，20世纪70年代到80年代初期，企业使用的还是50年代的设备，高温、流汗、吃苦是必然的。

为了尽快成为一名合格的炼钢工，郭英杰遇到力气活儿总是抢着干，吹氧、扒渣、搅拌、取样，样样不落下。一炉钢出炉后，要迅速地用补炉材料把炉壁烧着的地方补好。每当这时，郭英杰总是拿着一把大平锹，冒着炉内冲出来的热浪，抢着和工友用两三分钟时间，把和好的镁砂投进炉内修补炉壁。一个班下来，汗水浸透了他的衣服，浑身累得酸疼。

当他熟悉了电炉这套活儿后，他就想着法儿抢"咬

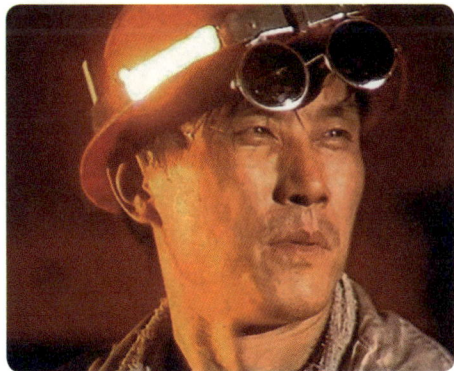

· 熊熊炉火映照着郭英杰的脸庞

手"的活儿干。上炉换坏了的水圈、换电极，这是特钢工最打怵的活儿。每当这种时候，郭英杰都最先爬上炉顶。从电极孔窜出的火焰有几尺高，热浪灼人，烫得鞋底脚下直冒烟，双脚在鞋里被烧得生疼，每换一次水圈或电极，郭英杰都要承受一次"脱胎换骨"的磨炼。

就是在这样的环境下，郭英杰从踏上炉台开始，就从未有过动摇和懈怠，把自己火一般热辣滚烫的青春，全部献给了磅礴喷涌的炉火。

技艺之"火"如火纯青

"为工业中国而奋斗！"从新中国钢铁事业起步那天开始，这铮铮的誓言，便铸成了本钢精神最厚重的底蕴。他鼓舞着老一代本钢人为新中国创造了无数个第一。

参加工作不久，郭英杰就从老师傅那里了解到，一钢厂是一个有着悠久历史的老厂，每年为国家生产十几万吨钢材，就连我国1975年发射的第一颗返回式人造卫星上，也有一钢厂提供的高品质原材料。郭英杰的内心沸腾了，他暗下决心，要成为一名优秀的技术工人。

特殊钢有上百个品种，每炼一炉钢，都需要丰富的经验、娴熟的技术来驾驭。在不断摸索中，郭英杰总结出一套"四看"冶炼经验。在科技人员的指导下，他还大胆改革传统冶炼工艺，使每炉钢冶炼时间缩短1小时40分钟，先后研制成功了强化冶炼、不锈钢倒包、炉内喷吹、炉外真空处理等六项新工艺，此外他还和伙伴们一起试炼成功50个新品种，其中1项创国优，7项创省、部优，2项填补了国内空白。

郭英杰所在的班组，自1983年起连续被评为本钢和本溪市优秀质量管理小组，1986年5月荣获辽宁省冶金系统优秀质量管理小组，郭英杰本人也被大家誉为"没有证书的冶炼工程师"。

1989 年，郭英杰荣获全国劳动模范称号，《今日本钢》电视节目特别派出 7 人摄制组对他的工作和生活进行了全方位的报道，见证了他以丰富的冶炼经验研究出独特的补炉技术，同时也记录下他和工友们创造国内电炉连续冶炼 304 炉新纪录的精彩画面。

· 在炉台前，郭英杰流下数不清的汗水

"郭英杰劳模当了，工资涨了，党也入了，肯定不回炉前干了。"听到这些质疑声郭英杰并没有争辩，而是快速地投入了新品种的试验工作。"试炼新品种就是吃力不讨好的活儿，现在实行经济承包制，多炼一吨钢就多一笔奖金，老大哥你是不是傻了。"工友们劝道。郭英杰却笑着说："只讲奉献，不求回报，这才是一名劳动模范应该做的事。"他将技术毫无保留地传给了青年工人，他所在的炉台先后有 8 名职工担任班长，还有 6 名技术骨干支援到兄弟班组，挑起了生产重担。

余生之"火"温暖他人

2013 年，郭英杰退休了，但在德太社区文化大院特钢楼 302 户居民的眼中，郭英杰变得更忙了。

"这个楼里谁家有个大事小情，老郭都是第一个出来帮忙，出钱又出力，从不计较得失，我这个老朋友在单位的时候就这样，一直没变。"贾立军说。

"郭叔做事只讲奉献，不求回报，劳模精神在他的身上得到了淋漓尽致的体现。"德太社区书记苏志华说。

　　几年前，文化大院里的一位居民患病，需要每三天做一次透析，由于家中只有一个未成年的孩子，每次往返医院都成了难题。得知情况后，郭英杰用自己的车主动承担起接送任务，随着病情的发展，这位居民的透析次数从三天一次变成了两天一次，郭英杰依然风雨无阻。一年后由于病情恶化，这位邻居过世了，但她已经长大成人的孩子，永远记得郭英杰在艰难时刻对他们的无私帮助。

　　在社区开展的党员与低保户结对子活动中，郭英杰总是不定期的到帮扶对象家中看望，为他们解决燃眉之急。苏志华告诉记者："小区里的树木修剪，全部是郭叔带领党员义务劳动。大到小区大门的安装制作、健身器材的维修保养；小到公用椅坐垫的换季换款，郭叔都是自费为大家做好了。居民们觉得，在这个小区生活特别幸福。"

　　作为全国劳动模范、全国五一劳动奖章获得者，退休后的郭英杰仍心系本钢集团企业发展，他曾多次谢绝其他单位的高薪聘请，积极投身原单位关心服务青年一代成长工作。多年来，他深入基层组织开展爱岗敬业、技术钻研等主题宣讲，为青年职工传授自己总结的"四看"冶炼经验，并以亲身经历鼓励青年职工学习模范、争做模范。2017年，本钢特钢厂党委为号召青年团员继续传承劳模精神，将团支部命名为"郭英杰团支部"。在授旗仪式上，郭英杰寄语广大本钢青年："前路漫漫，未来可期，愿新一代的本钢青年们，不断淬炼自己，浇铸无悔青春。"

（王晓宁）

蒋兴章：心中有个太阳

◆ 人物档案 ◆

　　蒋兴章，1944年6月生，四川资阳人，中共党员，先后担任过爆破工、库房工、维修工等职务，并担任过班长、值班长、副队长和党支部书记。全国第六届人大代表，1974年至1981年获评镜铁山矿先进工作者，1977年获评嘉峪关市先进工作者，1978年、1980年、1982年、1983年、1984年获评嘉峪关市劳动模范；1982年获评甘肃省劳动模范；1985年5月获全国第一批五一劳动奖章和全国技术能手称号；1989年被评为全国劳动模范。

> 矿山是国家的命脉，我不过是一颗螺丝钉，但钉在这里，就要钉得牢、钉得深。

> ——蒋兴章

在镜铁山，7月的阳光穿过灰秃秃两山之间的夹缝，洋洋洒洒地倾落在一片缓缓蠕动的"土地"上。这片独特的"土地"，其实是身着褐色棉装的矿工们的后背。他们不断随着阳光的移动调整着身姿，仿佛要用整个身心将阳光的热能全部吸纳。矿工们微眯双眼沐浴阳光的模样，好似虔诚的教徒在进行庄重的祷告。蒋兴章就是这群默默劳作的矿工中的普通一员。

1989年盛夏时节，蒋兴章依旧身着厚重冬装坚守在矿上。他身高仅1.67米，前额微微突出，由于严重的风湿病，走路时左肩略显倾斜，面色泛黄还带着些许浮肿，这样的形象与大众印象里高大英武的全国劳动模范大相径庭。但这是井下恶劣工作环境留下的痕迹，蒋兴章已在这样的环境中默默耕耘了18年。

溜井医生

酒钢镜铁山矿位于嘉峪关市区之外，地处酒钢公司冶金厂区78公里外的祁连山深谷之中。山脚下海拔2640米，采矿高区更是高达3060米。这里海拔极高，空气含氧量仅有平地的2/3，水烧到85摄氏度就沸腾了，漫长的冰冻期长达7个月。除了北大河潺潺的流水声和井下隐隐传来的采矿炮声，四周一片荒芜。在这种环境下，即便什么都不做，身体的消耗也相当于进行轻体力劳动，要是干些轻活，消耗程度就和重体力劳动无异，而蒋兴章从事的正是高强度的重体力工作。

1972年，蒋兴章告别了风景秀丽的川南农村，来到镜铁山矿。初来乍到，他便主动申请到井下担任爆破工，这份工作既繁重又充满危险。镜铁山矿肩负着日产上万吨矿石的生产重任，从 2640 米水平到 3060 米水平，每隔 12 米就分布着一层巷道和硐室。井下环境堪称恶劣，黑暗深邃，阴冷的风如冰刀般迎面扑来，巷壁上结着一层白花花的寒霜。有的地面坑洼不平，积水和稀泥深达一尺多；岩石缝中不断有水滴落下，滴答作响；爆破作业时，整个巷道都在剧烈颤抖，细碎的岩粒簌簌地落在安全帽上，发出令人心悸的声音；四周怪石嶙峋，仿佛随时都会挤压过来；刚爆破后的巷道烟尘弥漫，戴着防尘口罩都让人胸闷得喘不过气。1972 年 8 月 15 日，蒋兴章就在这样艰苦的环境中，开启了自己作为工人的职业生涯。此后的 18 年里，虽然他多次调换工种，但始终未曾离开这艰苦的井下环境。

1975 年的一天，下班后矿领导发现矿源严重短缺，急需进行排炮作业，于是找到了经常下班后还留在井下、热心帮助他人干活的蒋兴章。蒋兴章没有丝毫犹豫，只是简单回应"试试看！"便身系数十公斤重的炸药，一只手紧握炮杆，另一只手牢牢抓住通往 2970 米水平的铁梯子，毅然朝巷道深处走去。3 个小时后，排炮轰然炸响。人们在巷道口看到了摇摇晃晃走出来的蒋兴章，他棉衣的肩背部沾满了褐色矿粉，汗水浸湿的痕迹清晰可见，脸颊上一道道灰白色的碱沟格外醒目。很难想象，他是如何独自完成了这项通常需要 4 个人合力才能完成的艰巨任务。在这 3 个小时里，他填装了十多个炮眼，总深度达 200 米，从炸出的矿源来看，每个炮孔的装药都精准到位，效果极佳，矿领导激动地握住他的手，连连称赞。

爆破作业完成后，炸出的矿石需要通过联合运输机，在高压空气的推动下，被成吨地铲起，运输并倒入数十米甚至百米深的溜井内，然后再装入溜井下等待装矿的机车。因此，溜井成了矿石从采场运往地面的关键运输通道。1976 年，蒋兴章被调到 2880 米水平负责崩溜井工作。矿工们都清楚，崩溜井是爆破工作中最危险的环节，不少工友在此受伤甚至失去生命。但当矿领导征求他的意见时，蒋兴章没有丝毫退缩，果断应承下来。到岗后，他认真观察溜井堵塞时的情况，发现往往是几个大块矿在作祟。经过多次尝试，他找到了诀窍，只要瞅准关键部位，用炮棍狠狠一捣，溜井就能迅速畅通。他把这个方法毫无保留地分享给工友们，大家尝试后发现，这个方法不仅节省了炸药，还减少了粉矿的产生。处理悬顶作业是井下最危险的工作之一，每当遇到这种情况，蒋兴章总是第一个挺身而出。有一次，他让伙伴们站到安全地带，自己去处理悬顶，就在悬顶塌落的瞬间，一块碎石砸伤了他的脚。因为在溜井工作方面的突出表现，矿工们亲切地称他为"溜井医生"。1978 年 2 月，蒋兴章被嘉峪关市委授予"不畏艰险的爆破工"称号，而在这之前的 1977 年，他光荣地加入了中国共产党。

此后，蒋兴章在井下担任过值班长、代理队长、联合运输机工、库房保管员等多个职务。和他共事过的工友们对他的评价如出一辙：他总是没日没夜、成年累月地工作，却从未主动索要过一分钱的加班费；他一心扑在工作上，仿佛对这艰苦的"十八层地狱"有着特殊的眷恋；他不追逐官职，也不贪图享受，却把矿里的一草一木都看得比自己的生命还珍贵。面对这些评价，蒋兴章只是坚定地反问："艰苦的事情，党员不干，谁干？危险的情况，党员不上，谁上？"

节资万元户

蒋兴章还是矿里远近闻名的"节资万元户"。

刚到矿里时，他就发现这里存在严重的浪费现象。一些小螺丝、胶皮管、弹簧板、密封圈、旧链条等物品，常常被那些认为"矿山家大业大，浪费点没啥"的人随意丢弃，这让他十分心疼。

当爆破工时，看到装药器装药时药粉散落在地上，他每次都会小心翼翼地一捧捧收拢起来，到年底就为队里节省了价值 400 余元的药粉；成为设备维修工后，他上下班路上总是留意那些被丢弃的"破烂"，半截链条、旧马达、废气缸等，在他眼里都是宝贝；担任队领导时，他的单身宿舍堆满了从废料堆捡来的东西，几乎让人无处落脚，工友们都笑称这里是"百宝屋"；在井下，他还有一个人人皆知的"百宝箱"，设备维修工们遇到紧缺零件时，第一个想到的就是找蒋兴章。

井下联合运输机班每年都要损坏几台价值几千元的气缸，在蒋兴章担任班长的那一年，全班一年都没有领取新气缸，却依旧出色地完成了工作任务。1983—1988 年，他修旧利废创造的价值逐年增长：1983 年为 1800 元，1984 年达到 1.5 万元，1985 年是 1 万元，1988 年更是高达 2 万元。1988 年年底，蒋兴章担任井下库房保管员，他不仅将以往管理混乱的库房收拾得井井有条，还重新建立了规章制度，对任何可能出现的不良苗头都及时制止。

有一次，民工队的人来找蒋兴章索要备件，被他拒绝了。民工走时，悄悄将一块手表放在他的工具袋里，并暗示他"过几天来取备件"。蒋兴章发现手表后，立刻向队领导汇报，并将手表退还给民工，还语重心长地说："咱们都是农民出身，可不能沾染社会上的那些不良习气啊！"尽管蒋兴章为矿里节约了大量资金，作出了巨大贡献，但他的家庭生活却十分清贫。一家5口人的生活全靠他的工资维持，他的工作服补了又补，已经穿了好多年。

1989年10月，当选全国劳动模范的蒋兴章前往人民大会堂接受国家领导人的接见时，脚上穿的还是妻子亲手做的布鞋。

从尾巴班到先锋班

蒋兴章对自己的要求近乎严苛。有一年，他主动申请去从事又苦又累的联合运输机工工作，没想到还被任命为班长，而他带领的这个班是全队公认的"尾巴班"，工作难度极大。在漆黑的掌子面，面对像野牛般难以驯服、时常发出怒吼的联合运输机车，蒋兴章陷入了沉思。此前，他向一位工友请教，却遭到了对方的冷遇："哼！你不是班长吗？你不是主动要求来吃苦的共产党员吗？连联合运输机都不会开，笑话！"蒋兴章深知，打铁还需自身硬。从那以后，他像着了魔一样努力学习。工友开机作业时，他就在旁边跟着跑来跑去，仔细观察操作流程；遇到井下停电，他就主动给工友打灯照明，像个尽心尽力的小工。不到三个月，他就熟练掌握了联合运输机的操作技巧，又过了不到三个月，一般性的故障他都能独自处理。工作中，他总是最早来到班里，认真清扫巷道，做好各项准备工作；下班后，他又是最后一个离开，仔细收拾器具。他的努力和付出感染了班里的每一位工友，大家齐心协力。这一年年底，"尾巴班"的产量比上一年提高了23%，次年更是一跃成为矿上的先锋班，其中有两个月产量突破万吨，被矿里赞誉为"万吨机台班"。《甘肃日报》还以"走在时间前面的人"为题，报道了"尾巴班"和他们班长蒋兴章的先进事迹。

长期在恶劣的井下环境工作，让蒋兴章落下了一身病痛，胸膜炎、关节炎、胃病等疾病缠身。在矿医院的住院人员登记簿上，记录着他许多带伤坚持工作的事迹：被矿石砸伤食指和中指，医生叮嘱休息半个月，可他仅仅休息了6天就重返井下；右脚骨折还未痊愈，他就又回到了工作岗位；有一次，他到高一层水平面修理联合运输机，罐笼突发故障，爬梯子时他突然晕倒，可缓过一口气后，他依旧执意坚持工作。有人曾问他："你想过没有，或许有一天，你会死在井下的？"蒋兴章沉默片刻后回答："想过啊，那样也没有什么遗憾的。"

1985年，蒋兴章的妻子和儿子户口从农村迁到了嘉峪关市。由于矿里暂时没有住房，他只好自己掏出一百多块钱租了一间破旧的土坯房；冬天家里没煤烧，只要向单位说一声，矿里就会安排车拉运，但他不想给单位添麻烦，自己花钱雇拖拉机买煤；家里的家具坏了，他也从不动用公家的材料去修理；矿里多次安排他外出疗养，他总是找各种借口把机会让给别人。他一心扑在工作上，仅在井下加班加点完成的工作量，就相当于同工种5年的工作量，而家务事和照顾孩子的责任全都落在了妻子一人身上。他的妻子辛苦了半辈子，从事着扫马路的工作，一天只能挣2.2元钱。有人劝他："你功劳苦劳都有，为啥不找上级给嫂子调个好工作？"蒋兴章的回答始终是："咱是共产党员！"

"铁山精神"的化身

蒋兴章的档案，宛如一座荣誉陈列室，见证着他从平凡走向不凡的历程。自 1972 年起，他年年被酒钢公司镜铁山矿评为先进个人；1978 年至今，连续 11 年当选酒钢公司和嘉峪关市的劳动模范、优秀共产党员；1982 年荣获甘肃省劳动模范称号；1983 年当选六届全国人大代表；1985 年获得中华全国总工会颁发的五一劳动奖章；1989 年更是荣获全国劳动模范这一至高荣誉。然而，即便荣誉等身，他始终坚守在海拔 2640 米以上的矿山井下，所从事的工作也越发艰苦繁重。

1990 年 3 月，蒋兴章办理调动工作手续的消息在矿区传开。大家都觉得，他已经是全国劳模了，这么多年的苦日子也该到头了，换个舒适的岗位，等着退休是再正常不过的事。毕竟，劳动模范也是普通人，更何况蒋兴章为矿里奉献了大半生。但当人们看到他像 19 年前那样，背起破旧的帆布挎包，再次走向矿井，重新握住铲运机操作阀时，都震惊不已，简直不敢相信自己的眼睛。有人忍不住提醒他："再有三四年，你就该退休了呀！"蒋兴章却坚定地摇摇头说："正因为留在矿上的时间不多了，正因为我是劳动模范，更应该在采掘一线发挥作用！"

如今，走进镜铁山矿，随处都能看到写有蒋兴章名字的大标语牌。外来的访客在这里驻足时，矿工们总会带着自豪的神情夸赞："你们知道我们矿闻名全国冶金战线的'铁山精神'是谁干出来的吗？就是这个蒋兴章！""孟泰咱没见过，雷锋咱没见过，蒋兴章咱可是实实在在看在眼里的！""艰苦创业、坚韧不拔、勇于献身、开拓前进"的"铁山精神"，是镜铁山矿 4000 多名职工几十年辛勤汗水的结晶，如今它代表着酒钢公司全体职工的企业精神，而蒋兴章，无疑是这种精神最生动的诠释者和践行者。

（酒泉钢铁（集团）有限责任公司）

李双良："当代愚公"

• 人物档案 •

李双良（1923—2018年），山西忻州人，中共党员，太钢加工厂退休职工。先后获得全国劳动模范、全国五一劳动奖章、全国优秀共产党员、全国关心下一代先进个人、山西省特等劳动模范等荣誉称号，先后当选第八届、第九届全国人大代表。

退休后，李双良带领职工治理渣山，搬掉了沉睡半个多世纪的高23米、占地2.3平方千米、总量达1000万立方米的大渣山，创造经济价值3.3亿元，走出了一条"以渣养渣、以渣治渣、自我积累、自我发展、综合治理、变废为宝"的治渣新路子，为治理污染，改善环境作出了卓越贡献，被誉为"当代愚公"。李双良的治渣经验被广泛推广，他的事迹在国内外广为传播。李双良被联合国环境规划署授予"全球500佳金质奖章"，列入"保护及改善环境卓越成果全球五百佳名录"。

党依靠咱工人阶级，咱治不住渣山对不起党。

——李双良

· 太钢李双良查看矿渣情况

李双良是太原钢铁（集团）有限公司加工厂的一名老职工。1983年，他年满60岁，可以退休养老了。由于李双良在20世纪50年代首创了沉渣爆破和废钢爆破两项新技术，是闻名全国冶金系统的爆破能手，人称"爆破专家"。一些单位听说李双良快要退休，早就"盯上"了他，这家高薪聘请他兼职技术顾问，那家聘请他兼职当技术指导，但都被他婉言谢绝了。因为他的最大愿望是"治渣山"……

立志搬山

渣场是太钢唯一堆放废渣的场地。从20世纪30年代建厂到80年代的50年间，废渣不断堆积，形成了一座占地2.3平方千米，体积1000万立方米，最高处达23米的大渣山，占地相当于太钢厂区面积的1/4。每到排渣时，炽热的废渣映红了半个天空，遇到刮风时，这些沉渣浮土，就会腾空而起，既严重威胁着太钢的生产，还对太原市的环境造成严重污染。渣山坡度不断增大，运送废渣经常会有翻车事故发生。搬渣山，已经成为迫在眉睫的大事！

改革开放的春风，承包制的推行，带给李双良治理渣山的希望和勇气。李双良主动向太钢领导提出"我不要国家一分钱投资，只要一个治渣权。自力更生，从人工挖渣入手，走以渣养渣的道路，开展综合利用，保证七年内搬掉大渣山。"太钢领导对这个方案十分重视，对李

· 1983 年 3 月 16 日，年逾花甲的李双良在公司和加工厂领导的支持下，制定了"以渣养渣"的承包治渣方案，递交了《关于承包开发治理南门渣场的报告》。

双良急企业所急的高尚品质和艰苦创业的精神，给予了充分肯定。

1983 年 3 月，太钢同李双良所在的加工厂签订了承包合同，这是太钢走改革之路后的第一个专业承包合同，也是山西省国有企业的第一个经济承包责任制方案，更是我国大型企业经营机制改革的第一朵报春花。

山中寻宝

1983 年"五一"国际劳动节当天，李双良带领着 600 人组成的治渣队伍，利用小车推、大锤砸、拖拉机拖，浩浩荡荡拉开了治理渣山的序幕，太钢那 50 年来天天上升的渣山第一次被撼动。

治渣第一步，以排渣为主。遇到的第一大难题是成千上万吨的废渣往哪儿倒？李双良发动职工四处奔波，到处联系倒渣地，排渣问题解决了。第一个月下来，治渣就取得了显著成绩，运走废渣 8 万多吨，回收废钢铁近 4000 吨，总收入 47 万元，盈利 11 万元。

随着治渣速度加快，渣场的家底也越来越厚，可李双良还像过穷

日子那样分分厘厘地"抠"。排渣问题解决以后，李双良并没有满足，也没有感到轻松，他是看着渣山一天天增高的，十分清楚它的价值。他说："渣山是个宝库，十个百货大楼也换不了。里面埋藏着许许多多可以让它们重新发挥作用的东西，像现在这样简单地把废渣倒掉，看起来省事，也能挣回不少钱，可实际上每倒掉一汽车废渣，就等于倒掉几十元、上百元钱，这对国家、对企业来讲是一种浪费，要节约就要一点一滴地节约，要挖潜就要做到物尽其用，不能把那些宝贝疙瘩白白扔掉。"

一次偶然的机会，李双良到北京钢渣水泥厂参观，看到那里有一种设备——磁选机，再一打听，一台磁选机得花十几万元，斟酌再三，他从北京回来时，背回几个大磁鼓，回到工段，他就和职工开始制作磁选机。没有图纸，凭着参观时的印象，照葫芦画瓢；没有备件，自己制作；没有材料，找废旧物资代替，最后组装成了4台磁选机。投入使用后，很快从已经拣出了大块废钢铁、准备倒掉的废钢渣中又回收中小块废钢铁6000多吨，增加收入90多万元。

宝尽其用

从磁选机这件事，李双良受到了很大启发，接着他又搞了多项革新。自制安装了手携式磁选棒，制作了砸渣机，安装了小化铁炉。钢和铁选尽后，他又开始琢磨如何实现以渣养渣，从根本上解决问题。他到处向专家请教，当知道高炉炉渣能做矿棉制品的原料、转炉渣和平炉渣能当钢渣水泥原料后，立即组织职工搞起了综合利用，安装了破碎机，将高炉渣破碎后经过加工筛选，用来代替石子铺路，仅修成的一条19000平方米的柏油路，就节约石子费用近20万元；用钢渣制成四方和六方水泥砖200多万块，为渣场的新建工程和公司内的一些公共场所提供了大量的建材；加工破碎了 35 万吨高炉渣，为山西省内 7 个矿棉厂生产矿棉制品提供了原料；为防洪坝、修路工程、楼房基础提供了大量的渣子代替回填土，既提高了质量，又为施工单位节省了资金。河西建筑工地一下子购买了 500 多万吨渣子，支付了 100 多万元。李双良用这笔钱买了两栋楼房，解决了 180 户职工的住房问题。10 年间，他们共清运废渣 1949 万吨，其中除了 549 万吨填沟造地外，其余都作为路基、房地、建材等材料进行了利用，累计创造经济价值 3.3 亿元。

渣山花园

这期间，虽然旧的废渣搬走了，但新的废渣仍在天天排放，特别是倒渣时和刮风时，渣尘飞扬，难道这个污染就治不了？李双良苦思冥想。一天，在上班途中，他突然发现墙根下草丛中的碎渣在大风里纹丝不动，他受到启发，形成了新的计划。

他像大寨人做梯田那样，将防尘护坡分为 3 层，这样就解决了地基问题。护坡所需 120 万吨土方，全部用废渣代替，可节省废渣运费 300 万元。围墙护坡需用 20 万块水泥砖，李双良发动大家用废渣、水泥制砖。一座高 13 米、宽 20 米、长 2500 米的防尘墙建成后，不仅没花一分钱，还净赚 28 万元。护坡围墙上安装了防尘水管，在倒渣时进行喷水降尘，有效降低了污染。防护墙内建起了花坛、假山、鱼池、亭榭、走廊，并种植花、树七万多株，有效抑制了扬尘。今日渣山已经成为绿树成荫、环境优美、景色宜人的大花园。

1988 年夏天，一位联邦德国炼钢专家经过渣山，被威武壮观的城墙与花香吸引，连忙叫司机停车，拿着照相机快步登上护坡，当看到花园一般的城墙里竟是排渣场时，连喊："中国人，了不起！了不起！"

双良精神

李双良不仅从根本上解决了太钢的倒渣难题，更走出了一条"以渣养渣、以渣治渣、自我积累、自我发展、综合治理、变废为宝"的治渣新路子，为治理污染、改善环境、循环经济、科学发展作出了贡献，被誉为"当代愚公"。

李双良治渣的成功，吸引了全国很多企业前来考察学习，李双良传经送宝的足迹，也走遍了全国30多家重点钢铁企业。李双良治渣的成就更是吸引了世界上十多个国家和地区的代表团来观访，被联合国环境规划署授予"全球500佳金质奖章"，列入"保护及改善环境卓越成果全球五百佳名录"，成为新中国历史上第一位走向世界舞台的劳动模范。

1996年李双良档案馆建成，太钢渣场先后被命名为全国环境教育基地、全国冶金行业爱国主义教育基地、山西省爱国主义教育基地、山西省环境保护教育基地、太原市爱国主义教育示范基地。累计接待国内外参观者60余万人。2020年6月，太钢对李双良事迹展览馆布展内容进行了更新和修缮，2021年，李双良事迹展览馆先后被命名为中国宝武爱国主义教育基地和中央企业爱国主义教育基地。

从1986年起，李双良的主人翁精神就成为引领和激励太钢人忠诚企业、艰苦奋斗、勇挑重担、争创一流的强大精神动力。2001年，李双良精神被确立为太钢企业精神，在李双良精神的感召下，一批批双良式职工快速成长，成为企业改革和发展的排头兵，新时代李双良精神成为推动太钢高质量发展的强大动力之源和精神之魂！

（柴 萃）

曾乐："焊神"

◆ 人物档案 ◆

　　曾乐（1932—1996 年），广东中山人，中共党员，曾任冶金部建筑研究总院副总工程师兼宝山钢铁总厂副总工程师。曾获国家科委创造发明奖、全国科学大会奖、国家工程质量优质奖等，被誉为"焊神"，列入《国际殊勋名人录》《世界 5000 伟人录》等。全国劳动模范，全国五一劳动奖章获得者。

> 自强不息、助人为乐、不计名利、奉献不已、勇于负责。
>
> ——曾乐精神

有一种精神，叫曾乐精神；有一种荣誉，叫"曾乐"系列奖；有一个楷模，叫曾乐。说起"曾乐"，大家都耳熟能详。

在宝钢，曾乐，不仅是楷模、是荣誉，是一种敬业精神的象征，更成为一种精神寄托的文化符号。

曾乐是谁？

他主持设计、制作我国第一台钢结构反变形机，首创全焊高炉炉壳新工艺，是中国电渣重熔技术的先驱者。他先后为多家电子仪表厂研制多项新型助焊剂，解决了工艺极为复杂的焊接难题。他制造国内首台使用太阳能电池的平行微间隙航天用精密电阻焊机，为中国的航天事业作出了重要的贡献。他创建了我国第一个精密焊接实验室，使我国的精密焊接技术达到了世界水平。

为了传承和弘扬曾乐爱岗敬业、无私奉献、不断进取、勇于创新的精神，宝钢将曾乐精神概括为 20 个字："自强不息、助人为乐、不计名利、奉献不已、勇于负责"，并创立了曾乐奖、曾乐创新奖和曾乐敬业奖。曾乐，被大家尊称为"焊神"。

开创新工艺"焊接"高炉

曾乐是新中国首批大学生，在同济大学就读时，当时的教务长是著名的桥梁专家李国豪教授。因为祖国建设的需要，曾乐所在班级提前一年毕业，被分配到鞍山钢铁公司金属结构厂。当年，20 岁出头的曾乐，白天和工人们一起抬钢板，给师傅递焊条，晚上钻进成堆的书海中啃外语搞科研。他说："国家的需要就是我的志愿，我要研究一辈子，干出成绩来。"夏天，在滚烫的钢板上干活；冬天，刺骨的寒风穿心过，穿着大棉袄还阵阵打颤。就在这么艰苦的条件下，曾乐设计制造了我国首台反变形机，并被推广到全国钢结构厂使用；参加兴建了我国当时规模最大的鞍钢9号高炉，开创的高炉炉壳焊接新工艺先后在本钢、武钢、包钢和马钢等新建的高炉上采用。

建设宝钢焊缝 450 千米

宝钢开始动工建设，曾乐被调来上海，兼任宝钢工程指挥部副总工程师，加起来足有450千米长的主焊缝，成了曾乐的"主战场"。1981年前后，宝钢1号高炉本体开始焊接，这个80多米高、直径达14米的庞然大物，是宝钢生产运行的主体，每道焊缝丝毫不能有误。没有想到的是，一批经特殊培训、考核合格的焊工，在日本专家指导下做模拟焊接时，焊接质量总不能达到要求。开始，日本专家以为焊工的技术不过关，但示范焊接后也达不到要求。曾乐得悉后，迅速赶到现场，仔细询问并观察了焊工的操作，对中国焊工和日本专家说："晚上我来试试。"晚上，曾乐来到工地，他先调整焊机的电流和电压，然后举起焊枪均匀布药施焊，一次试焊成功。日本专家惊愕不已，焊工纷纷围住曾乐讨教："怎么你一焊就成功了呢？"曾乐笑笑："我也没啥诀窍。白天你们操作，我看手法都很正确，但是你们和日本专家都忽略了电压不稳的因素，这点恰恰我发现了。夜晚电压稳定，所以一次试焊就成了。焊接是项系统工程，不能就焊缝谈焊缝……"事后，曾乐为了让焊工们知道并掌握焊接操作技术规程，以他的实践经验结合宝钢实际，制定了宝钢工程焊接技术规程，为规范技术操作、提高质量打下了基础。

4000 立方米的高炉全部采用自动立焊，当炉壳熔嘴焊接难题让外方专家措手不及时，是曾乐手到病除。200 米高的全焊钢烟囱、成群的钢球罐投产后无一发生令人生畏的裂缝，是曾乐找到了最佳工艺规范。大到厂房结构，密如蛛网的管道，小到连铸机上氧气阻燃紫铜管，每一条焊缝都是他的杰作，这是他爱党爱国的写照。为了及时处理工地上的难题，他每次都骑着车风里雨里东奔西跑；为了准确判断产生焊接质量缺陷的原因，他每次都要爬上几十米甚至上百米的高处察看；为了拍板处理重大技术难题，他日积月累、只争朝夕地辛勤付出。宝钢一期工程结束后，曾是"老师"的日本新日铁迅速派出专家前来领略某些超过日本的焊接技术，他们对宝钢工程建设一等功获得者曾乐说，中国人引进消化后能创新，让他们刮目相看。这时候，有人把曾乐比作"焊神"，他坦然一笑说："我是人，不是什么神，我这几十年就是这么和工人一起干过来的。"

"曾乐文件"和曾乐试验室

在中国焊接业，有一种曾乐拟定并签字的技术文书，人称"曾乐文件"。有了"曾乐文件"，业主和施工方都放心。上海人民瞩目的南浦大桥建设项目由于工期紧，为了解决钢结构设计、钢材选购等难题。曾乐一次次从宝钢赶到工地，每次一到就了解情况，解决具体问题。在这里，他拟定并签署的"曾乐文件"就达 35 份之多。在上海、在全国，哪里有焊接难题，哪里就有曾乐，哪里就产生了"曾乐文件"。早在 20 世纪 80 年代初，正是成千上万吨钢结构交响奏鸣时，曾乐已将目光投向纤小细微的高密度电路板上。高度自动化的宝钢，数以亿计的电脑芯片要是坏了怎么办？精密焊接实验室的雏形始于自己的宿舍，而晚上睡觉只能移居阴暗潮湿的楼梯间，曾乐一住就是一年。他每天工作 12 个小时以上，先后用从深圳、北京、上海等几十个项目所获得的 17 万多元咨询费和他自己应得的 1.8 万元，逐步筹建成了一个精密焊接实验室。这个实验室，试制出 20 多种填补国内空白的精密焊接用品，使我国的精密焊接技术达到世界水平。德国的西门子、美国的尤利及日本几家著名企业纷至沓来，他们惊讶中国人在这个领域里的成就，更令其敬佩的是，曾乐将这个已经创造了 2000 万元效益的焊接室无偿捐给了宝钢。后来，后辈们传承了曾乐的精神，把这个简陋的实验室，打造成了功能齐全、手段先进的精密焊接室，拥有光束焊、激光焊、高频焊、超声焊、感应焊、电阻焊、脉冲焊等 10 多种精密焊机，试制成功 20 余种助焊剂、清洗剂、保护剂、焊丝、焊粉等。

出版焊接技术的经典著作

曾乐认为，焊接是一项系统工程，不仅需要有高超的焊接技艺，还要考虑整体结构、母材设计、焊料选材、机具革新及其他相关因素。他没有把眼光停留在一条条焊缝上，而是结合自己积累的实践经验，形成一个全新的观点：把系统工程观点运用于焊接领域，建立焊接工程学，推出焊接技术规程。

宝钢工程焊接技术规程推行后不久，轧钢厂天车大梁焊接后出现裂缝，将焊渣敲掉重焊，照样开裂。大家意见不一致，打电话给曾乐，请他鉴定。曾乐立即来到现场，登上高空，掏出放大镜，反复查看了

101

开裂的焊缝说："问题不是不大，而是很大，一年两年没问题，五年十年就难说了。"紧接着，曾乐向焊工们指出焊缝是预热不当造成的，并提出了一个焊接方案。焊工们照他的方案重新操作，裂缝果然消失了。轧钢厂天车大梁焊接后出现裂缝事件，曾乐规范了《宝钢工程焊接全面质量管理制度》，并在工地得到了严格的执行。宝钢一期工程投产后不久，曾乐撰写的《焊接工程学》公开出版。这本专著受到了国内焊接技术人员称许，一些高等院校将它选入教材。国外也十分重视，日本、德国相继翻译出版。曾乐病重期间，写成《现代焊接技术手册》并出版发行。

曾乐以一个中国知识分子的智慧、才能、创造精神，呕心沥血，屡克难关，对焊接技术执着钻研。1961年在国内首创电渣重熔工艺，后又研制成功超低碳不锈钢焊条。20世纪70年代解决了国内钢铁行业高硅钢冷轧并卷问题。在宝钢生产建设过程中，成功研究氩弧焊接工艺和闪光焊接工艺，不仅为宝钢生产建设作出了卓越贡献，还为南浦大桥、杨浦大桥、秦山核电站等全国几十个重点工程解决了重大焊接技术难题。他撰写的《焊接工程学》一书，被国内外焊接界誉为"焊接构造方面的经典著作"。1996年2月5日，曾乐因病医治无效逝世。曾乐逝世后，他撰写的《精密焊接》一书正式出版。

（宝山钢铁股份有限公司）

屠学信："世界上最快转炉"的排头兵

屠学信，1955年生，天津武清人，中共党员。辛勤工作40年，始终奋战在首钢炼钢生产第一线。1987年获得首都劳动奖章，1989年获得北京市劳动模范称号，1989年荣获全国劳动模范称号。20世纪80年代，带领的炼钢班组，转炉钢产量比转炉原设计能力提高了3.7倍，转炉利用系数在国际上遥遥领先，当年被北京市总工会授予"模范先进集体"。

多炼钢、炼好钢，以精湛工艺铸就卓越品质，让转炉转得更快，向时间要钢。

——屠学信

1975年3月，春风还带着丝丝凉意，屠学信怀揣着北京钢铁学校的毕业证书，满心憧憬地踏入首钢炼钢厂炼钢车间。一进门，机器的轰鸣声便如汹涌潮水般扑面而来，混合着滚滚热浪，瞬间将他包裹。可这并未让初出茅庐的他有丝毫怯意，相反，眼中的斗志越发炽热。他从最基础的清扫设备、协助师傅搬运原材料做起，每一个零件、每一道工序，他都像对待稀世珍宝般认真琢磨。下班后，工友们都去放松休闲，他却独自窝在宿舍，就着昏黄灯光，反复研读专业书籍，还在笔记本上密密麻麻地记录着思考与感悟，只为能尽快将理论知识熟练运用到实际操作中。

1986年10月，时间已悄然在屠学信脸上刻下岁月的痕迹，但也赋予了他深厚的专业积累和丰富的实践经验。凭借这些，他挑起了2号转炉丙班班长的重担。彼时，整个炼钢行业都陷入了激烈的竞争旋涡，如何在保障钢材质量的同时大幅提升生产效率，成了悬在所有从业者心头的难题。屠学信没有被困难吓倒，反而将其视为实现自我价值与推动行业进步的契机。

此后，他几乎把自己"焊"在了转炉旁。每天，他都早早来到车间，一待就是十几个小时，眼睛紧紧盯着转炉运作的每一个环节，手中的笔记本上记录着海量数据：温度每一次细微的升降，时

· 屠学信电话沟通转炉运行情况

间精确到秒的把控，原材料配比的分毫增减，他都一一详细记录。在经过长达数月的日夜观察与反复分析后，他大胆地提出了"让转炉转得更快、向时间要钢"的创新理念。然而，这一理念犹如一颗投入平静湖面的巨石，激起千层浪，质疑声、反对声不绝于耳。同行们纷纷摇头，觉得加快转炉速度只会顾此失彼，难以保证钢的质量。但屠学信并未动摇，他坚信自己的判断，暗暗发誓一定要用事实让所有人信服。

1987 年 9 月，上级党组织发出号召，鼓励各班组积极创新、突破生产瓶颈。屠学信听闻后，热血沸腾，他带领转炉丙班的成员们，昂首挺胸地站在厂党委面前，立下军令状，并向全厂职工发出了"大干100 天"的激昂倡议。

在这关键的 100 天里，屠学信就像一台不知疲倦的机器。每天凌晨，天还未亮，他的身影就已出现在车间，细致地检查每一台设备，从电路连接到阀门开合，从传动部件到炉体状况，任何一个可能存在隐患的角落都逃不过他的眼睛。在炼钢过程中，他的眼睛始终紧盯操作台上的各项参数，那专注的神情仿佛整个世界都只剩下眼前的仪表盘。一旦参数出现异常，他便能迅速做出反应。

有一次，在炼钢的关键时刻，温度突然出现剧烈波动，红色警报灯疯狂闪烁，车间里瞬间弥漫着紧张的气息，新手们吓得脸色苍白，手足无措。屠学信却异常冷静，他凭借多年积累的经验，仅仅用了几秒钟就判断出是冷却系统出了问题。他一边大声而沉稳地指挥着："小李，别慌，立刻去检查冷却水管阀门，看看是不是堵塞了！小王，马上准备调整水泵功率，动作要快！"一边亲自冲向冷却系统，不顾高温，俯下身仔细查看管道连接处。在他的指挥下，团队成员们迅速行动起来，经过一番紧张的操作，终于成功将冷却水流速调整到正常范围，化解了这场危机。

不仅如此，屠学信深知团队的力量是无穷的。每天工作结束后，他都会组织大家围坐在一起，分享当天遇到的问题与解决方法。他会耐心地指导新手小张，从最基础的操作步骤讲起，手把手地教他如何精准控制火候，如何根据钢水的颜色判断质量。在他的悉心教导下，小张进步飞速，逐渐成长为能够独当一面的技术骨干。

就这样，在屠学信的带领下，全班组齐心协力，攻克了一个又一个难关。到了1987年年底，成绩令人惊叹：比计划超产197炉、8724吨钢，为国家增加利润38.89万元！这个数字背后，是他们100天的日夜坚守，是无数次挥汗如雨的付出。

然而，屠学信和他的团队并没有满足于此。为了进一步提升转炉的性能，他们开始了新一轮的攻坚。办公室里堆满了国内外的专业资料，为了研究这些资料，屠学信常常熬夜到凌晨。他们还积极与科研机构合作，邀请行业内的资深专家到车间进行现场指导。在优化转炉设备的过程中，遇到了一个棘手的难题——炉衬材料在高温下的耐用性不足。这不仅影响转炉的使用寿命，还会对生产效率和钢的质量产生负面影响。屠学信没有退缩，他带领团队踏上了取经之路，走访了全国各地的相关企业，学习他们的先进经验。回来后，又在车间里进行了无数次的试验。一次次的失败没有让他们气馁，经过不懈努力，终于找到了一种新型的炉衬材料。当这种新型材料第一次被应用到转炉上时，效果显著，转炉的使用寿命大幅提高。

·屠学信在2010年首钢第二炼钢厂停产现场

1989 年 9 月，对于屠学信和他的团队来说，是一个值得永远铭记的时刻。在一场盛大的国际炼钢技术交流活动中，首钢第一炼钢厂炼钢车间 2 号转炉惊艳亮相。国内外的冶金专家们在现场见证了 2 号转炉的高效运作后，纷纷竖起大拇指，毫不吝啬地赞其为"世界上转得最快的转炉"。那一刻，屠学信和团队成员们眼中闪烁着激动的泪花，多年的心血与汗水终于得到了国际认可，他们用实力证明了中国炼钢技术已达到世界先进水平。

2015 年 12 月，时光的车轮已悄然走过 40 个春秋，屠学信年满 60 岁，光荣退休。但他与钢铁的故事并未就此画上句号，他的心始终紧紧系着首钢和钢铁产业。退休后的他，生活依旧与钢铁息息相关。他订阅了大量国内外的行业杂志和报纸，每天早上，他都会坐在窗前，认真阅读最新的行业资讯，了解钢铁领域的前沿技术和发展动态。只要首钢举办技术交流活动，他总是第一个报名参加，哪怕路途遥远，他也从不缺席。在活动中，他毫无保留地将自己多年积累的宝贵经验分享给年轻一代，用自己的亲身经历激励着他们不断前行。他还经常来到首钢北京园区建设现场，看着曾经熟悉的地方发生着日新月异的变化，他满心感慨。凭借自己丰富的经验，他从车间布局的合理性到环保设施的优化设置，都能提出独到而实用的建议，为园区的发展贡献着自己的余热。

屠学信的一生，是奋斗的一生，是奉献的一生。他用自己的实际行动，生动诠释了劳动模范的伟大精神，为无数人树立了一座难以逾越的精神丰碑。在新时代的征程中，他的故事将不断激励着我们，无论身处何种行业，都要怀揣坚定信念，勇往直前，用汗水和智慧书写属于自己的辉煌篇章。

（何志国）

刘汉章："改革先锋"

◆ 人物档案 ◆

刘汉章（1936—2009 年），河南巩县人，中共党员，高级工程师。曾任邯郸钢铁集团有限责任公司董事长兼总经理。荣获全国劳动模范称号。2018 年 12 月 18 日，被党中央、国务院授予改革先锋称号，并获评"国企改革'邯钢经验'的创造者"。

"没有刘汉章，邯钢今天可能还是一个不知名的中小钢厂。"邯钢人评价道。

坐落在滏阳河畔的邯郸市劳动主题公园，绿树掩映、鸟声啁啾。一尊魁伟的、呈阔步向前姿态的雕像静静矗立于此，面容坚毅、目视远方。这尊雕像的主人公正是邯钢集团原董事长、总经理刘汉章。

刘汉章是邯钢最早的建设者之一，更是"邯钢经验"的创立者。1988年，刘汉章荣获全国五一劳动奖章，1989年和2000年两次荣获全国劳动模范；他是党的十五大代表，第九届、第十届全国人大代表。2001年，刘汉章被越南政府授予最高友谊勋章和最高友谊奖状，2018年被中共中央、国务院授予"改革先锋"称号。

1984年到2002年，刘汉章担任邯钢"一把手"的18年间，企业总资产由6亿元增加到256亿元，年钢产量由64万吨增加到543万吨，为国家创造利润58亿元、利税128亿元，邯钢由一家名不见经传的地方小钢厂，发展成为享誉海内外、具有较强竞争力的特大型钢铁企业，成为工业学大庆之后，全国学习的第二个典型，被誉为"工业战线上的一面红旗"。

大胆实施改革

1956年，刘汉章从太原冶金工业学校（现山西工程职业学院）毕业，被分配到鞍山第一炼钢厂平炉车间工作。那时，他就立下了为祖国钢铁工业献身的誓言，因为他深知经过战争创伤的新中国已是满目疮痍，新中国建设太需要钢铁了。

1958 年，响应党的召唤，刘汉章南下古城邯郸。从技术员、生产技术科科长、车间主任、分厂厂长、党委书记，总厂副厂长、厂长、党委常委，一直升任到邯钢总经理、董事长。

1984 年，刘汉章任邯郸钢铁总厂厂长，在邯钢掀起了改革大潮。那一年，刘汉章 48 岁，在他的身上看不到半点老相，走起路来虎虎生风、做起事来雷厉风行，而他的心也依然年轻。

上任 5 个月，邯钢被河北省列为首批试行厂长负责制的试点单位。刘汉章积极推进劳动、人事、分配三项制度等一系列改革，推行"一体双翼"承包，提出了"量力而行、滚动前进、梯度发展"的方针，自筹资金，先后对一炼钢、二炼钢、中板、高线等不停顿地进行技术改革，推进技术进步。

其中，在从英国阿希洛公司引进 45 度无扭线材轧机过程中，刘汉章只从重达 2800 吨的全套设备中，引进了其中的 104 吨，还不及总重的 1/20，而其他自制部分大多是刘汉章带领职工们完成的。

面对英国人的不解，刘汉章说，我们和你们基础不一样，我们也知道美观也希望快捷，但是我们没有实力，我们只能根据自己的现实，土洋结合，滚动发展。

1987 年 4 月 15 日，高线轧机一次热试成功。英方安装团组长汉斯感慨地说，邯钢人太厉害了，他们将会创造出让中国震惊的奇迹！事实也是如此，20 世纪 80 年代后期，线材市场价格一路飙升，邯钢从中大赚一笔，不到两年就还清了引进设备的贷款。

20 世纪 80 年代，短短几年时间，邯钢自筹资金 10 多亿元，累计完成了大中技改 136 项。1984 年，邯钢实现利润超亿元。1985 年，邯钢上缴利税超亿元。1987 年，邯钢实现钢产量 80 万吨，跃上全国地方钢铁企业"排头兵"位置。1988 年，冶金部在邯钢召开现场会，推广邯钢技术改造、技术进步的发展经验，邯钢被誉为"我国地方钢铁企业开出的一列特别快车"。

创立"邯钢经验"

1989 年，钢铁市场疲软，钢价急剧下跌，原燃料、电费等成本却大幅上涨。1990 年，全国 26 个骨干钢铁企业的省区中，有 9 个省区出现了全行业亏损。1990 年 5 月，苦苦支撑的邯钢再也无法坚持了，全部 28 个主要品种中 26 个赔钱，且连续 5 个月出现亏损。

市场的"潮起潮落"对二级厂不产生任何影响，企业经营遇到了严重困难。这种经营模式像一堵无形的"墙"，割断了二级分厂和市场之间的联系，墙外的总厂面对的是波涛汹涌的市场经济大海，墙里边的分厂和职工却稳坐"钓鱼台"，无忧无虑。

面对这样的内外形势，刘汉章带领邯钢领导班子就如何遵循市场经济的客观规律，办好国有企业，扭转困难局面，进行多次讨论和反复思考。他们认为，必须找出一种新的管理模式替代旧的管理模式，把市场机制引入企业内部经营管理中，拆除市场与分厂之间的"隔墙"，"推墙入海"，让分厂和职工都感受市场的压力，主动走向市场。

刘汉章带领干部职工冲破计划经济思想观念的束缚，创立并推行"模拟市场核算，实行成本否决"经营机制，形成"千斤重担人人挑，人人肩上有指标"的责任体系。

时任邯钢总会计师的李华甫说，邯钢 26 个分厂上千个工种，每一个工种又分若干个主辅工序，每个工序所消耗的钢铁料和备品备件都要细细算出，取最高标准入选为成本最低线。依据就是全国同行业先进水平和本厂历史最高水平。

时任邯钢财务处成本科科长的赵绍林说，那时还没有电脑，一切全凭计算器和算盘，他们常常在桌上一趴就是一天，不到夜里12点不回家。各分厂报来的数字更细微，需要反复核算，一个个精确到小数点后三位数。最后，竟算出10多万个小指标，算完后，右手食指和中指上已磨出了硬硬的老茧。而这101128个小指标，就是邯钢腾飞的密码。

面对严苛的指标，分厂厂长找刘汉章"评理"、有人两个多月愁白了头，职工们不理解、谩骂……面对这些，刘汉章在大会上讲，允许有意见，允许在大院里点名骂娘，就是不允许完不成目标成本。他更语重心长地对大家说："兄弟们，对不住了。咱都是从车间里日日夜夜摸爬滚打出来的，我知道咱邯钢人太苦太累了。但这市场翻脸不认人，它不因为咱邯钢曾为国家做过多大贡献就偏爱咱，它不看咱邯钢人累死累活就买咱的钢材。现在是最危险的时候，救咱命的只有咱自己的手啊。"

渐渐地，新机制被大家接受，慢慢深入人心。为了几张记录纸较真的李梅、为了节省一个热电偶"怼"记者的王树江、带领职工冒高温磁选所有钢渣降成本的杨秀生，一线涌现出了越来越多的典型人、典型事。

"模拟市场核算，实行成本否决"经营机制从1991年1月正式实施就立竿见影，当年2月、3月各盈利400万元，4月盈利600万元，5月盈利800万元，6月盈利1700万元……此后5年实现的效益超过前32年的总和。一时间，"邯钢经验"产生了巨大的经济效益和社会效益，为全国国有企业"三年脱困"、实现"两个转变"提供了宝贵经验。

邯钢巨变引起了外部关注。1992年4月，冶金部在邯钢召开现场会交流"邯钢经验"，提出在冶金行业推广邯钢做法。1993年5月，国家经贸委组织29个省、自治区、直辖市经贸委主任、部分企业厂长（经理）到邯钢学习。9月，河北省政府作出决定，在全省工业企业广泛深入开展学习推广"邯钢经验"的活动。1996年1月，国务院专门发出通知，批转国家经贸委、冶金部《关于邯郸钢铁总厂管理经验的调查报告》，要求各地区、各有关部门结合实际学习和推广"邯钢经验"。

1996 年 9 月 26 日，中宣部、国家经贸委、冶金部、河北省委省政府联合主办的《希望之光——邯钢经验展览》在中国革命博物馆和历

·刘汉章（左一）介绍"邯钢经验"

史博物馆开展。应观众强烈要求，展出时间由原定 10 天延长到 24 天；随后在太原、西安、重庆、沈阳、乌鲁木齐、石家庄、南宁、广州进行了巡展，其中在重庆巡展时观众超过 10 万人次。

同时，刘汉章始终有一种不甘落伍的创新精神。在 1991 年至 1996 年期间，投入 30 多亿元，对现有设备进行配套改造。在"八五""九五"期间，累计投入 64 亿元，建成了 6 米大型焦炉、2000 立方米大高炉、100 吨炼钢转炉、400 平方米烧结机、CSP 薄板坯连铸连轧"五大工程"，使邯钢彻底"脱胎换骨"，主体装备初步实现了现代化、大型化。

如今，斯人已去，精神长存。目前，下游市场需求不旺、原燃料成本居高不下、钢材价格低位运行，钢铁行业面临严峻挑战，市场竞争更加激烈。邯钢人一手抓成本管理，一手抓技术升级，通过集聚"协同"之势、释放"互补"之效，推动企业整体运营效率、经营效益不断提升，全面打造"一体两翼新邯钢"，不断为"邯钢经验"注入新内涵。

滏阳河水依然滚滚向东，矗立在河畔的刘汉章雕像注视着邯郸这片热土、注视着他所热爱的邯钢。一代又一代邯钢人继承他改革创新的精神，踔厉奋发、无畏向前！

（宋 超）

黄墨滨：走质量效益型发展道路的
倡导者和实践者

◆ 人物档案 ◆

黄墨滨（1922—2017年），湖南华容人，1940年10月参加革命工作，1945年3月加入中国共产党。先后任唐山钢厂、天津钢厂、石景山钢铁厂、太原钢铁公司、包头钢铁公司负责人，武汉钢铁公司经理兼党委书记。荣获全国五一劳动奖章、第二届全国优秀企业家金球奖、湖北省特等劳动模范、功勋湖北人物等荣誉。1993年10月起享受国务院政府特殊津贴。

　　随需而动，无惧挑战，任劳任怨，服务大局，黄墨滨是一位杰出的钢铁工业领导者和管理者，他的一生都在为中国的钢铁工业发展贡献力量。

　　黄墨滨，随时待命，赴汤蹈火在所不辞。在包钢，他是在粉碎"四人帮"后，使包钢由乱到治的功臣。在武钢，他明确走质量效益型道路，带领武钢初步形成以全面质量管理为核心的现代化生产经营管理体系，实现了均衡稳产的良性循环，改善了企业的经营机制。1991年2月，国务院办公厅发出通知，号召全国学习武钢走"质量效益型"企业发展道路的经验。

搞定世界工艺技术难题

　　1978年，党的十一届三中全会吹响了改革开放的号角，被誉为"新中国的钢铁长子"的武钢忧患与危机并存。1981年，59岁的黄墨滨临危受命，担任武钢经理，备受国内外关注的一米七轧机工程就是他抓住企业发展"命门"啃下的一根硬骨头。

　　为使中国钢铁工业跟上世界现代化技术的发展步伐，国家花费数亿美元从国外引进一套世界上最先进的轧钢设备——一米七轧机工程成套设备。有媒体算了一笔账，引进一米七轧机工程相当于全国人民每人捐出5元人民币。那个时代，人们每月的工资也不过几十元。

　　然而，一米七轧机投产后，12万名武钢职工中能驾驭这套轧机的却寥寥无几。这套世界上最先进设备，生产出的多半是废品。日方项目总工程师龟山弘考察武钢后断言："不出三年，一米七轧机就要报废。"

消息传到中南海，一位中央领导人问："一米七要是垮了，怎么向全国人民交代？"

经过调查研究后，黄墨滨发现，产品质量差、废次率高是由于两个关键程序出了问题：一是企业管理，二是生产程序。要做到高技术、高质量、高标准，第一件事情就是改变管理方式。他把技术人员重新分配，从抓两级领导班子入手，充分挖掘技术人员的潜力，同时对老设备和一米七轧机进行技术改造。他集中力量抓减少废品、质量攻关，开始了有备而来的"打废品仗"，连续三年相继提出"废品减半""废品再减1/3""废品再减3万吨"的递进式目标。

经过对轧机的不断改造，生产出现了均衡稳产的良性循环。1985年，钢产量由1980年的276万吨增长到398万吨，废品的绝对量由27.6万吨减少到10万吨，并实现了"六五"三大目标：钢、铁产量双双达到400万吨综合能力，一米七轧机达到设计水平，利税每年增长1亿元以上。

方向选对了，之后的路越走越顺，1990年，国家授予"武钢一米七轧机系统新技术的开发与创新项目"国家科学技术进步奖特等奖。

老国企谋定新战略

20世纪80年代末90年代初，企业的原料、销售、出口等还是由国家安排、统购统销，很多国有企业还没考虑企业发展道路和战略问题，黄墨滨却对市场经济有着敏锐的触觉。

"企业更属于市场，必须要考虑自己的长远发展战略。"基于武钢面临的市场竞争激烈、下游对钢铁材料要求不断提高等新形势新要求，黄墨滨把产品质量和服务质量提高到坚持社会主义方向的高度，强调

"重合同、讲效益、保质量、作贡献"，生产组织管理从"以产量为中心"转向"以质量为中心"，企业经营管理从"以经济责任为中心"转向"以全面质量管理为中心"。

他坚信，品种质量上台阶跟工业装备上台阶密不可分，一边按"最现代化"的标准新建了武钢新三号高炉和三炼钢，一边用新工艺、新技术改造老设备。他紧跟下游企业、第二汽车制造厂的需求，将产品结构调整为多生产汽车用铅锌板等高质量、高附加值的产品。同时，关注计算机管理在全流程生产组织中的重要作用，在全公司各条产线推行自动化改造，将原料进厂到产品出厂的全流程组成有机整体。他还关注能源短缺可能带来的限制，通过各种技术和管理手段实现节能。

他重视商业哲学上的创新。那些年，身边人常听他推荐国内先进企业、高成长性企业的"质量经验"：娃哈哈以前是一个小工厂，就是靠一个产品成就了一个大企业；三九胃泰，靠抓质量来赢得竞争；海尔集团总裁张瑞敏在员工面前砸了几十台质量不过关的冰箱，说海尔出去的产品没坏的，哪怕降价也坚决不卖……

"我们不在乎'一米七'挂多少锦旗，关键是要能生产出国内还不能生产的产品；对钢铁企业的要求不光是大，还要强。"

因推行了多项影响重大且深远的内部改革，黄墨滨曾一度被称为"黄扒皮"。他启动了武钢历史上规模最大的干部"大换血"，400多名处级干部"下野"，340名知识分子"上台"。4000名科级干部中变动了2000多人。干部调整达60%，公司大专以上文化程度的干部由20%上升到83%。哪怕告状信寄到中央也未影响改革进程。他以身作则抓领导干部培训，随后是科级干部、班组、骨干的各种质量轮训，深入开展全面质量管理的活动在全公司形成磅礴之势。

1989 年，黄墨滨带领武钢提出了"走质量效益型发展道路"的经营战略，树立以质量求效益、以质量求发展的经营思想，建立和健全以质量为中心的生产经营管理体系，创建以质量优先为主要特征的管理理念。在他的带动下，生产、技术方面不断向国际钢铁企业看齐，先后开发新技术、新设备、新工艺 197 项，开发新钢种 86 个。

1992 年，武钢获得国家科学技术进步奖特等奖，被国务院总理李鹏誉为"老企业技术改造的范例"。1996 年，武钢获得了 ISO 9000 系列标准认证，是我国第一个获得该认证资格的大型企业。

解决 12 万人吃一锅饭的难题

20 世纪 90 年代初，国家发布《全民所有制工业企业转换经营机制条例》，给企业 14 项经营自主权，为企业发展创造了良好的环境。

武钢如何实现党中央的期待，把企业搞活？"武钢现有 12 万人，不能都搞钢铁。"黄墨滨在第三次中国钢铁工业发展道路研讨会上提出，把长期形成的"大而全"化成若干个独立经营实体，可能是提高管理效率的一个正确途径。

作为国家队，武钢一直以来承担着企业办社会的巨大压力，企业所在地武汉市青山区的水、煤气、学校、医院等大部分硬件设施几乎都由武钢修建、运营。为轻装上阵，1991 年，黄墨滨带领武钢提出"精干主体，分离辅助"的改革目标。

方案一经宣布就激起千层浪。为了让职工接受改革，黄墨滨念起"稳字诀"，按"总体设计、分步实施、平稳过渡、逐步到位"的思路，分"承包经营、独立经营、公司制改造"三步走，推进改革，并在不同阶段对辅助单位实施不同的政策，比如分离之初对产业"扶上马、送一程"，向职工发放金额逐渐递减的工资补贴等。

按需施策，使改革平稳顺利推进，不但没有把压力推向社会，还通过体制改革形成一个联合企业，通过资产增值，让所有人都有饭吃。到 1995 年，分离的这些公司非钢铁收入达到 37 亿元，占武钢销售总额的 20%，为其他大型国有企业改革树立了榜样。1991 年 1 月 20日，国务院办公厅转发国家技术监督局、中国质量管理协会《关于在全国开展学习武汉钢铁公司走质量效益型企业发展道路报告》的通知。1980 年武钢利税只有 4 亿元，"六五"期间利税达到 40 亿元，"七五"期间 80 亿元，"八五"期间实现 140 亿元。

心怀着中国钢铁工业的未来和国有企业做大做强的伟大目标，黄墨滨为钢铁企业改革发展进行了一系列生动实践。他大胆探索、科学求实的精神更是照亮了一代又一代钢铁人奋勇前进、拼搏进取的征途。

（武钢集团有限公司）

付广宽：地层深处书写闪耀人生

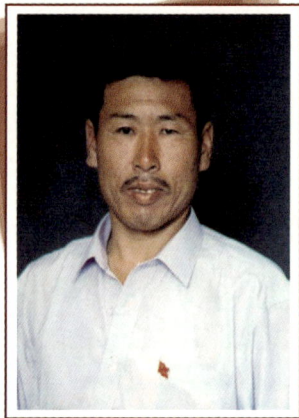

◆ 人物档案 ◆

付广宽，1949年生，辽宁辽阳人，1971年9月参加工作，1991年6月加入中国共产党。历任 -220 米车间凿岩工、吊罐掘进队队长、-180 米车间掘进队长等职务。1993—1995年，先后荣获鞍钢劳动模范、鞍山市劳动模范、冶金部劳动模范、全国劳动模范荣誉称号。

只要我还能动弹，就决不离开井下。

——付广宽

付广宽，一位与共和国同龄的普通矿工，1985—1993 年，他所在的掘上队共超产矿石 20509 吨，用 9 年的时间完成了 12 年的工作量，并创下月产矿石 3400 吨，超计划 2800 吨的佳绩。1994 年上半年，队生产计划为 2650 吨，实际完成了 6373 吨，完成计划的 240%，这一组直观的数据，是一个令同行们震惊的奇迹，也是付广宽用钢钎和汗水写下的壮丽诗篇。

1971 年，下乡插队成为知青的付广宽返城被分配到了弓长岭铁矿，跨进矿山的大门走在宽敞的大路上，这条路，付广宽一走就是半生。刚刚走上工作岗位的年轻人总是热血的，可展现在付广宽面前的是井下采场的恶劣环境，让他不知所措。那是普通人难以想象的工作环境：垂直高度 360 米深的井下，阴冷潮湿、终年不见阳光，站在从一个大头孔中垂放下来的一根钢丝绳吊起的罐中，随着掘上进尺，提升到不同的标高，悬在高空仰头举手操作，人和机器同在一个井筒中，凿岩机开动后，大分贝的噪声震耳欲聋，夹带着机油和岩屑的泥浆顺着脖子和袖口不停地往里灌，一排孔打完，人就像泥猴似的，根本分不清是谁。同时，掘上队面临的安全危险系数更大，总要注意避免被吊罐拉上天，升降运行过程中还要当心刮帮和顶板掉渣，这种安全风险是立体交叉的、多方位的。因此，掘上工作是井下矿苦、脏、累、险岗位的典型代表，是谁见了谁头痛，谁也不爱干，谁都不敢干，谁见谁为难的岗位。面对这种恶劣的工作环境，年轻的付广宽也不免心灰意冷，一米八的男子汉耷拉了头。一位老矿工见状，耐心地劝导他说："什么活都得有人干，都不干，谁干？我干一辈子了，见到一车车矿石源源不断地运出，当一个井下矿工该有多高兴，多光荣呀！"听了这番话，付广宽被一位普通矿工对祖国真挚的情感深深地打动了。

而付广宽自始至终铭记着这位老矿工朴素的教诲。

从此，付广宽就拎着凿岩机开始打眼，一干就是25个春秋。由凿岩工到掘上队队长、由矿里先进生产者到鞍钢标兵，由鞍山市劳动模范到冶金部劳动模范、全国劳动模范，面对头上的光环、闪闪的奖章、簇簇鲜花和阵阵掌声，他内心深处荡起了朵朵浪花。自1985年扛起 -220米车间吊罐掘上队队长这杆大旗开始，付广宽饱尝酸甜苦辣，走过无数荆棘坎坷，那一身泥浆，一身汗水，那白昼不分、披星戴月的劳累，那四面铁石夹块肉，碰到哪里都够受的恶劣环境，用这一刻幸福就足足可以抵消了。他认为这并不是最后的结局，而是一个更高的起点。

凡是在井下工作的矿工都听说过这样一个动人的故事。那是一个寒冷的冬天，雪花飘舞，朔风怒吼，而211采场正在进行大爆破，一台正从爆破区撤出的铲运机突发故障，搁浅在了爆破区巷道的一个水

坑里。爆破马上就要开始了，面对这一突发性的险情，人们惊呆了，这台进口设备可是价值90万元的贵重家当啊。恰巧付广宽刚从掌子面上撤出来，当他弄明白眼前发生的事情时，立即想出了办法，他急速爬到车下，伏身在冰冷的水中，忍受着淹到嘴边的污水，努力地将拖拽钢绳挂到铲运机的拖拽钩上。大爆破起爆时间正一分一秒地逼近，大家的心紧张得都快悬到嗓子眼了，车间主任和工友们忍不住喊道："老付，快出来，时间马上到了！""队长，太危险了，快撤吧！"工友的呼唤，队友的提醒，使他内心充满着无限的感激，可他却仍然沉着冷静地将钢绳挂上了，并指挥电铲把铲运机从危险区域拖出来，保住了这台价值90万元的进口设备。爆破任务结束后，人们在井口找到付广宽时，他满身结冰碴的衣服已经冻住脱不下来了。工友们含着泪花把他抬进浴池，可付广宽脸上始终挂着满足，毕竟价值90万元的设备保住了，整个矿山能有几个90万元呀，遭这点罪，值！工友们对这位勇敢的队长钦佩至极，坚如磐石的情谊也在这一次应急处突中得到了升华！

1994年11月初，-220米水平4川脉2号溜井的掌子面上，一块大石头在12米处卡住了，随时冒落的风险使生产受阻，车间月产5000吨的计划很可能因此搁浅。车间几次组织有经验的矿工研究排险方案，可大家都没有妥善的解决方法。胆大心细的付广宽提出由他进入采场布置火药进行爆破，大家都担心他的安全拒绝了这个方案，付广宽解释道："我有经验，现在采场的浮渣没有了，只要放一炮解决大块的一个支点，落入采场之后打炸孔处理就没有风险了，相信我吧，一定能行。"大家见他说得有理有据，便主动为付广宽做起了保障工作。付广宽戴好头灯，顺着搭建的木梯向上攀爬了12米后，将绑着木杆的炸药准确放在大块和井壁的支点上。付广宽沉着地点燃了导火索，又冷静地一步一步地顺着木梯爬下来。在他撤离到安全区域之后，炮响了。卡住的大石头终于滚了下来，险情终于排除了！凭着丰富的经验和过硬的技术，付广宽始终严把安全生产关，多次奋勇当先排除安全隐患，使采掘队实现了十年安全生产无事故。

劳动值多少钱？井下矿工每天与苦、脏、累、险相伴，月收入只有那么一点点，而一个歌星一次出场费达几万元，这么大的反差怎能不影响工人的情绪。于是，一些人便纷纷到个体矿点抓活干，挣外快。对此，付广宽却有不同的态度和看法。当时有一位个体矿主找到付广宽说："老付，你一天给我放几炮，每月工资给你1000元。"可付广宽却回答说："钱有多多花，有少少花，我是挣得不多，可我是一名矿工啊，我不能离开矿上到你那去。"个体矿主生气地说："你真是傻子，死心眼，眼下谁不为挣钱而奔波！你清高啥。"是的，付广宽钱挣得不多，家境并不富裕，两个孩子需要花钱，可他却要靠自己的诚实劳动来实现自身的价值。他认为，轻而易举地发大财的只是少数人，大多数人还是要靠自己的诚实劳动来挣钱，不能因为看到少数人挣钱容易就不干活了。付广宽在当时的经济环境下，没有唯金钱至上，仍旧坚守在工作岗位上，从不同采场回收了上千件设备零件，仅一年就为国家节约价值28997元。他从地面到地下，再由地下到地上，钎头、钎杆他是背了又背，送了又送，又陡又险的梯子爬上爬下，足迹留下一层又一层，渴了，喝口凉水；饿了，啃口干粮；困了，蹲在地上打个盹儿，把青春，把年华都献给了矿山，献给了祖国的采矿事业。

自参加工作以来，付广宽从未休过节假日，就连井下凿岩工春节的5天休息日他都从未休息过，多少个春节他都是在井下度过的。节日期间不打眼放炮，他就主动到下道工序帮助出矿。拿他老伴儿的话说："老付一天也离不开他的掘上队呀！"他替别人顶班从不计较得失，队友有事、有病他都是主动到家中嘘寒问暖，把一份同志的情、战友的爱献给那些需要温暖的同志。随着年龄增长和常年的劳作，付广宽的身体也不如从前那般硬朗了，组织上为了照顾他，准备让他到井上二线去工作，他说啥也不肯，亲朋好友劝他别太死心眼了，他婉言谢绝。他说："只要我还能动弹，就决不离开井下。"由于在潮湿的作业环境里工作，常年手握凿岩机，受强振动影响，付广宽已经有患上职业病的风险，有关医疗单位建议他休息治疗，矿领导和车间领导甚至"勒令"让他去住院，付广宽却说："一点小病无所谓，不耽误干活，离开了井下，我还真不知道能干点啥哩。"付广宽就是这样一个不计得失，只讲奉献的人，他用实际行动践行了为人民服务的入党誓词，成为新时期一代共产党人的追求风范。

是的，他是一名普普通通的井下矿工，可他却一步一个脚印，先后荣获鞍钢劳动模范、鞍山市劳动模范、冶金部劳动模范、全国劳动模范荣誉称号，从此，他的名字家喻户晓了。

是的，他是一名普普通通的井下矿工，可他却把自己紧紧地系在了党的事业上，他愿人间充满温情，可他更爱他的矿山，爱那黝黑闪亮的矿石，爱那动力无限的凿岩机，成了那个时代共产党员争相学习的对象。对此，付广宽感到十分骄傲、自豪，他觉得共产党员就应该像一头奉献的老黄牛，而付广宽，就是用最少的索取，默默地在百米井下挥舞着钢钎，在百米井下书写出了属于他自己的闪耀人生。

（曹业义　孙春礼）

郭玉明：专注创新的"钢铁侠"

◆ 人物档案 ◆

郭玉明，1967年2月生，河北唐山人，中共党员，1986年参加工作。坚守炼钢30余载，诸多工作成果为首钢掌握大型转炉操作规律奠定了基础。提炼的"郭玉明优化氧枪控制炼钢法"，极大提高了生产效率，达国内领先水平；开发"脱硫渣铁转炉资源化利用技术"，累计回收利用22298.83吨脱硫渣铁，熔炼出铁水14552.27吨，经济效益达759.36万元；开发转炉底吹系列关键技术，实现了全炉役底吹效果稳定控制，该技术获经济效益1.81亿元；完成国内首创210吨转炉炉底改造工作，对提高首创工艺和核心产品竞争力具有重要意义。曾获得全国劳动模范、全国技术能手、冶金部劳动模范、工业系统优秀共产党员、北京市劳动模范、首都楷模、首钢劳动模范、首钢之星等荣誉。

炼技思进，专注锻造精品；钢铁意志，实干浇筑栋梁。
工艰任重，坚持成就梦想；匠心汇聚，创新推动发展。

——郭玉明

在郭玉明眼里，转炉就是他的孩子，几十年如一日，爱护它们，凝聚全部精力，关注它们的点滴成长。

最年轻的全国劳动模范

1986 年，19 岁的郭玉明走进首钢，从炉前工干起，炼钢的活儿几乎都干过，他要求自己样样要干得精彩。1995 年，28 岁的他，是当年受到表彰的全国劳模中最年轻的一位。

"这 30 多年，我只干了一件事儿——炼钢。"刚参加工作时，他一心想的就是多炼几炉钢，多为集体增添荣誉。由于温度控制不准，冶炼时间延长，钢产量下降，他横下一条心，发奋学习、刻苦钻研，争做全厂技术最精湛的炼钢工。为了掌握观看火焰的技术，他长时间盯在炉前，脸被烤得阵阵刺痛。功夫不负有心人，不到一年的时间，他

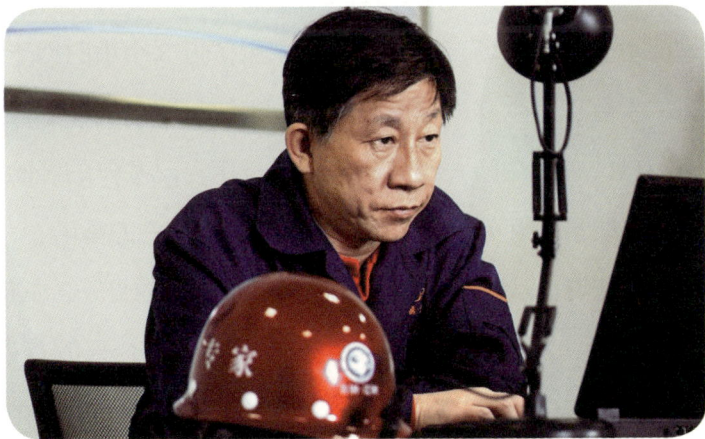

· 郭玉明在查看炼钢参数

127

便具备了抬眼一看，就可以根据火焰的亮度、火苗的长短和形状，很好地判断钢水温度的本领。

随着工作经验的积累，他总结出了"提高一次拉碳合格率最佳操作法""郭玉明优化氧枪控制炼钢法"，使一次拉碳合格率由过去的 75% 提高到 93%，平均每炉冶炼时间由 50 分钟缩短到 32 分钟，1993 年就创造效益 2000 多万元。

在钢铁大发展、产能大提升时期，增加产量是全国各大钢厂追求的共同目标。当其他班组在 8 小时每班次只能冶炼八九炉钢时，他所在的班组创造了班产钢 18 炉的纪录，至今无人超越。

工匠是这样炼成的

2004 年，郭玉明开始负责首钢迁钢 210 吨转炉开炉、停炉、护炉及日常维护组织工作。"炉底上涨过快导致复吹孔堵，碳氧积升高"的问题一度成为大家公认的技术难题。为此，他率先摸索出"轻溅渣"控制模式，通过对溅渣操作进行调整，减缓了炉底上涨。

一次凌晨 2 点钟，炼钢工组织出钢后，发现转炉底吹孔附近出现了一个大凹坑，之前没遇到过，让大家一度惊慌失措。被电话叫醒的他，驾车从宿舍直奔现场，迅速组织大家用了近 3 个小时终于将问题处理完毕，恢复正常生产。这么多年来，不管炉况出现什么问题，只要他得到消息，总会在第一时间赶到现场，用自己多年的经验和技术带领大家解决难题，用实际行动兑现炼钢转炉守护者的承诺。

从北京到迁安，从开炉先锋到创指标、攀高峰的骨干，从创业者、奠基者、守业者、首席技能专家、股份工匠，再到今天的首钢工匠，一干就是 15 年。这段时间正是首钢产品结构、品种质量、转型增效稳步提升的发展机遇期，也是炼钢工艺技术飞跃发展的关键期。

汽车板和电工钢的研究开发和质量提升离不开郭玉明炼钢团队的自主创新和辛勤付出。针对转炉终点氧的稳步降低、渣中 TFe 含量稳步降低等全流程质量控制的关键环节，他带领攻关团队经过近 50 天的摸爬滚打，先后对 2000 多炉钢水的成分、温度、冶炼流程进行认真梳理，消除了过程控制难度大、不稳定因素控制点多等不利因素。

绿水青山就是金山银山。面对环保工作严峻形势，他带领创新工作室团队经过反复研讨，科学规划，最终决定开展 BMS 试验——转炉配吃脱硫渣铁，这是一项国内首创的工艺试验。为确保 BMS 试验的稳定运行，由郭玉明牵头协调攻关团队，指导 BMS 试验进程，他始终要求做到率先示范，不论白班夜班，几个重要的节点都会出现在主控室亲自指挥。

使用这项首创工艺，累计消耗脱硫渣铁 4.2 万吨，熔炼新铁 2.6 万吨，解决环保问题的同时，年创效益 1381.4 万元。

始终瞄准世界一流水平

"转炉复吹"攻关课题是集中力量向转炉终点碳氧积随炉龄增加而逐渐升高这个顽疾发起的最有力挑战，郭玉明几乎每天都盯在现场，与岗位人员一起摸爬滚打。

· 郭玉明（右）在生产现场与同事沟通工艺细节

2016年7月25日，1号转炉完成6543炉冶炼后停炉，以全炉役复吹比100%、碳氧积0.00213的成绩创造了首钢炼钢历史新纪录。2017年7月25日，1号转炉全炉役碳氧积再创0.00195的新纪录，进入国际先进行列。3号转炉于2017年11月3日更是创出0.00188的国际领先水平。通过经济核算得知，复吹攻关的成功，不仅让每座转炉一年创造直接经济效益1000万元以上，还从根本上保障了高端品种钢的冶炼质量。

经过几年的生产试验，大家发现该工艺存在诸多不稳定性，对于迁钢210吨转炉而言，采用目前的控制措施难以保证转炉全炉役内达到良好的底吹效果，因此，采用转炉快换炉底是解决目前底吹效果难以与炉龄同步难题的关键，转炉底吹枪与炉底的寿命只要能够达到炉身寿命的1/3左右，即能够实现转炉全炉役内良好的底吹效果，于是炉底快换项目应声落地。与上炉役相比，炉底快换实施后，碳氧积降低了0.0003，继续实现突破。转炉终渣TFe含量降低1.16个百分点，TFe含量降低1.16个百分点，钢铁料降低约1.2千克/吨，仅钢铁料降低年直接经济效益约194万元。转炉终点氧降低至55×10^{-6}，钢水氧活度的降低及炉渣TFe含量降低会明显提高钢水洁净度水平，有利于产品质量的提高。而且，由于底吹搅拌良好，结合吹炼工艺制度的优化，能很大程度缓解了铁水磷含量较高带来的磷含量难以控制问题。

采用该工艺后，转炉吹炼稳定性提高，溢渣比例由43%降至33%，渣量也得到进一步降低，明显降低吨钢炉渣排放量，降低环境压力。为首钢"十三五"期间突破引领重大工艺技术的重要项目，为首钢首创工艺技术、首开设备、培养行业领军人物、提高汽车板等核心产品的核心竞争力。

鉴于以上突出成绩，首钢股份公司 1 号转炉被命名为"郭玉明炉"。这一刻，炼钢工艺技术真正实现了从多年的跟随到行业引领的巨大跨越。

一枝独秀不是春，百花齐放春满园。

"下一步我要把 5 座转炉的 20 个炼钢工都培养成炼钢能人、护炉高手。"郭玉明说。

2017 年以来，每隔一个多月他就按炉座进行阶段性总结并做成 PPT 课件，轮流对 5 座转炉的岗位工进行定期培训，每月利用下夜班后的 40 分钟左右的时间对 4 个班的岗位工集中讲课。那段时间，虽然大家回家晚了些，但积极性特别高，相关领导有时间也会参与到现场的培训中来。

炼钢作业部先后成立了郭玉明等多个职工创新工作室。现在，炼钢的每个人都可以提出选题，立项后，都会得到作业部各方面的大力支持，极大地调动职工的主动性和创造性，激发企业发展的内生动力，促进职工与企业共同发展。

"中国共产党走过了百余年光辉历程，在党的领导下，首钢不断成长壮大。我经历了首钢从经验炼钢到科技炼钢的巨变，我们这代首钢人，要更加珍惜当下的美好生活，加倍努力工作，为祖国的繁荣昌盛贡献力量。"郭玉明说。

（李旭龙　张　超）

沈文荣：钢铁报国，永不止步

◆ 人物档案 ◆

沈文荣（1946—2024 年），江苏张家港人，中共党员，高级经济师、研究员级高级工程师。曾任江苏沙钢集团有限公司（简称"沙钢"）董事局主席，兼任全国工商联咨询委员会委员、中国企业联合会副会长、全国工商联冶金商会会长等职。先后荣膺全国劳动模范、中国创业企业家、全国五一劳动奖章、中国改革功勋、优秀中国特色社会主义事业建设者、改革开放 40 年百名杰出民营企业家、袁宝华企业管理金奖、江苏省劳动模范、江苏省优秀企业家等殊荣；曾荣获中共中央、国务院、中央军委颁发的"庆祝中华人民共和国成立 70 周年"纪念章。

> 建设钢铁强国是钢铁企业可持续发展的历史抉择，也是所有钢铁企业义不容辞的责任。
>
> ——沈文荣

2024 年 6 月 30 日，78 岁的沈文荣辞世。

说起沈文荣，人们想到的是，他与时代同行，亲历中国走向钢铁强国的历史章回。他率领沙钢人锐意改革创新，把沙钢从扬子江畔的一个小小轧钢车间，发展成为世界 500 强企业。

黄昏时分，梅雨阵阵。江苏张家港的沙钢体育馆内外，不少市民手捧鲜花、驻足徘徊，纪念这位矢志"钢铁报国"的改革开放后第一代民营企业家。

人们为什么怀念他？是他创造奇迹的奋斗历程，还是引发共鸣的企业家精神？

敢为敢闯敢争先

在沈文荣身上，有着同时代创业者艰苦奋斗、敢于争先的特质。

1946 年，沈文荣出生在苏州长江岸边的联兴村，父亲英年早逝，兄弟姐妹 6 人与母亲相依为命，生活异常艰苦。联兴村早年多以种棉为业，沈文荣初中辍学回家务农，因肯出力，做事不苟，从生产队记分员当上副队长，后被下乡蹲点的干部赏识，到公社轧花厂的技工学校半工半读。1968 年，中专毕业的沈文荣进入沙洲县（今张家港市）锦丰轧花厂当钳工。沈文荣表现突出，加入了中国共产党，先后当上班长、车间主任。

1975 年的中国缺钢少铁，轧花厂为解决维修改造的用钢之需，自筹 45 万元创办了一个小型轧钢车间。当时这个作坊既缺资金，又缺设备，更缺技术。面对"一穷二白"的境况，沈文荣等创业者自力更生，迎难而上。

没有技术，他带领 23 名工人外出学习轧钢操作，睡地铺，每天边学知识，边跟班操作 10 多个小时，28 天学成回厂即上岗操作，一次试产成功；没有设备，就在小机床上加工出轧机牌坊；缺乏电力，就买来一台旧船用柴油机作为动力，拖动轧机轧钢；没有坯料，就千方百计找大钢厂的废品冷条及钢坯切头等边角废料；没有专用机械，他们人工喂料轧出第一批钢材。

1983 年，已形成炼钢、轧钢能力的钢厂与轧花厂分离，沈文荣担任钢铁厂负责人，开启了自己的"钢铁人生"。

"要创业，就要有抢、拼、争的劲头。机会稍纵即逝，不能等等看看。"在沈文荣看来，改革开放春潮乍起，苏南农村兴起一股建房热，钢门窗成为市场紧俏货，但这种产品大钢厂不愿生产，小钢厂生产不了，这是一个好机会。他决定选择窗框钢作为拳头产品。

沙钢的率先转型赢得了前所未有的市场回报，客户从原来的 10 余个省市的 60 多家，扩张到覆盖全国 30 个省市的 2000 多家。1989 年，沙钢以其中等偏下的设备、不算先进的装备，创出了全国同类企业中一流业绩，夺得热轧窗框钢的销量和质量全国第一。

"既然选择做钢铁，就要热爱钢铁，研究钢铁，就要让钢铁厂一步步变强，毫不动摇。"沈文荣于 1985 年提出"坚持用户第一，坚持质量第一，坚持社会综合效益第一"的"三个第一"观念，这在国内钢铁企业中绝无仅有。

当时窗框钢如日中天，抢得"时间差"的沈文荣，并未自我陶醉。他悄然关注着世界钢铁行业发展的潮流，提出满足于国内领先，迟早要落后、被淘汰，只有瞄准国际先进水平，才能争得发展先机。他决定从英国引进兴建我国第一条 75 吨电炉连铸连轧的短流程生产线。

然而决定一出，在厂内外引起很大的疑虑甚至争议。"我们厂的日子不是过得很好吗？投这么一大笔钱，会不会把我们拖垮？"一天深夜，一位老职工来到沈文荣家里表达担忧。之后，沈文荣认真听取大家的意见，思考交流，最终统一了思想："技术改造和新建，我们必须考虑到今后 10 年的情况""不上这条生产线，我们就形不成适度规模，就永远摘不掉技术装备落后的帽子，就没有市场竞争能力"……

1991 年，热浪灼人的钢水飞流而出，沈文荣带领沙钢人仅用 23 个月就全线贯通这条生产线，这是中国"短流程"的第一次全线贯通。沙钢的此番操作，引发了国内钢铁行业"长改短"的热潮，被业内专家誉为"中国钢铁工业第三次革命的样板"。

此后，沈文荣的胆略、眼光成为人们对他评价使用最多的词汇。

但沈文荣清醒地认识到沙钢的设备虽处国内先进水平，与国际一流仍有差距。为此，他连斥巨资引进世界一流技术和装备。1994 年，沙钢引进德国、美国、瑞士等国的先进设备，兴建了亚洲第一座 90 吨超高功率竖式电炉。他旗帜鲜明地提出"以我为主、集成引进"的思路，为我国引进世界钢铁行业最新水平的电炉、连铸、连轧等新设备，进行了一次前所未有的"集成创新"。

沙钢的短流程生产规模已在国内领先，但沈文荣认为，我国作为发展中国家，废钢铁社会储存量不足，加上电价长期制约电炉钢发展，沙钢要做长短流程结合的综合钢铁企业。2002 年，沈文荣开启了我国钢铁史上首次从国外整体购买一座大型钢铁联合体的壮举：买下了 200 多年历史的德国蒂森克虏伯公司在多特蒙德市的著名钢铁企业，又仅用一年将 25 万吨的设备拆迁搬运到 2 万千米外的长江之畔，并投入巨资进行脱胎换骨式的技术升级改造，这被称为"世纪大搬迁"。

2005 年春，项目竣工。多特蒙德 60 多位市民组团到沙钢参观，当看到因为城市发展需要而被迫搬迁的工厂，这么快就焕然一新地屹立在长江之滨时，不少人热泪盈眶。

沈文荣的一个个大手笔，快速让沙钢显山露水，一举进入钢铁行业"第一方阵"。当时业内普遍认为，要了解世界最先进的生产线，到沙钢看看就行了。

"永远牢记落后挨打的哲理，始终保持快半步的节奏，时刻关注国际钢铁工业的前沿技术。勇于创新，不断攀登，这是沙钢人的性格。"这也是沈文荣的性格。

专注创新发展

沙钢能从芸芸"草根企业"中走出来，进入世界钢铁行业第一方阵，离不开沈文荣在领悟市场真谛后，真正走了一条创新发展之路。

沈文荣尤为重视对先进技术的引进和研发创造。2003 年，沙钢改制不久，沈文荣就一直琢磨搭建沙钢钢铁研究院，聚天下英才而用之。

经过几年筹备，2007 年，沙钢在业界较早成立钢铁研究院，聘请国际知名冶金专家担任院长，建立技术创新保证体系和人才保障机制，真正具备了紧盯国际前沿钢铁技术的能力。同年，沙钢钢铁研究院获批国家级企业技术中心，成为业界知名的开放型冶金人才和技术集聚高地。2009 年 5 月，沙钢钢铁研究院成立研究生工作站，被列为江苏省研究生工作站试点单位。

· 2009 年 12 月，沈文荣荣膺 CCTV 2009 中国年度经济人物

沈文荣一直说，如果不与时俱进，过去的高起点也会变成低水平。沈文荣主导推动沙钢在国际钢铁行业率先实现"电炉全兑铁水、全精炼、全保护浇注、全连铸、全连轧"的工艺路线，既有效地提高产量和质量，也大幅度降低了能耗。沙钢首创的"一包到底"生产工艺技术被行业广泛采用，国内外很多生产线都有沙钢生产线的影子。

面对钢铁市场产品高性能化的趋势，沈文荣带领沙钢加大科技投入，向高附加值、高科技含量转变，走上转型升级之路。

2019 年，世界第四、我国首条"超薄带"生产线在沙钢实现工业化生产，采用国际上最先进的双辊薄带铸轧技术，可不经连铸、加热和热轧等生产工序，由液态钢水直接生产出薄板、热卷板。这条生产线全长仅有 50 米，只有常规连铸连轧生产线 1/16 的长度，其突出特点就是流程短、能耗低、投资省、绿色环保，生产过程节省煤气消耗 95%、节水 80%、节电 85%。

中国工程院院士毛新平表示："自 1856 年提出薄板薄带铸轧后，世界各主要的研发单位都参与其中，做了大量的研究工作，只可惜在沙钢之前，没有一家成功实现产业化，沙钢的意义就在于使一百多年来对于薄带铸轧的认识有了里程碑意义的突破。"目前沙钢共有 4 条薄带铸轧生产线，核心设备的国产化率超过了 90%，实现了薄带铸轧技术从跟跑到领跑的重大跨越，为行业树立了新标杆。

经济步入新常态之后，沈文荣提出"建设精品基地，打造百年沙钢"的战略目标，把做精做强钢铁主业作为沙钢长远发展的基石，全方位推进智能制造、产品提档升级，走高质量发展之路。

沙钢围绕"机械化、自动化、信息化、智能化"，推进智能工厂建设，已经投入数亿元建设 30 余项信息化管理及生产系统。2011 年，沈文荣亲自启动"机器换人"计划，目前已经上马 200 多台机器人。

如今沙钢的冷轧厂硅钢车间，除了操作间内的零星工作人员，已几乎看不到一线工人，实现了"一键下单式组织生产"。沙钢在烧结、焦化、炼铁、炼钢、轧材乃至辅助车间，全面开展数字化产线改造，提高劳动生产率。2018 年，沙钢创新提出了企业智能制造 5 年规划，由点及面，全面推进智能制造战略工程，通过 5 年努力，把 1500 个有人岗位变成无人岗位，使人均产钢量向 1800 吨迈进，使智能制造成为推动沙钢高质量发展的新引擎。

同时，沈文荣清晰地看到以信息化为代表的新兴产业发展趋势，紧抓物联网、工业互联、大数据和人工智能等新一代信息技术革命机遇，决心在信息化浪潮中积极作为、有所建树。2019 年 8 月，沙钢成功收购世界前 3 的英国数据中心运营商 Global Switch，使沙钢转型进入"钢铁 + 数据中心"双主业时代。

对于未来，沈文荣给沙钢留下了目标：钢铁板块要始终保持在中国钢铁工业的第一方阵，以钢为基打造百年沙钢，持续服务于中国的制造业；信息产业等符合国家战略的多元化发展，将作为沙钢腾飞的另一支引擎，助推高质量发展。

踏踏实实办好企业

沈文荣时常回忆起沙钢建厂时的艰苦岁月，他说，他们那一代人的目标，就是希望祖国强大。沈文荣曾动情地说："是党的改革开放政策造就了沙钢，也圆了我的钢铁报国梦！"

1991 年，75 吨电炉项目成功后，正好钢材热销，合资方私下找到沈文荣，要将这个"短流程"项目全部买下来，交给沈文荣管理。合资方以年薪 60 万美元加上 10% 干股的待遇，让沈文荣辞职，并承诺预付 3 年年薪，同时还提供 100 万美元做养老保险金。对当时年收入仅二三万元人民币的沈文荣来说，这是一个近似"天价"的优异条件，但他却诚恳地拒绝了合资方。

事后有人问起这事，沈文荣严肃地说："发财的事我从来没想过。沙钢职工流血流汗创下家业，我不可能昧着良心背叛他们。"反过来，沈文荣展开了友好而又艰辛的谈判，把合资方手上的股份全部买了回来。

作为改革开放后第一代企业家，沈文荣延续着几代钢铁人"钢铁报国"的情怀。2017 年，百年老企东北特钢经营困难。沈文荣积极响应党中央"加快东北振兴"的战略号召，用心、用情参与东北特钢混改，为国企混改做出了先行探究。2018 年，沙钢东北特钢大连基地首先实现扭亏为盈；2019 年，抚顺基地一举实现利润 2 亿元。仅仅 3 年时间，东北特钢重焕昔日光彩。

社会责任是当代中国企业家精神的标志性内涵。钢铁行业被视为是高耗能、高污染行业，多年来沈文荣一直希望以实际行动，来改变公众对这个行业的刻板认知。

长江大保护，沙钢可谓大手笔。沈文荣提出要建设"绿色钢城"，斥巨资购置各类环保设施，大规模推进环保技改。通过发展循环经济，沙钢产生的煤气、蒸汽、炉渣、焦化副产品和工业用水等实现高效循环利用，98% 以上的资源得到回收和深度利用，久久为功地守护"一江清水"。

在沈文荣的理念里，做好企业是最大的公益，只有把企业办好了，才有能力让职工安居乐业，为国家和社会创造更多财富，这也形成了他"钢铁报国、创造财富、造就员工、回馈社会"的社会责任理念。

在沙钢内部，沈文荣一直倡导"产钢育人"的"大家庭"氛围：职工子女入学、托管延时班服务、职工生病爱心资金、住房福利等关爱不一而足。2009年6月，沙钢专门设立千万规模的公益基金会，为困难职工及其家属、职工子女就学、生病职工等提供公益服务。

自建厂以来，沙钢对于捐资助学、修桥铺路、抗洪救灾、扶贫济困等慈善事业的资金捐助累计超过10亿元：从1989年起，沙钢累计接收近6000名当地农民进厂工作，还从经济相对落后地区招收了大量劳务工进厂就业。2008年，沈文荣代表沙钢向四川汶川地震灾区捐款8000万元；2012年年底捐赠8000万元，援建张家港市社会福利中心；2018年倡议并发起"江苏民营企业决胜全面小康社会助力精准扶贫基金"，一次性捐赠2000万元……

时光流转，沈文荣等改革开放后第一代企业家们，在时代巨变中留下了光辉的足迹。他们写满奋斗的一生，他们闪光的精神，将激励更多的奋斗者开拓创新、砥砺前行。

· 2021年7月，张家港市召开学习习近平总书记在庆祝中国共产党成立100周年大会上的重要讲话精神座谈会。会上，沈文荣等老一辈杰出代表荣膺"港城骄傲"。

（钱贺进）

李卫：中国稀土永磁新材料的破局者

———————— • 人物档案 • ————————

李卫，1957年12月出生于北京，磁学与磁性材料专家，中国工程院院士，中国钢研科技集团有限公司副总工程师，全国政协常委，"十四五"国家重点研发计划"稀土新材料"重点专项专家组组长。兼任IEEE及国际稀土永磁及应用委员会委员、亚洲磁学联盟委员会委员、国家产业基础专家委员会委员、中国稀土学会副理事长、中国稀土学会永磁专业委员会主任。长期从事高性能稀土永磁新材料、产业化关键技术研发和创新工作。李卫院士是一位在磁学与磁性材料领域具有深厚学术造诣和广泛影响力的专家，同时也是一位积极参与国家和社会事务的杰出代表。

李卫认为科研工作者要以国家战略需求为导向，让自己的科研成果服务国家；科研型企业要扎扎实实，不为一时一利，推动行业发展，这是科研型企业的责任和使命！

稀土永磁是锻造"大国重器"必不可少的支柱性材料，从低空飞行到航天探索，从电器创新到汽车制造，从生命健康保障到生态环境保护，都蕴含着永磁材料的神奇力量。

创新研制不断突破高磁能积的永磁材料，一直是李卫的初心和理想。在工作中，他一直坚守在稀土永磁新材料基础研究、工程化关键技术、新产品研发创新等领域。比如钕铁硼材料，从20世纪80年代的35兆高奥磁能积到如今55兆高奥，李卫经历了几代从实验室研究到产业化大生产的发展历程。中国稀土永磁产业如今在国际上掌握了话语权，有他及团队的贡献。

在攀登科研高峰的路上，李卫从未止步。如今，他正带领团队向60兆高奥以上超高磁能积永磁体的材料设计进发，在探索永磁新材料研发、坚守科技创新的道路上向新而行。

成功制备高磁能积钕铁硼永磁

钕铁硼永磁材料是20世纪80年代初才在国际上出现的具有实用化的一种高性能稀土永磁材料，由于它在航天、通信、机电、仪器仪表、冶金、化工、量子工业等诸多领域应用广泛，是现代科技社会中必不可少的关键基础材料，具有"磁王"之称。

国家"七五"攻关要求将钕铁硼永磁的磁能积提升至45兆高奥以上。但现实是，在现有基础上每提高哪怕是0.1兆高奥也要付出相当多的艰辛和努力。

经过反复调整实验方案、工艺路线和无数次的实验，李卫研究小组不断突破钕铁硼磁体的磁能积，从最初的不到 30 兆高奥一步步提高到 45 兆高奥，最终成功制备出最大磁能积达到 49 兆高奥的磁体，使我国成为当时世界第二个获得 45 兆高奥以上磁体的国家，超过了欧美各国。这一成果的取得也标志着我国钕铁硼永磁材料的研究达到了国际先进水平。

这个指标性的全国"冠军"，为李卫赢得了国家"七五"科技攻关重大成果奖和 1989 年国家科技进步奖一等奖。1989 年年初，《科技日报》《光明日报》《经济日报》《人民日报》先后对"磁王研究获新突破"进行了报道。高性能钕铁硼永磁材料的研制成功，使李卫在永磁研究领域有了更广泛的翱翔天地。自此，他成为当时钢铁研究总院所归属的冶金部里最年轻的正高级研究员，在迈出了科研轨迹的第一步的同时，也让科技创新成为他坚守 30 多年的最佳注脚。

铈磁体的中国式创新之路

如果说，钕铁硼永磁材料在国内的研发属于"跟跑"。那么，铈磁体则是中国人的原创，拥有完全自主知识产权。

稀土中共有 17 种元素，但不同元素的丰度却相差甚远。例如，在我国白云鄂博共伴生稀土矿中，铈元素约占 50%，镧元素占 25% 左右，镨、钕元素共占 21% 左右。然而，当时市场上主要的稀土永磁材料是钕铁硼磁体。这种磁体最早由国外研发成功，主要使用稀土中的钕、镨元素，而含量较高的镧、铈元素却难以派上用场。"剩下的大部分稀土元素都没得到充分利用，堆积在那里，稀土真的变成了'土'。"稀土属于战略性稀缺矿产资源，如果能对储量丰富的镧、铈元素高效利用，则我国的稀土资源量相当于翻了一番。

不过，钕铁硼磁体自20世纪80年代问世后，就有人尝试往其中添加铈元素。但铈元素的"秉性脾气"着实令人头疼，从磁学的角度来看，铈元素的本征磁性较钕元素弱很多。此前研究表明，添加铈元素通常导致磁性能下降，因此科研工作者认为这种元素不适用于永磁体的生产。

如何将"有害"变成"有用"？这正是李卫团队要攻克的难题。为此，从2006年开始，李卫带领团队启动了铈磁体的研发工作，以解决稀土中丰度最高的铈元素在稀土永磁材料中的应用问题。然而，对这一问题的研究没有经验可循，团队成员只能埋头去啃这块"硬骨头"。研究团队针对铈磁体研发中的瓶颈问题，反复建模、实验、分析，探索钕铁硼材料中添加铈元素的制备技术，尝试用各种方法改善铈磁体的微观组织结构。

直到2010年8月底，李卫团队对当时的多项实验结果进行分析后发现，当具备一种特殊的结构时，铈磁体展示出显著提升的综合性能。这一次的新发现令团队成员欢欣鼓舞。但只有一次实验结果不行，要真正搞清楚这种结构背后的规律，仍然需要更多艰苦实验和探索。

· 李卫（左二）与科研团队探讨实验数据

于是，又经过一年多的时间，研究团队实现了实验的稳定重复，真正攻克了新型铈磁体的关键制备技术。2011—2012年，在国内申请了铈磁体发明专利，并先后在美国和德国获得发明专利授权。

伴随着一次次技术突破与创新，李卫研究团队对铈磁体的研究逐步深入，铈磁体的性能不断提升。铈元素占材料中稀土元素的比例，一步步提升到60%以上。比例越高，难度越大。让铈元素占材料中稀土元素用量的80%甚至100%，同时拥有良好性能，这是研究团队目前正在攻关的目标。

从科研到产业化

稀土永磁产业化需要经历实验室制备技术开发的第一阶段、实验室技术中试化的第二阶段，以及产业化关键技术为主线的第三阶段。这第二、第三阶段看似已踩在巨人肩上，但实则是更难攀登的高峰。

从实验室中的样品到生产线上的商品，科研成果的转化绝非易事。李卫团队接触了不少企业，但对方最后都打了退堂鼓，原因之一是认为铈元素在永磁材料中大量替代钕元素不太可能。

功夫不负有心人。2013年，李卫研究团队终于找到有勇气"第一个吃螃蟹"的企业——宁波复能新材料股份有限公司。随后，他们开始与这家企业合作开展铈磁体的成果转化，进行产业化技术攻关。2017年，宁波复能新材料股份有限公司获得专利授权许可生产销售的新型铈磁体达到6000吨，铈磁体成功实现产业化。

短短几年过去，国内含铈磁体的年产量已超过9万吨，规模约占整个稀土永磁产业的1/3。契合中国稀土资源禀赋、具有中国特色的铈磁体产业初具雏形。

瞄准国家战略，推动行业发展

目前，铈磁体已广泛应用于机器人、高端机床、医疗、节能家电和电动自行车等领域各类电机中。2023 年 5 月底，一台应用了新型铈磁体的风力发电机，在宁夏宁东灵武一期京能风电场安装调试完毕，正式并网发电。在江西赣州，应用了铈磁体的世界首条采用永磁磁浮技术的"兴国号"列车正穿梭于革命老区兴国县。新能源汽车驱动电机等更广阔的市场也正在开拓。

只有与中国新时代相匹配、与现代化新征程相呼应的使命担当才更有意义。李卫认为，作为科研型央企，要扎扎实实，不为一时一利，瞄准国家战略需求，推动整个行业的发展进步。这是科研型央企的责任和使命。

·在 2017 年全国政协会议上，李卫为国家的科技创新提出建议

不过，一种新型材料的研发需要十几年甚至几十年的努力。20 多年过去了，尽管如今李卫承担着各种事务性工作，但他每周都会与研究室成员进行实验数据分析讨论，了解实验进度及工作计划。如今，

随着人工智能的发展，新材料研究手段日新月异，他鼓励年轻科研工作者利用材料基因、材料计算科学等新手段去设计新材料、发现新材料、突破现有磁性材料的性能极限，同时与人工智能、生物技术深度融合，推动磁力设备向小型化、高效化和智能化方向跨越。

30 多年里，李卫主持和主研了 30 多项国家攻关、"863 计划""973 计划"、国家自然科学基金重点、国际合作等项目工程，是我国高性能稀土永磁材料研究领域的开创者之一，他的研究成果带动了我国稀土永磁产业的整体进步，并保证了国家重大工程如"神舟系列飞船""探月工程""天宫一号"等对永磁材料的需求。

（刘　涛）

李晏家：世纪工人

◆ 人物档案 ◆

　　李晏家，1954 年 11 月生，辽宁鞍山人，中共党员，钳工高级技师，鞍钢高技能人才特级技师，先后取得技术革新成果 300 余项，国家技术专利 30 件，为企业多创效 1.6 亿元。带领"李晏家创新工作室"成员累计完成创新成果 1 万多项，每年为企业多创效益 1000 多万元。曾先后被授予鞍钢劳动模范、鞍山市劳动模范、辽宁省劳动模范、全国劳动模范、全国优秀共产党员、"新时代的好工人""工人革新家"等荣誉称号。

新时代的工人，要有本事应对困难。

——李晏家

鞍钢作为"共和国钢铁工业的长子"，不但生产钢铁，也"生产"英雄、劳模。李晏家是鞍钢继雷锋、孟泰、宋学文、王崇伦等老一代英模之后，在鞍钢职工队伍中涌出的新一代杰出代表。在他身上，既凝聚了中国工人阶级的光荣传统精神风貌，又展现了新时代转型时期劳动者的聪明才智和创新风采。

从 1977 年开始，李晏家 20 多年坚持不懈地学习文化知识和科学技术，他参加了业余高中和钳工初级、中级、高级等十多个培训班，还系统地学习了《机械制图》《钳工工艺》《公差与配合》等 30 余门专业课程。以前，他家里条件差，一家三口住一间不足 13 平方米的房间，除书架和床之外，屋里只能放下一张书桌。他把这唯一的一张书桌让给了正在上学的儿子，自己在不足两平方米的走廊，用一个旧皮箱、一块旧木板和一个铁架子搭制了一个简易读书台。多少个夜晚，李晏家就是在这个读书台上看书、绘图。多年的勤奋学习和刻苦实践，使李晏家掌握了一身过硬的本领。钳、铆、电、焊等技艺他样样精通，设备出了故障，只要他听一听，摸一摸，看一看，便知道问题出在哪里。

入厂 40 多年来，李晏家以高度的主人翁精神，刻苦钻研，勇于创新，投身改革，无私奉献，共完成技术革新成果 320 项，获授权国家技术专利 30 件，为企业创效 1.2 亿元。

他爱企业，爱岗位，以厂为家。有厂内记录显示，仅 1997 年一个年头，李晏家深夜进厂维修设备就达 100 余次。不管是雨里雪里，不管是三伏天还是三九天，不管是有病没病，李晏家都得一个人骑着

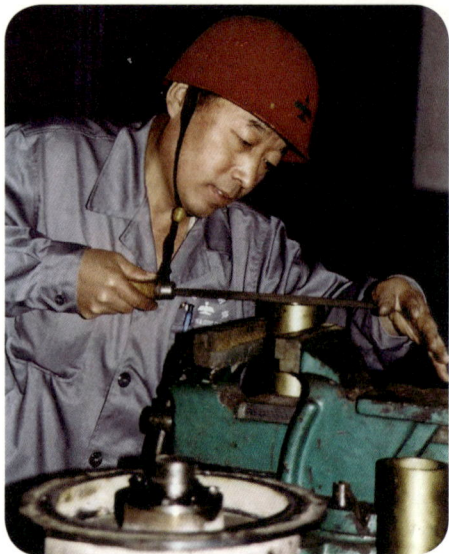

· 李晏家正在制作加工备件

自行车拼命似的赶到厂里，有时候连工作服都顾不上换，等一场抢修下来，除了牙是白的，脸和衣服全沾上了油渍，变成焦炭黑了。一年365天，他至少有360天在厂；他每天都至少早来半小时，晚走半小时。为了确保设备稳定运行，李晏家给自己定了规矩：节假日必到厂，设备有异常必到厂，特殊天气必到厂。

他发明的"一种间距可调式篦条筛"在冶金行业焦化系统一定范围内得到应用，"一种冲压皮带胶片组合辊专用机构"在2012年第七届国际发明展览会上获得金奖，"一种双筛面组合式圆柱陶瓷筛条篦条筛"在2015年第二十一届全国发明展览会获得铜奖，"悬臂式防磨损篦条筛"在2016年第九届国际发明展览会获得银奖。为表彰李晏家在技术创新工作中的突出贡献，李晏家三次被评为鞍钢技术专家，是鞍钢集团公司48名技术专家中唯一的一名工人。各级组织先后授予他鞍钢科技标兵、鞍钢高技能人才、感动鞍钢创新功勋人物、鞍山市优秀技能人才、鞍山市科学技术优秀人才、辽宁省首届有杰出贡献高技能人才、辽宁省技协功臣、国家技能人才培育突出贡献奖等称号，并享受国务院政府特殊津贴。

有人把李晏家称为"工人革新家""工人发明家""工人专利大王"。从1995年开始，李晏家先后取得了120多项技术革新成果；获授权国家技术专利15件；早早实现了他在2001年于中南海发言"在退休之前，我争取实现技术创新成果100项"的承诺。

　　1992 年，李晏家走马上任焦筛班班长，一个月下来，仅滚动筛一个设备就和他多次过不去，不是这儿坏就是那儿坏，忙得他有点脚不沾地，脚打后脑勺。班里有位工人对他说："这才哪到哪啊。这只是万里长征走完了第一步，今后的道路还长着呢！"就是这"今后的道路还长着呢"一句话，让他萌发了改造滚动筛的想法。

　　这一改，就是 3 年多时间。其间，为了啃下这块"硬骨头"，李晏家跑遍鞍山市各大图书馆，可还是没有找到相关资料和图纸。他每天干完其他工作，便着了魔似的站在热气蒸腾的溜槽旁。为了能够观察到焦炭下落情况，李晏家打开溜子盖，将头伸进去。喷出的焦粉熏得他头晕目眩，恶心呕吐……技改进行得很不顺利，一次次的试验都失败了。化工总厂的领导一面鼓励李晏家，一面为攻关小组创造更好的工作条件。经过了第 197 次试验，还是没有成功。

　　跟他在一起干的人，有的人灰心丧气说："还是算了吧！金盆洗手，到此也不晚。国内外，比我们高明的人有的是，他们都没有改成功，我们普通的底层工人，就别再异想天开了。"生性倔强的李晏家，不服输，他还想再试一次。他在等待着滚动筛故障，好借抢修的时间，再试一次……3 年了，他不能让自己和工友们的血汗白流！他始终憋着一股劲，决心啃下这块硬骨头。经过认真总结上次的经验教训，他又在 1.5 米有效空间精心调整了篦条筛距和角度，做好了充分的准备，迎接第 198 次试验。

　　第 198 次试验，功夫不负有心人。终于，成功了！

　　在试验现场，看到焦炭顺利、均匀筛分时，李晏家和许多工友百感交集，都流了泪……这种条筛的使用寿命是原滚动筛的 10 倍，篦条筛代替滚动条筛，完成了焦炭筛分工艺的重大变革，检修更换极为方便，大大降低了工人的劳动强度；每年可节约电费 7 万元；节约备品备件费用 40 万元以上；大块焦率由 73% 提高到 78%，仅这 5 个百分点，每年就可多创利润 88 万元。这项革新在全厂五个炼焦车间推广，年增效 500 万元以上。

还有，他对筛焦工序 K1 皮带机主动轮的改造，结束了靠操作工人手拉肩扛启动的历史；他研究的简易机械手，使工人们在地面便可以轻便地安装拆卸 5 米多高的钢绳；他改制的滚动筛牙板，延长使用寿命 70 倍，年创效益 30 多万元；他对皮带机尾的溜槽改进，减少了备件磨损，延长了皮带使用寿命；2000 年，搞成了大块焦仓等 4 个改造项目；2002 年，又对装罐布料器等 6 个项目进行攻关，这项革新仅备品备件费每年就可为厂节约 48 万元。

· 李晏家正在创新工作室对备件尺寸进行仔细测量

2004 年 4 月，化工总厂以李晏家的名字成立了技术创新小分队，2012 年 3 月 22 日，更名为李晏家创新工作室。这是鞍钢以劳模个人名字命名的第一个创新工作室。李晏家言传身教带动创新工作室成员立足岗位搞技术革新，大量创新成果不断涌现，解决了生产设备和工艺方面存在的各种难题，累计完成创新成果达 1 万余项，创效 3.6 亿元。在李晏家的带领下，创新工作室成员们已由当初的 18 人发展到今天的 600 多人，李晏家创新工作室成为鞍钢集团公司、鞍山市、辽宁省乃全国劳模创新工作室的品牌与典范。2012 年工作室被授予"鞍山市技能大师工作站"，2013 年被全国机械冶金建材系统命名为"模范创新工作室"，2014 年辽宁省总工会授予工作室为"辽宁省劳模创新工作室"，同年"李晏家创新工作室"被中华全国总工会授予全国"劳模创新工作室"，2015 年鞍山市授予工作室为"鞍山市劳模创新工作室"。

（文　达）

栗印伟：钢钎舞动，写下别样人生

栗印伟，1964 年生，辽宁绥中人，1985 年在鞍钢弓矿井下铁矿工作，1998 年 8 月加入中国共产党。历任 −220 米东车间掘进工人、−180 米车间凿岩工、−180 米车间掘进队队长。先后荣获鞍钢集团劳动模范、鞍山市特等劳动模范、辽宁省劳动模范、全国五一劳动奖章、全国劳动模范等荣誉称号。

栗印伟是井下采矿的楷模，以技术创新和高效管理引领井下采矿行业。

提起井下铁矿 -180 米车间掘进队长栗印伟，熟知他的人都会在心中充满敬佩。之所以如此，缘于他在艰苦岗位上做出的不平凡业绩，缘于他对矿山发展作出的突出贡献。初识栗印伟，你很难把那些感人的事迹同眼前这个人联系起来，你很难相信，在这个相貌平平、言谈质朴的普通工人身上，竟然蕴藏着那么大的创造力，有着那么执着的人生追求。当你走进他的工作、走进他的心灵深处时，你就会对他更加肃然起敬。

值得信赖的"攻坚专业户"

采矿工作以井下最苦，井下生产又以掘进最累，掘进作业又以"切割井"掘上最险。栗印伟就整天"钉"在这又苦又累又险的工作岗位上，每天与阴暗潮湿相伴，与泥浆油污粉尘为伍，与震耳欲聋的噪声共处，与随时可能发生的掉渣、片帮等险情相搏。无论冬夏春秋，栗印伟和队友们每天都要穿上厚重的雨衣雨靴，在几米到十几米高度不等的段上爬上爬下，上梁子、挂金属钩、铺设板台、运送和悬吊凿岩机具，垂直向上打眼时，回喷的泥浆和油污在脸上、身上，从松动的袖口、领口灌进了内衣里，一个班下来，就是一个"泥人"。然而就是在这样的岗位上，栗印伟一干就是 13 年，13 年里，栗印伟以苦为乐扎根井下，以钢钎为笔书写着闪光人生。在栗任伟的带领下，掘进队月月超额完成掘进计划，是急、险、重工程的"克星"，他的掘进队连年获得鞍钢人武部"标兵民号"称号，全矿各级领导更是感慨地称他为车间的"攻坚专业户"。

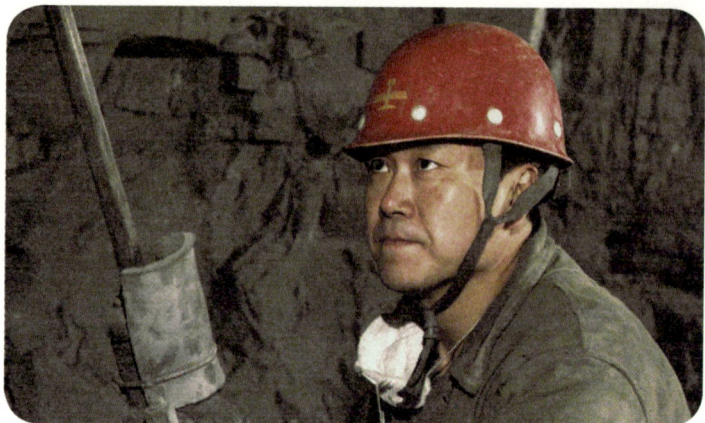

· 栗印伟正在井下打眼

　　-180 米车间是井下铁矿的一个平硐车间，这里岩层种类复杂，采场条件变化大。一年春节前，该车间 8229-1 矿块因地质条件发生变化、矿石品位波动大，影响矿石输出。产量缺口一旦扩大，不仅会波及全矿生产，职工工资也会受到较大影响。车间召集了所有技术人员、掘进队长共商对策，最后大家一致认为，作为应急措施，必须在 8229-4 部位重新开拓一条耙道，用高品位矿石与 8229-1 矿石中和，才能确保输出。由于岩层硬，大家推测凿通这条耙道起码需要 20 多天。主任摇头："20 几天不行，时间长矿石接续不上，肯定影响全矿生产大局，谁能半个月拿下这个活？"大家面面相觑，谁也不敢接这个话茬儿。大家将目光落在了栗印伟身上，只见栗印伟坚定地说道："让我们队来干吧！"望着栗印伟，主任斩钉截铁地说："工期越快越好！"

　　越快越好！就为这个，栗印伟和队友竟只用了 8 天时间就掘通了整条耙道，硬碰硬完成任务的同时，工程质量、规格完全符合设计要求。许多人对此感到难以置信。是工期排得太虚吗？是领导的尺度定得太宽吗？都不是！大家心里清楚，为了使车间及早摆脱困境，渡过难关，栗印伟带领掘进队每天两个班连着干，饭在洞里吃。为了抢时间，他从车间紧急调拨局扇加强通风，爆破之后加速炮烟散去，然后马上回到掌子面组织清渣。工程很快投入使用，车间的生产指标又恢复正常，每每谈及此事，工友们总是感慨地说："栗印伟行，救了车间的驾，帮了车间的忙啊！"

整天与矿石和岩石打交道，真好像与成"摞"的难题打交道。有一次在 8229-4 块打切割井，打到 20 多米深时、突然遇到"自然电"，整个掌子面摸哪儿哪儿有电，一量电压竟有 42 伏，操作工人被电得两臂发麻。电从哪里来的呢？技术人员分区分段地停了所有的电源也未能查出掌子面带电的原因。在超出安全电压的情况下继续操作无疑是违章的、不安全的，这是绝对不允许的。而舍弃掉这条切割井，浪费工程量不说，势必将损失一部分矿石资源无法回收，损失又是巨大的，也是不可取的。此时，栗印伟又默默地站出来。经过数次尝试之后，他用五六层塑料袋套在手上作为绝缘层，操纵机器作业，虽然也难免有时偶尔"触电"，但最终栗印伟还是安全地凿通了"带电"岩层，把又一个难题踩在脚下。大家都说："关键时刻还得是栗印伟上！"

说打"切割井"作业危险，是因为你必须天天、时时无法回避地面对悬在头顶的"险情"。一排炮响过之后，你不知道头顶上掌子面究竟是什么情况，必须在无法预知险情的情况下，爬到掌子面尽头去处理可能存在的险情，在无法回避又必须涉足的险情面前，栗印伟总是第一个冲上去，处理"悬顶"的活渣，为全队的安全生产创造条件。有一次在 8229-2 矿块打切割井时，岩种发生变化，遇到了绿泥片岩，并几次大面积脱帮，防护木棚两次被砸坏。在险情不断的情况下，为确保矿块按期安全投产，栗印伟劝退了队里其他工友，带着一名经验丰富的老工人爬到岩层松软的部位，在一系列的凿岩打眼，安放锚杆，焊接金属网罩操作后，险情得到了全部排除。栗印伟就是这样，每天周旋在"急、难、险、重"之间，为车间生产充当着"开路先锋"。

名声在外的"专家掘进工"

在 –180 米车间，大家都佩服栗印伟，除"急、难、险、重"时刻，他能一马当先之外，栗任伟还具有现代工人的创新意识，尤其是有着掘进的几手"绝活"，加上吃苦耐劳的精神和干劲，才能让他与队友破纪录式连续多年超额完成掘进任务。

栗印伟的第一手"绝活"是他独具特色的凿岩、爆破技术。他独创的"川字形"的"槽心孔"布置方法。凿岩爆破，讲究"七分打眼、三分装药"。其中最关键一环是"槽心孔"如何布置。传统通用的"工"字、五星、梅花、米字形等布孔方法，存在"炮眼"长，不起"鼓"，爆破效果差等问题。栗印伟为了改善爆破效果，他潜心研究各种布孔方法和爆破原理，总结和自创了"川字形"的布孔方法。这种方法比传统的布孔方法少凿两个孔，可提高凿岩效率5%，省时省力；隔孔装药，降低了成本，整套工序年可节约费用18000元；起爆效果好，掌子面规整，工程质量高顶板活渣减少对安全生产极为有利。

栗印伟的第二手"绝活"是他的"上山开帮"技术。在水平掘凿2米规格的耙道时，按设计要求，水平掘进4米后开始垂直向上掘凿漏颈，以前人们总是习惯地在掘进不到4米时就开始逐渐掘高耙道，以便可以向上支开凿岩机。这样做虽然方便了工作，却给矿漏投产后带来很多问题。为了打出合乎设计要求的高质量工程，栗印伟经过仔细琢磨，采用直眼、斜眼相结合的凿岩方法进行开帮，独创并率先使用的"上山开帮"技术，不仅节省一半时间，而且凿孔数目、凿材费用、火药使用量也节省一半。靠这种执着的敬业精神和科学头脑，栗印伟与队友一道打造了多个线路平直、误差小、质量高的采掘"样板工程"。

精打细算的"过日子好手"

−180 米车间，人人都熟知栗印伟节能降耗的三件小事。一是 3 年不领一台凿岩机，二是 14 个月不换一条风水绳，三是一年不领一盘照明线。

凿岩机是凿岩工的武器，是掘进队吃饭的家伙。一台 YT−45 凿岩机购价为 4800 多元。由于井下矿地质条件差、岩种偏硬，一台打"上山"的 YT−45 凿岩机通常只能使用三四个月，便会因为风腿子站不起来而提前"退役"。多少年了，大家对此已经是习以为常了，退旧领新大家更是视为天经地义的事了。然而栗印伟不这样想，他觉得一台凿岩机 4000 多元，几个月就扔了不用太可惜了。为了节约成本，必须得把躺在仓库里的那些机器恢复起来。栗印伟利用工休时间分解了几台机器，终于找到了调压阀损坏是凿岩机提前报废的原因。栗任伟同电焊工对调压阀进行补焊长肉，再用锉刀仔细修正，退役的凿岩机又活了过来。从此，利用空暇时间修复凿岩机又成了栗任伟的一项乐趣，3 年未领新凿岩机的他，给车间节省了近 10 万元的开支。

· 栗印伟在修理旧机器

　　风水绳是掘进作业的一种常耗材料。一般的组队，三四个月消耗一条风水绳是常见的事，井下作业条件恶劣，几个月消耗一条风水绳，谁也不会提出什么疑议。然而栗印伟不这样想，他认为降低成本节约费用要从每一个工作环节、每一件小事上做起，虽然风水绳不值几个钱，但就是一分钱的东西也不能随意毁坏。在风水绳的使用上，他经常提醒队员，风水绳不能被油浸、不能在拐弯抹角的地方硬拉硬拽、不能被石头砸伤、不能随便打折。每排孔凿完，他们都小心翼翼地撤下风水绳，顺丝顺缕地绑扎好，收回去。遇有拉坏、扎漏的地方，他们就用一小截铁管重新连结，继续使用。就这样，他们队14个月没有新领一条风水绳。

　　在漆黑的井下作业现场，电灯电线是凿岩工时刻也离不开的眼睛，电线的消耗也是顺理成章的事，栗印伟他们每天布置照明线都认真研究线路走向，力争不刮不碰，固定线路。爆破前，他每次都把电线撤到崩不到、碰不着的安全部位。一年下来，他们队不用领一盘新电线。还有，凿岩用的钎头一般要研磨三四次，而他的钎头要研磨四五次。为了减少木材消耗，他总是在放炮前，不惜多费力气回收板材，平均每凿一条切割井就可节约3立方米多木材，折成成本费用4800元左右。以小见大，见微知著，栗印伟就是这样从每件小事做，履行着他的主人翁职责，大家都夸栗印伟真是一把"过日子"的好手啊！

　　栗印伟是平凡的，之所以平凡，是因为他每天都在重复地做着平凡人所做的平凡的事；但栗印伟又是不平凡的，之所以不平凡，是因为他在平凡的岗位上做出了不平凡的业绩。他多次获得井下铁矿、弓矿公司先进生产者标兵，2001年被鞍钢集团公司评为劳动模范，2002年被鞍山市评为特等劳动模范，2003年被辽宁省评为劳动模范，2004 年荣获全国五一劳动奖章，2005 年荣获全国劳动模范。

回头看，栗印伟身后是一串闪光的足迹；往前看，栗印伟继续迈着他那坚实的步伐。

（韩鹏飞　谢乃光　王希铁）

杨延："切分王子"

◆ 人物档案 ◆

杨延，1968年生，贵州遵义人，中共党员，首钢水钢集团公司钢轧事业部主任工程师，全国劳动模范，国家级"劳模示范性创新工作室"领衔人。贵州省第八届优秀青年科技工作者、首钢工匠、六盘水市第三届市管专家。

一辈子只做一件事，把钢轧好，轧出好钢，青春无悔，此生无憾。

——杨延

奋楫争先，学生娃追逐轧钢梦

1991 年 7 月，23 岁的杨延从华东冶金学院（现安徽工业大学）毕业后，就扎根到水钢原第二轧钢厂，成了水钢的一名工艺技术员，从此与轧钢工艺结下了不解之缘，这一干就是 30 余年。

虽然水钢原第二轧钢厂从欧洲引进的是二手小型材轧线，但其技术水平在当时国内仍属领先，并填补了贵州钢铁行业建筑用材的空白。进厂之初，杨延被安排在生产一线的加热炉操作工岗位工作。年少轻狂的他，面对理想与现实的落差，也曾彷徨，也曾迷惘，但他终究选择了一条不甘平庸的道路。那些日子，他没完没了的"为什么"让老师傅们又爱又怕，凭着对专业的热爱和永不服输的劲头，遇到问题便没日没夜地啃书本找答案，令工友们百思不得其解。很

· 杨延在劳模创新工作室翻阅专业书籍

163

快，他便熟练掌握了加热炉的操作技能，成为第一个独立驾驭国外设备的学生娃。

然而，国外设备虽好，却时常面临原厂备件短缺、自行加工又没有图纸的窘境。他便主动请缨，从最初"依葫芦画瓢"地测绘和设计工艺备件入手，不断积累和总结，逐渐成为生产线国产化改造的骨干。1998年，杨延同志调任生产技术科技术员岗位工作，为提高工作效率，他大胆放弃传统图板绘图的方式，自学掌握了在386电脑上用软件制图的方法，从此，国外设备国产化改造进入了快车道，他也迈向了追梦的新征程。

敢想敢干，"切分王子"轧出争气钢

在外行人看来，棒材切分轧制就像一块面皮瞬间被轧成几根面条一样简单，然而，时处20世纪90年代初的中国轧钢业，把一根钢坯切分轧制成两根或两根以上成品的切分技术尚属"高科技"，是国外先进企业的核心机密。

世上无难事，只怕有心人。看着花重金从国外买来的切分轧制技术，在同能耗前提下，可以提升产量30%以上，减少能耗15%左右的现实，杨延是既佩服又不服气："外国人能做得出来，咱中国人为什么不可以？"自此，他就与棒材切分工艺"杠"上了。

2001年年初，杨延开启了自主研发二线切分工艺的"攻坚之旅"。为了心中"不想证明自己不行，不想证明中国人不行"的信念，他像个高速旋转的陀螺，白天夜晚连轴转，有时一干就是两三天，最后，他怕回家太晚影响家人休息，干脆把被子搬到了办公室。

从研发到设计，从试轧到工艺改进，经过一年的努力，ϕ18毫米和ϕ20毫米圆钢二线切分轧制技术终于研发成功并获得国家专利，

·杨延在生产现场对投用的轧辊进行检查

2001 年水钢单线钢材产量提高 38%，吨钢综合能源节约 15% 以上，年直接经济效益达 1400 万元。

事实证明，"外国人能做到的，咱中国人一定能做得更好"。2001 年，杨延先后完成了 ϕ20 毫米、ϕ22 毫米两个规格二线切分工艺设计，每年为企业创造直接经济效益达 1000 万元以上。同年，他把目标瞄向了更为前沿的四线切分轧制工艺技术，不仅设计出了 ϕ12 毫米热轧带肋钢筋四线切分工艺路线和孔型系统，还设计出了最关键的切分工艺件。经过不断优化改进，ϕ12 毫米热轧带肋钢筋四线切分工艺取得圆满成功，填补了国内自主开发空白，并赢得了业内"切分王子"的美誉。

紧接着，杨延又向有"轧钢工艺顶峰"之称的五线切分工艺技术和 ϕ18 毫米、ϕ20 毫米右旋锚杆二线切分工艺技术发起挑战，并于 2018 年，先后成功实现常态化批量生产。其中，ϕ10 毫米、ϕ12 毫米热轧带肋钢筋五线切分工艺创造了国内同行率先自主开发棒材五线切分的先河，技术经济指标达到同行先进水平，ϕ18 毫米、ϕ20 毫米右旋锚杆二线切分工艺技术，每年可创直接经济效益 400 万元以上，该工艺技术属国内首创。

矢志不渝，敬业奉献，誓让钢铁强

2008 年 8 月，中央电视台、《中国冶金报》等媒体刊播水钢抗震钢筋研发和营销专题新闻。随后，国内多家报刊、网站给予关注，水钢抗震钢产品横空问世，为我国提高建筑抗震级别提供了技术和产品支持。这一成果，就是杨延领衔的技术团队和上游铁、钢冶炼技术人员的智慧结晶。

30 多年的工作经历，是杨延敬业奉献的缩影，也是他和同事们致力于高技术含量、高附加值产品的研发生产的写照。

2008 年，杨延对高线品种钢轧制工艺进行优化，解决了 SWRH82B 钢绞线轧制过程中的控冷工艺和产品性能稳定性的难题。产品性能达到国际一流水平，得到用户一致好评，成为国内知名厂家战略合作伙伴。

2014 年，他参与完成 ϕ14 毫米 KYSWRH82B 工艺设计工作，产品各项指标达到国内同行领先水平，极大增强了水钢公司产品的市场竞争力。

2018 年，他参与的贵州省重大专项课题"高性能钢筋产业化及在高墩大跨径桥梁中的示范应用"及贵州省工业和信息化发展专项资金计划"高强度矿山用钢的研究与开发"项目，较好地完成其承担的工艺方案制定、工艺设计、现场技术指导等工作。项目通过贵州省组织的专家组验收。同年，他完成了 ϕ18 毫米、ϕ20 毫米，ϕ22 毫米、ϕ25 毫米热轧带肋钢筋二线切分工艺路线的优化，使 4 个规格生产工艺由 4 套孔型系统从 K3 孔简化为 2 套孔型系统，每个规格减少了 7

对轧辊储备量和轧辊车削量，降低了规格改换的工艺作业时间和一线作业劳动强度，每年可创直接经济效益300万元以上，该工艺技术为行业首创。

不忘初心，逐梦前行，当须更尽力

人生能有几个十年？杨延的3个十年，奋斗始终与时代合拍，不负青春，奉献韶华。2021年，在喜迎中国共产党成立100周年的喜庆日子里，作为第二代三线建设传承人，在回顾30年的人生历程时，他深情地说："在党的关怀，组织培养和前辈领路下，我才能永记初心，不忘人生理想，才有赓续逐梦情怀的根基。"

回望来时路，从水钢初引进棒材二切分轧制工艺时，他作为工艺技术员，居然"丈二和尚，摸不着头脑"，这也深深刺激了他，激励了他。然而，就在他深感探索无门，于黑暗中独自探索之际，身边的党员同志、师傅们、骨干们都站了出来，"是他们带着我，一起把担子挑了起来，协力一心攻克无解难题"，从此以后，他有了一个更深的愿望——成为他们中的一员，一名关键时刻站得出来、顶得出去的光荣的中国共产党党员！

让他倍感自豪和欣慰的是，30多年后的今天，杨延不仅实现了成为一名光荣中国共产党党员的愿望，还在自己领衔的"劳模创新工作室"平台培养和见证了一批又一批党员、骨干继续奋斗，攻坚克难。先后自主开发出棒材不同规格二、三、四、五线切分轧制技术，并很快实现常态化批量生产，不仅为企业创造了可观的经济效益，而且捍卫了水钢切分轧制技术在行业内的领先地位。在他领衔下，国家级"劳模示范性创新工作室"平台创新机制，广泛吸纳一线职工加入团队，积极参与技术进步、小改小革等活动，让他们在实践中不断磨砺成长，不断夯实推动水钢高质量发展的人才基石。他先后培养出 3 名高级工程师、4 名工程师、4 名高级技师、7 名技师，6 名优秀同志被选拔到公司管理部门和事业部作业区管理岗位工作。

"他有一颗值得敬畏的赤子之心。"在同事看来，杨延就像一只蚂蚁，小小的身躯却总能扛起巨大的责任。滚烫的钢铁不断从杨延的身旁切分而过，汗水湿透了他的工作服，但他那瘦小的身躯，却在那火红的光照下，显得越发高大。

今天，全国人民在以习近平同志为核心的党中央坚强领导下，在实现"两个一百年"目标的征程里，人人团结一心，个个埋头苦干。置身于这个最好的时代里，杨延说："'三线'建设者们艰苦奋斗、无私奉献的精神，是我们至今难以逾越的精神标高，我还要延续好我的钢铁梦、轧钢情，在余生里把工作做得更好，让梦想更为宏大，不仅要为水钢高质量贡献一己之力，还要为振兴贵州、兴黔富民作出更多贡献！"

相信，在不远的将来，他一定能够再次梦圆！

（李　云　吴向东）

李玉田：在冰火洗礼中砥砺前行的时代"愚公"

· 人物档案 ·

　　李玉田，1948年12月生，河南济源人，中共党员，教授级高级工程师。现任河南济源钢铁（集团）有限公司党委书记、董事长，兼任中国特殊钢协会副会长、中国科技发展基金会理事。1993—2023年，先后荣获河南省劳动模范、全国五一劳动奖章、全国劳动模范、中国优秀企业家、河南省优秀民营企业家、河南省年度经济人物、中原企业家终身成就奖、改革开放40年河南卓越贡献企业家、2021第一届"河南慈善之星"、2020—2021年度河南省优秀企业家、中国科技馆发展基金会第五届科技馆发展奖等荣誉，获颁"庆祝中华人民共和国成立70周年"纪念章，跻身中原企业家十大领军人才、河南省脱贫攻坚十大领军人物、济源市十大当代愚公人物。

30 余载守初心，华发无悔铸钢魂。以人为本，锐意改革。有铁无钢的企业，涅槃重生为世界钢铁 100 强，抗击钢铁"寒潮"，演绎"改制 20 年，纳税 100 亿"的神话，打响国泰品牌，铸就"钢铁王国"。

时代"愚公"

李玉田带领河南济源钢铁（集团）有限公司（以下简称"济钢"）应变而立，虽年过七旬，但越战越勇，在他身上体现的是新时代企业家特有的家国情怀、创新精神、使命感和愚公般的执着与奉献精神。

1993 年，国家为治理经济过热实施了宏观调控，受此影响，加之当时国企机制不活，部分企业经营不善，很多地方小国企经营十分困难。当时济钢是一家地方国营小铁厂，因部分员工对经营现状不满，封门、堵路、告状，持续半年没有厂长，面临停产的危险，危难之时，上级委派李玉田过来救急。

正处于人生仕途上升期中的李玉田，曾先后任济源市第二工业局局长、焦作轻工局副局长、武陟县人民政府副县长、焦作市人民政府副秘书长兼经济协作办公室主任。在毫无思想准备的情况下，被焦作市委委派来到济钢任职，可谓临危受命。

一进入济钢，发现困难比想象的还要多：规模小、装备差、效益低，4000 名员工的工资拖欠数月等待发放。彼时的钢铁厂并不生产钢，生铁是唯一的产品，货款积压。李玉田一年中有一大半时间都要亲自去一些钢厂讨账。所以当务之急就是延伸济钢产业链，把生铁炼成钢，把钢坯轧成钢材。济钢的发展蓝图由此在他的脑海里生根，并徐徐铺展，走上了一条旷日持久的技改之路。

他治理下的济钢，始终坚持"发展才是硬道理"，先后完成企业四次产品转型，五次百万吨跨越和四次产品结构升级，把年产生铁仅16万吨的单一炼铁企业发展成为河南省第二大钢铁联合企业和中国中西部地区最大的特钢企业。先后跻身中国企业500强、中国制造业企业500强、中国民营500强企业、中国装备制造业100强、世界钢铁企业100强等，进入中国特钢行业核心阵容。

汇聚能量　交出优秀答卷

李玉田带领班子成员弘扬"诚信、创新、求实、奋进、忠诚、奉献、共创、共享"的济钢精神，探索非公有制企业"转方式、调结构、加快传统产业转型升级"的发展模式，汇聚正能量，谱写了企业由普到优、由优到特、由特到精的优特钢发展新乐章。

人们常常感叹，历史的转折期，紧要处也就几步。

2000年，为顺应国家国企改制的大潮，在李玉田提出的"要改就要真改，要触及产权地改"的思想指导下，济钢人在济源市委、市政府的领导下以破釜沉舟的勇气开始了企业产权制度改革，并彻底改写了企业的命运，推动了企业发展，也使这个地方钢厂在钢铁界名噪一时。2001年11月18日，企业5000余名员工共同出资，收购了企业的国有资产，组建了全员持股的民营企业，成为中国钢铁界产权改制第一个吃螃蟹的企业。

2002年11月8日，随着党的十六大召开，全国掀起了国企改革的高潮，一时间"让一切创造财富的源泉充分涌流"的东风吹遍祖国大江南北。而彼时的济钢在崭新的体制下正加足马力推动项目大干快上，创造了"一年相当于四十年"的发展速度。

济源钢铁因改制而得到蓬勃发展，显著的业绩被传为佳话，并迅速被公众和媒体推到了聚光灯下。2003年3月，在河南省委、省政府召开的"全省国有企业改革工作会议"上，李玉田在会上介绍了济钢改制的经验，引起关注。随后一周《河南日报》头版即作了题为《为企业铸造一个起飞"平台"——关于济钢产权制度改革的调查》的长篇报道。同年9月，由中国钢铁工业协会在济源召开了"中国钢铁企业深化产权制度改革与创新薪酬制度研讨会"，重点推广了济钢的经验，认为在全国钢铁企业中，有较高的借鉴价值，并在《冶金管理》杂志上刊登了企业改制经验。2006年6月，董事长李玉田做客河南卫视《中原焦点》栏目，河南卫视认为，济钢改制的意义不仅在于救活了一个企业，济钢改制的经验也许能给其他正在改制的国有企业带来一些有益的启示。

改制为济钢的发展插上了腾飞的翅膀，以李玉田为首的班子决策者从改制前的注重眼前效益到改制后的着眼长期战略和远景规划，改制23年间，企业技术装备大型化，钢产量相继实现了100万吨、200万吨、300万吨、400万吨、500万吨的超越，企业不仅跻身中国优特钢企业核心阵容，而且进入世界钢铁企业100强。

目前，济钢具备年产铁、钢、材各 500 万吨的产能，销售收入超 300 亿元。2021 年，济钢改制 20 周年，向国家交出了"改制 20 年，纳税 100 亿"的答卷。相比改制前，钢产量增加了 11 倍，销售收入增加了 37 倍，利润增加了 53 倍。

驱动绿能　建设生态钢企

李玉田是绿色产业的驱动者，创立了"资源减量耗费—生产高效优特钢产品—废弃物综合利用、回收利用、再生利用、循环利用"的反馈式非线性发展模式。按照"布局合理、提升装备、优化物流、封闭料仓、抑制扬尘"的思路，济钢先后投资 30 多亿元，实施了 100 多项环保治理改造，完成了烧结机、高炉、转炉等工序 105 个有组织污染源、1530 个无组织污染源的治理工作；建设了 12 座物料密闭大棚，累计封闭堆场面积约 16 万平方米，建设原煤筒仓 6 座、焦炭筒仓 6 座、石灰石原料筒仓 4 座、矿渣微粉筒仓 2 座，共计储存量 8.5 万立方米；完成了国家要求的有组织和无组织的超低排放治理。"高炉冲渣水余热利用"的实现惠及社会民生，冬季对周边村民及城市居民区供暖，总用户达 8000 多户，供暖面积超百万平方米，体现了钢厂和城市共融共生。目前已经实现全流程超低排放，环保治理效果全部达到了国内一流、行业领先水平。

勇担责任　不忘回馈社会

李玉田热心公益慈善事业，带领济钢发挥企业优势，助力脱贫攻坚，先后向老区建设促进会、济源慈善总会、灾区、当地教育事业、济源市总工会、河南省敬老助老总会、河南抗洪救灾、济源美丽乡村建设等累计捐资超过 6000 万元，其中，2018 年 6 月，向"济源市扶贫基金"一次性捐赠 3000 万元；2020 年以来，他又将慈善聚焦科普事业，先后向河南省新乡一中、济源一中、洛阳一高等三所高中捐资 1200 万元建设了四所数理探索馆。2024 年出资 1200 万元，救助铁山河矿区周边硅肺病群众，彰显企业担当。

与时俱进　推动高端发展

李玉田治理下的济钢，始终聚焦科技前沿，放眼世界，由他倡导并成立了河南省特殊钢材料研究院有限公司，并联合钢铁研究总院华东分院、南阳汉冶特钢、洛轴、轴研科技、许昌远东、河南巨力等实力伙伴致力于钢铁新材料的研发与生产，致力于把产、需、研、用的多方合作推到一个更高、更新的水平。

如今，济钢已经成长为优特钢行业的重要力量，成为中国特钢协会唯一一家民营性质的副会长单位。济钢的特钢产品和中信特钢、宝武特钢、东北特钢等企业一道成为国内外汽车、工程机械、军工、铁路、核电、风电等装备制造的优秀材料供应商。

发挥表率　形成全球影响力

2004 年，李玉田带领济钢进行技术改造和产品结构调整，经过 20 余年的努力，济钢于 2021 年被科技部火炬中心批准为高新技术企业，列入河南省 2021 年第一批备案的高新技术企业名单，标志着济钢的主导产品迈入了国家高新技术产品行列。

2021 年大型纪录片《钢铁脊梁》播出，济钢作为中国优特钢生产基地走入央视，成为钢铁企业的表率。2022 年济钢的优特钢棒线材生产基地及区域加工中心建设也写进了《河南省钢铁行业"十四五"转型升级实施方案》，并由河南省工信厅牵头连续举办了五届区域加工中心现场会，为河南制造和中国制造迈向高质量发展起到了积极的推动作用。

李玉田对济钢的未来信心满怀，他将带领济钢人继续扛起振兴民族工业的使命与责任担当，听党话，跟党走，为推进中国式现代化进程贡献济钢力量。

（苏晓春）

李龙珍：激情燃烧的钢铁人生

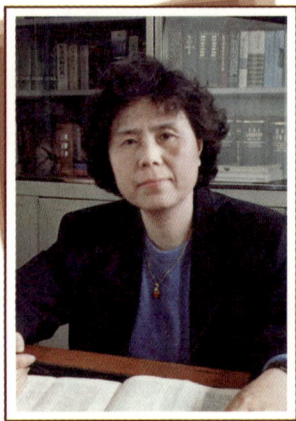

● 人物档案 ●

　　李龙珍，1945年7月生，北京人，中共党员，1968年毕业于北京钢铁学院（现北京科技大学）。1968年12月被分配到鞍山第三冶金建设公司工作，1970年调入鞍钢设计院（文革期间改称"鞍钢设计服务队"）。历经鞍钢的技术改造工程项目学习和锻炼，从技术员成长为教授、研究院级高级工程师，历任自动化室副主任、计算机室主任、鞍钢设计研究院副院长、院长、技术顾问等职务。先后被评为鞍钢技术专家、鞍钢的先进生产者和劳动模范、鞍山市劳动模范、鞍山市学科带头人、市优秀女知识分子、市科技拔尖人才、市科技标兵和鞍山市首届"十大女杰"和辽宁省十大杰出女杰、辽宁省"优秀共产党员"、中央企业优秀共产党员、全国优秀科技工作者、全国先进女职工、全国城镇妇女"巾帼建功标兵"、全国"三八"红旗手等称号、中国勘察设计大师、全国劳动模范、全国优秀共产党员，并荣获建国70周年的荣誉奖章、全国五一劳动奖章。

病魔击不倒，金钱不能动，困难压不垮，追求无止境。

——摘自《中国青年报》相关报道

鞍钢，这个业绩辉煌的"共和国钢铁工业的长子"，在她的发展历程中培育出一代又一代英模人物。在振兴东北老工业基地这场"新辽沈战役"中，这里又走出了一位模范共产党员——李龙珍。

李龙珍同志原任鞍钢集团设计研究院院长。曾先后被授予鞍钢和鞍山市劳动模范、全国优秀科技工作者、全国三八红旗手、"全国工程勘察设计大师"等荣誉称号。她不息追求、不懈奋斗的精神，集中体现了"创新、求实、拼争、奉献"的鞍钢精神的实质，生动诠释了共产党员先进性的深刻内涵。她用燃烧的激情谱写了一曲生命的强者之歌，为党旗增添了光彩。

矢志不渝

1968年，开往东北的列车载着23岁的北京姑娘李龙珍来到鞍山。那年她从北京钢铁学院毕业，她便把自己的人生理想融入鞍山这片热土，把青春年华与鞍钢紧紧地维系在一起。当时，孟泰、王崇伦、雷锋等鞍钢老一代英模人物的名字已传遍祖国四面八方，她暗下决心要成为像他们那样的人。在设计院工作的这人生最宝贵的37年时光里，无论走到哪个岗位，都一步一个脚印地践行自己的理想信念。

1995年，鞍钢建设一条具有当代国际先进水平的1780轧钢生产线，该工程被称为鞍钢的"希望工程"。公司决定让时任设计院副院长的李龙珍担任自动化控制系统基础自动化和现场调试总负责人。时年已经50岁的李龙珍满腔激情被这莫大的信任所点燃，和现场工程技术人员紧密结合，以最快的速度拿出了科学、缜密的设计方案。

在 1780 工程施工阶段，李龙珍天天坚守在施工现场，协调设计和施工接口，常常工作到后半夜，经过 31 个月的努力，1780 工程顺利竣工。日方技术人员钦佩地说："建设同样一条生产线，国际纪录是 36 个月，在北方还要加 6 个月，你们鞍钢人真了不起！"

·李龙珍（左一）到现场指导设计人员工作

而后，鞍钢又一"希望工程"——1700（ASP）生产线的设计任务又落到了设计研究院，李龙珍又开始了"领衔主演"。她组织设计人员与现场工程技术人员紧密配合，总结了世界热轧生产的经验与教训，对方案进行反复论证，在工艺、设备、自动化系统集成上进行了大胆创新，开发了一系列新工艺、新技术、新设备，有效地解决了中薄板坯和精轧温度的衔接、铸机与轧线生产节奏等许多工艺问题。特别是自行研制、设计和集成的用于热轧控制的超高速网结构快速计算机控制系统，保证了产品的高质量。这条生产线是完全由鞍钢人自己设计、拥有完全自主知识产权的具有国际先进水平的现代化生产线。它的成功意义非同寻常，改写了长期以来我国连铸连轧带钢生产线依赖国外成套引进的历史，实现了几代冶金人的夙愿。

李龙珍主持完成的鞍钢大型技术改造工程设计项目，除 1780 和 1700 生产线及西区改造外，还包括三炼钢 RH 真空处理，一、二、三炼钢脱硫扒渣，大型厂短流程重轨生产线，无缝 AG 机组、厚板、线材、中板厂改造，冷轧 2 号生产线酸再生工程、彩涂线、镀锌线及高炉区改造的设计。这些改造项目无一例外达到了同行业投资最少、见效最快，技术水平最高的目标。

求知若渴

"我前行的动力有两个：一是对知识的渴求；二是对企业的回报。学习于我是一种乐趣。我每天早晨都要看 40 分钟的书，不是专业书就是外文读物，这样一天才会觉得充实。"

由于疾病，李龙珍身体不好，又是年近花甲之人，外人无法想象她如何会保持如此旺盛的精力，拥有如此广博的知识和新锐的思想。熟悉她的人都知道，李龙珍是一个对学习几近痴迷的人，头脑中不断充填的新知是她重要的精神支撑和前行的动力。

李龙珍在经过一年的现场施工实习后调入了设计院，施工单位一年的工作使她了解了工程设计及了解新技术对施工及建成后的工厂生产产品及效率的重要性。1976 年她争取到去上海交通大学进修计算机控制技术的学习机会，成为设计院首批计算机专业人员。此后，她利用业余时间在鞍山科技大学（现辽宁科技大学）读了三年半的自动化专业的夜校，学习现代冶金生产自动化计算机控制技术；为适应鞍钢工程引进设备的需要，同时参加英语口语听力和日语的学习。由于掌握了最新的工艺、自动化技术和英语，工作游刃有余，在热轧 1780 项目谈判中，她指出了意大利丹涅利公司报价中的严重技术错误，当时丹涅利公司总裁和王明仁经理提出用年薪 50 万美元的工资请她到丹涅利公司工作，热爱鞍钢的李龙珍婉言谢绝了。

1988 年，李龙珍为引进设备代表鞍钢与日本住友金属株式会社进行谈判。这是一场谈判，李龙珍称其为一场"斗争"。"斗争"中，日方代表先发制人，对一些附加设备开出高价。而熟知这些设备技术含量的李龙珍毫不示弱，原则问题寸步不让。最终日方答应将这些附加设备以最低的价格卖给鞍钢，并协助鞍钢对旧系统进行改造，他们共同完成了针对鞍钢厚板生产的过程控制软件。这次"斗争"的"战果"是，李龙珍为鞍钢节省了几百万美元的资金。

笑对人生

"近年来，我身体总是在'精简机构'，7 年之内做过三次大手术，三次都是全麻，任人宰割。现在，我的精神状态很好，只有工作，我的生命才有意义。"

——李龙珍

她既是一位出色的指挥员，又是一位优秀的战斗员。她亲自承担了若干个重点工程关键和高技术含量的计算机自动控制系统设计工作，组织软件编程和指挥现场调试。由于过度的劳累，她病倒了，7 年之内做了 3 次全麻大手术，但她每次都是工作到手术的前一天下班。手术后来不及完全康复，就又回到了工作岗位，甚至刀口还没拆线，在病床上就开始了工作。

1996 年，刚摘除了直径有 10 多厘米的卵巢肌瘤，出院当天医生叮嘱她至少休息 3 个月。第二天，李龙珍就面色苍白地出现在 1780 的谈判桌上。

2000 年 6 月，李龙珍做了颌下腺摘除手术。手术的前一天晚上她坚持为北京科技大学博士研究生写完了评语，一直忙到半夜。手术后第三天，李龙珍就在病床上和同事们一起研究脱硫扒渣 PLC 系统集成问题。

2003 年 1 月，李龙珍被确诊为乳腺癌，在入院治疗前，一直以饱满的热情工作在设计、施工服务现场。直到在去沈阳手术的前一天，在院领导民主生活会上，她才将去沈阳治病的消息告诉大家，并拜托大家做好院内工作。术后她一边工作一边进行治疗，以顽强的毅力忍受了常人所不能忍受的痛苦，克服了种种难以想象的困难。头发脱落了，面容憔悴了，然而她始终以坚强的意志和旺盛的精力，一直坚持在工作岗位上。鞍钢集团公司总经理刘玠闻讯后，反复嘱咐李龙珍身边的工作人员："她是我们鞍钢的功臣，一定要去最好的医院，请最好的医生。"手术后的第三天，当同事们到医院看望她时，她正坐在病床上，聚精会神地看工程设计资料。大年三十，李龙珍出院。她不想惊动大家，在她的执意要求下，院里只去两个人接她。然而，当李龙珍乘车行至鞍山高速公路出口时，却发现设计院 100 多名同志正自发地聚集在那里，用鲜花和掌声迎接他们的院长归来。

正是在 2003 年，李龙珍带领全院职工圆满完成鞍钢西区改造工程和代表鞍钢技术输出最高成就的济钢 1700 热轧工程的设计任务。

代表鞍钢技术输出最高成就的济钢 1700 热轧工程的设计任务同时落到鞍钢设计研究院，她组织全院职工放弃节假日休息，完成了这些技术输出项目，同时圆满完成了西区改造工程的规划设计、基本设计和详细设计工作。在鞍钢对外技术输出的济钢 1700ASP 连铸连轧工程设计和现场调试中，她的敬业精神、过硬的技术、精益求精的工作态度，为鞍钢赢得了荣誉，赢得了济钢人的敬佩，受到了当时应邀参加热负荷试车的中国工程院院长徐匡迪院士的接见。

　　李龙珍的名下有太多的荣誉：鞍钢技术专家、鞍钢劳动模范、鞍山市劳动模范、鞍山市学科带头人、鞍山市科技拔尖人才、鞍山市首届"十大女杰"、鞍山市杰出科技人才、全国优秀科技工作者、全国城镇妇女"巾帼建功标兵"、全国先进女职工、全国三八红旗手、享受国务院政府特殊津贴，被授予全国五一劳动奖章。建设部于 2003 年授予李龙珍"全国工程勘察设计大师"称号。由中共鞍山市委宣传部、鞍山日报社和鞍山市广播电视局共同举办的"感动鞍山——2004 年度十大新闻人物"评选中，李龙珍榜上有名。这些奖状和证书她从未拿回家，她老伴直到看了《鞍钢日报》登载的她的先进事迹，才知道她有这么多荣誉称号。

（白　雪）

刘仁东：逆风而飞的巅峰之旅

● 人物档案 ●

刘仁东，1964年3月生，黑龙江哈尔滨人，中共党员，现任鞍钢集团钢铁研究院汽车与家电用钢研究中心首席专家，享受国务院政府特殊津贴。荣获第三届中国金属学会冶金青年科技奖、魏寿昆青年冶金奖，还先后获得辽宁省科学技术奖一等奖、冶金科学技术奖一等奖。带领团队先后开发出第一代、第二代、第三代汽车用钢，使鞍钢成为少数全程开发第三代汽车用钢的钢铁企业。2009年被评为全国劳动模范。

刘仁东脚踏实地，用极高的激情面对挑战，让鞍钢汽车用钢再现往日荣光。

1988年，刘仁东从大连铁道学院（现大连交通大学）金属材料及热处理专业毕业后，一直工作在鞍钢的科研一线，长期致力于热轧、冷轧汽车板用钢的研究开发及推广工作。30多年来，他以赤子之心，高度的责任感，严谨的学术作风，精湛的专业素养，从一名技术员，一步一个脚印地成长为教授（研究员）级高级工程师，技术中心的一级首席技术专家，技术中心汽车用钢研究所所长，鞍钢冷轧汽车用钢项目（A级）课题负责人。先后承担了国家科技支撑计划项目"ASP-冷轧流程生产汽车薄板技术开发"的攻坚重任，辽宁省重大科研项目"采用中薄板坯生产高级轿车板及先进高强汽车板（DP、TRIP）产品、工艺开发"，鞍钢集团公司重点推进项目"轿车用St、Sp、IF深冲系列冷轧板开发""高强冷轧深冲汽车板AIF340开发""低碳及超低碳烘烤硬化冷轧汽车板开发""汽车大梁用热连轧钢板A320L-A610L研制开发"等十余项科研项目。其中，"鞍钢轿车用冷轧IF钢板开发"项目获鞍钢科技进步奖一等奖、鞍山市科技进步奖二等奖，"鞍钢汽车大梁板用热连轧板A420L-A510L研制开发"项目获鞍山市科技进步奖二等奖、辽宁省科技进步奖三等奖，"鞍钢高强汽车大梁板用热连轧板A550L系列研制开发"项目获冶金科学技术奖三等奖、辽宁省新产品二等奖，"鞍钢高强汽车大梁板用热连轧板A610L系列研制开发"项目获冶金科学技术奖三等奖。

刘仁东课题组的工作，为发展中的鞍钢汽车板提供了强大的技术支撑。鞍钢由1999年年产不足3000吨，发展到2009年年产170多万吨。汽车板市场占有率从原一汽一家发展辐射到国内50多个汽车生产厂家。在鞍钢，继老英雄孟泰，走在时间前面的王崇伦之后，刘仁东是又一位为钢铁插上翅膀的时代人物。

1995—1996 年，市场经济的狂风暴雨无情袭来，最先露出冰山一角的是鞍钢痛失了合作多年的伙伴——曾经牢固拥有的中国第一汽车制造厂汽车板稳固市场。鞍钢生产的汽车板，已沦落到连麻雀都不愿落上去！惊人的噩耗，迅疾传遍整个鞍钢。如山的汽车板积压在库房里，占用了大量的资金。鞍钢的经济命脉得不到有序的良性循环，生产得越多，亏损得越多。曾经风光无限的钢铁巨子，此时，因机制陈腐，设备陈旧工艺落后，包袱沉重，已折翅为濒临绝境。由痛失一汽市场引发的"新形势下鞍钢如何生存发展"大讨论，如火如荼地在全体职工中开展起来了。与汽车板生产息息相关的鞍钢技术中心高级工程师刘仁东，内心受到的冲击与震动无以言表。

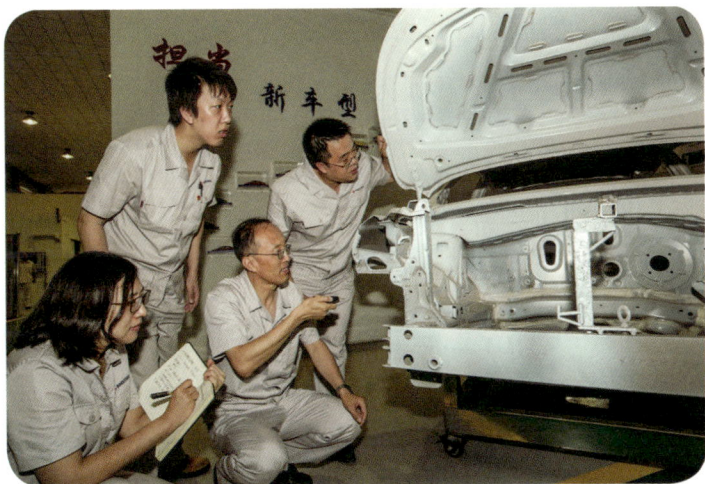

·刘仁东（左三）及其团队探讨汽车车身结构和用材

为了掌握汽车板生产的世界前沿科学技术，他日夜兼程，披星戴月，查阅研读了上千篇文献资料。从金属学到材料应用，从微合金化到控轧控冷，从无间隙原子钢到双相钢，从位错理论到织构理论，收集了大量国内外有关汽车板生产方面的先进技术资料。为了将研发设计变成精良的汽车板，他日夜守在现场，虚心向一线工人和技术人员请教实践经验，快速与科技知识融会贯通。遇到问题，立即查找资料，与现场的工人和技术人员密切合作，在第一时间里拿出解决的措施。原本瘦弱的他，因超负荷运转，长时间吃饭和休息都失去了规律，胃病加重了，病痛时时折磨着他。为了抢时间，他总是怀揣药片，用药顶着，现场随时能看见他越发消瘦的身影。

1999年10月，精心研制的3吨汽车大梁板，满载着鞍钢领导和无数职工的殷切期盼，被运往长春一汽了。他随着一汽副总柏建仁一同来到现场，对大梁板进行抽样检测。气氛分外紧张，凝重得让人透不过气来。一直面色严肃的柏副总，随着抽样检测的各项数据呈现，脸上紧绷着的肌肉放松了下来，露出了笑容。当场，一汽与鞍钢签订了3000吨汽车大梁板的订货合同。人还在途中，特大喜讯已传遍了鞍钢！一个产品质量及售后服务质量双佳，令人刮目相看的崭新鞍钢，出现在一汽和整个中国汽车板市场，由此拉开了鞍钢汽车板起飞的帷幕！

随着"九五"期间的设备改造各大战场频频告捷，鞍钢的冶炼、轧制能力有了翻天覆地的变化。拥有了炉外精炼的RH装置及LF炉，具有世界先进水平1780热连轧机组投产，冷轧酸轧联合机组改造全线告捷，这些现代化的技术装备，为鞍钢搭设了重振雄风的稳固平台。

新的挑战，横亘在刘仁东面前。众所周知，从国外引进一个钢种的生产技术费用，需要上千万元甚至几千万元人民币。为了实现自主研发，鞍钢集团公司领导决定，对技术中心搞产品开发的技术人员进行轿车用冷轧IF钢重点研发项目招标。早就对此摩拳擦掌，志在必得的刘仁东，立即报名参与。在这个事关鞍钢生存发展的关键时刻，他又一次迎难而上！

·刘仁东（左三）率领团队研讨新材料在汽车零部件上的应用前景

那时，IF钢对大多数鞍钢人来说还很陌生。鞍钢集团公司举行的招标答辩会上，却出现了一位对此有深入研究，有相当积累的青年人。他列举了大量有关IF钢的资料，翔实地述说了鞍钢开发轿车用冷轧IF钢板，需要解决的技术难题及应采取的工艺流程预案。经领导和专家论证，众望所归，刘仁东中标为重点科研项目的负责人。鞍钢集团公司召开的科技创新大会上，他与新轧钢公司签订了新产品开发责任状：在一年的时间里，开发并推广轿车用冷轧IF钢板1万吨。

刘仁东一头扎入"超深冲冷轧IF汽车用钢"研制工作中，宵衣旰食，苦思冥想。针对生产IF钢的诸多技术难题，无论是刮风下雨，还是酷暑严寒，坚持深入现场，一丝不苟地跟踪每一炉钢、每一块钢板的实际生产情况。收集了大量的生产试验数据，并按批取样分析产品性能波动情况，研究确定最佳的技术参数，及时调整试制工艺，处理质量波动，指导现场生产。他与现场技术人员、工人一道，细心收集质量数据。反复试制，从一次次挫折中寻找突破口，最终制定出合理的产品试制工艺规程。日日夜夜不间断地奋战下，他仅用了两个月，就研发试制出了各项性能指标达到国际先进轿车用钢标准的冷轧 IF 钢板。

冷轧 IF 钢研发首战告捷，刘仁东熊熊燃烧的激情越发汹涌澎湃。战袍征尘未接，就快马加鞭地投入了新的攻关战役中去。一年里他出差 30 余次，平均一个月内要出差二三次。竟在两个月内 6 次南下江南、7 次北上长春。他同有关部门的人员，跑遍了全国的知名汽车厂家及各大钢铁厂，收集了大量的有关汽车用钢方面的重要资料，不遗余力地向汽车生产厂家推介鞍钢冷轧 IF 钢板。2002 年春天，长春第一汽车集团公司率先决定在红旗轿车上正式使用！随后奇瑞、浙江吉利、二汽风神、悦达、富莱尔、奥拓等十几个著名轿车厂纷纷与鞍钢签订轿车用钢订货合同，当年推广轿车用冷轧 IF 钢板 13500 吨，使鞍钢轿车用钢声名鹊起，在全国汽车行业有了品牌知名度。

多年来，刘仁东同志先后负责和参与了所有鞍钢汽车钢品种、工艺、应用技术的研制与开发工作，实现了汽车钢品种的全覆盖，使鞍钢成为全球少数能够批量生产第一代、第二代、第三代汽车用钢的钢铁企业之一，累计创效上亿元。刘仁东同志带领团队建成了先进的汽车用钢实验室，为鞍钢技术改造、汽车钢市场开发、用户认证提供了技术支撑。刘仁东同志先后获得 2002—2003 年度鞍山市劳动模范；2004 年度鞍钢优秀科技工作者标兵、鞍山市优秀科技工作者；2005 年享受国务院政府特殊津贴；2006 年度鞍山市优秀技术专家；2007

年度辽宁省百千万工程百人层次人选；2008 年度中国金属学会冶金科技青年奖、中央企业劳动模范；2009 年度全国劳动模范；2010 年"感动鞍钢、创新功勋"人物，魏寿昆青年冶金奖等奖项，享受国务院政府特殊津贴。他还是鞍钢优秀共产党员、鞍钢精神文明建设标兵、北京奥运会火炬手。

（黎　燕）

阿不都瓦克·阿不力米提：在奉献中收获在历练中成长

— ❖ 人物档案 ❖ —

阿不都瓦克·阿不力米提，1973年生，新疆人，维吾尔族，中共党员，新疆八一钢铁股份有限公司第一炼钢分厂炼钢工。1999年、2000年度荣获八钢公司民族团结进步先进模范个人，2002年荣获八钢公司劳动模范称号，2005年度荣获自治区劳动模范称号，2009年荣获全国五一劳动奖章和宝钢集团金牛奖，2010年荣获全国劳动模范称号。

阿不都瓦克·阿不力米提深埋希望的胚芽，以信念浇透凛冬的冻土，终将在破晓时撞见春天新生的纹路！

从一个农村的孩子，成长为一个合格的炼钢工，再成为一名全国劳动模范，他用了 16 年的时间。可能有人会说，时光太漫长了。可是他却觉得一点也不长。因为 16 年间，他干的都是他自己喜欢的事，所以痛苦也都是甜蜜的。

与钢铁结缘还要谢谢他的姐姐。他家住在乌鲁木齐县地窝堡乡。爸爸妈妈是地地道道的农民。他在家里排行第四，上面有两个姐姐，一个哥哥。记得那年，他 15 岁，过古尔邦节。刚刚上班的大姐给了他和弟弟一人 5 块钱的压岁钱。那是他平生拿到的最大面值的钱啊，高兴劲就别提了。兴高采烈的同时，他和弟弟端详着这笔巨款：它的正面是一个头像，不是现在的毛泽东头像，是一个工人，手握一个钢钎，戴着一个很特别的鸭舌帽，帽子上还有一个镜子。他正在聚精会神地干活。他好奇地问姐姐："他是谁？"姐姐说："他是一名炼钢工人。"他说："我也要像他一样。"因为，他真的很佩服这个人，能印在钱上面，那是一个多么光荣而自豪的职业呀！姐姐当时就笑着对他说："可以呀，你考上钢铁学校，就能成为五元钱上的人。"

就在那一刻，他暗暗对自己说："好好学习，考钢铁学校，当一名炼钢工人。"

1990 年，中考结束，他以乌鲁木齐县第三名的成绩考上新疆钢铁学校（现新疆工业职业技术学院），开始了 4 年的学习生涯。1994 年 7 月，他毕业了。当时学生都要填写分配志愿单。他的同学有的填机关，有的填炼铁，他在两个志愿里填了一样的：炼钢（炉前）。

就这样，他被分到了炼钢厂转炉作业区。那时，他们工人间流行一句话："轧钢的瘸子多，炼钢的麻子多。"这句玩笑话多少道出了炼钢炉前工作的艰苦与危险。三伏天，不到 5 平方米的房间，温度高达 60 多摄氏度。一个老式吊扇嗡嗡旋转，吹过来的风都是热的，一个班下来工作服被汗水浸透几次，人累了想坐下，工作服却"站"起来了；三九天，前胸热，后背凉，大家都说这是冰与火的考验。不过这些痛苦没有难倒他，让他难受的是，学校学到的知识在现场根本不够用，想成为一名合格的炼钢工，他差的太远了。

"在转炉当工人，技术必须过硬。要想学好技术，一要能吃苦，二要肯学习。"主任李友忠对他说的话，到现在他都记得。为了尽快熟悉现场，掌握流程，那一年多，他上班都提前一小时来，下班延迟一小时走，没有休息日，手上总拿着个小本子，跟着姚新军、朱建忠等师傅的身后，问这问那，加废钢、兑铁水，了解什么时候开始吹氧、吹氧多长时间等，将转炉冶炼的步骤一个都不少地记在本子上。与此同时，他还给学校的老师打电话，向学弟学妹借课本，晚上恶补《炼钢工艺与设备》《炼钢 500 问》，凭着坚持与认真，他很快从合金工做到了一助手。但是摇炉的工作，却始终挨不上边。姚新军师傅说："想当一名合格的炼钢工，还要有一双火眼金睛。"原来为了保证炼钢质量，有效缩短冶炼周期，一炉钢要加多少石灰、温度怎样控制、矿石量有什么不同、渣滓量有什么变化，炼钢工靠自己的眼睛就能准确判断。

为了练就一双看钢水的眼睛，20 岁的他天天戴着炼钢镜，对着火红的炉体，练习观察钢花的飞溅和渣子的亮度。说实话，炼钢工师傅最爱惜的就是自己的炼钢镜。一是好镜片可遇不可求，二是换新的镜片还要适应，耽误时间，所以他的镜片 10 年都没有换过。经过苦练，当时的他看一眼钢花和渣子的亮度，便能说出钢水含碳量和温度，而且与实际化验数据的差距很小，常常在化验结果出来之前就调整好了钢水成分，冶炼周期大大缩短，他连续几个月在劳动竞赛中都是第一名。正巧这时，姚师傅休婚假，作业长就决定让他顶上。3 个月的时间，从紧张兴奋到平稳沉着，在操作台上，他度过了人生中最愉快的成长时光。等姚师傅休婚假回来，他已经可以独立上操作台冶炼了。那一年，他整 21 岁。

时光匆匆，回顾自己在八钢的岁月，让他感到欣慰的还有，八钢在发展壮大的道路上，无数的生产难关得以顺利闯过，无数的艰难险阻得以战胜，他一直都是亲历者和见证人，从没有缺席。

2003 年，传统钢材销售不畅，市场上需要更多的是高附加值的品种钢。他们 40 吨转炉开始冶炼 H08A 钢。接到任务后，他和工友们迅速展开攻关。每天，他们都往返于炉前、吹氩站及连铸现场，经常顾不上吃饭。他们统计数据，对比记录冶炼过程、监控细节等，基本掌握了 H08A 钢的合金加入时机和方式，仅此一项，H08A 钢的吨钢成本就下降了 18 元。

·阿不都瓦克·阿不力米提在观察转炉炉况

2008年金融危机爆发，为应对市场，八钢开展了"十个一"的降本增效活动。他们积极响应，率先带领班组，从合理利用一个看碳的钢样，从节约一块合金、节约一根测温头等点滴做起，真的是"千斤重担人人挑，人人肩上有指标"。作业区其他小组也是一样，大家想方设法以各种途径降低成本。到年底，他所在小组的10个降本增效项目节约费用440万元。

2009年他35岁。那年的4月26日，是他一生中最值得纪念的日子。这一天，作为新疆钢铁工业的代表，他在雄伟的人民大会堂受到了习近平等国家领导人的亲切接见，并被授予全国五一劳动奖章。2011年，组织又给了他继续学习的机会，让他到北京干部管理学院深造。他紧紧抓住这个机会，认真学习，不断提高自己的文化素质，开阔自己的思路。4年的学习，给了他干好工作更大的信心和决心，再一次回到炉前，还是那么熟悉和亲切，他觉得他始终没有离开。

· 阿不都瓦克·阿不力米提（中）参加中国工会第十八次全国代表大会

他和熟悉的炉台都发生着翻天覆地的变化，从原来只有2座15吨的小转炉，到4座40吨的转炉，再发展到现在拥有2座120吨、1座150吨的大转炉，钢产量也从他上班时的60万吨增长到2022年的1000万吨。

要说苦，当时的转炉炼钢工真的很苦。现在的新工艺、新设备、新环境，是他 20 年前想都不敢想的。他总觉得自己对转炉、对炼钢工艺技术有一份责任感、使命感和源自心底的热爱。也正因为这份热爱和使命，他想让更多的人能成为炼钢工。现在他带过的徒弟，有 16 个工作在 120 吨和 150 吨转炉作业区，他们大多都是班里的生产骨干。不过他们都不叫他师父，而是叫他瓦克，他们之间就像兄弟一样。

2023 年 4 月，按照炼钢的生产部署，40 吨停产，职工的奖金只有过去的 70%，但是大家一点怨言都没有，因为，他们明白，天上不会掉馅饼，不努力，谁也给不了你想要的生活。他跟工友说，他们的形象曾经印在人民币上，象征着国家的脊梁，不会也绝不会倒下。他的工友有 20 多人分到了 120 吨转炉，照样早出晚归，工作节奏更快。靠着大家的共同努力，他们炼钢厂一季度成本完成、任务完成，40 吨转炉也在 5 月 17 日重新恢复生产。大家回到原来的工作现场，高兴得不得了，都说自己就像一粒种子，开始生根发芽。仔细想一想，他们现在进行的降本增效、现场改善、标准化操作，又何尝不是种子？种子就是希望！就是他们度过严冬的希望！

千金难买回头看，千军难撼是信心。一个好不算好，八钢好，大家才能是真正的好。八钢是他们的八钢，在困难面前，他们要用坚持的态度，让全世界都看到一个古老而又活力的行业正上下同欲，攻坚克难。在困难面前，他们要用最快的速度扭转被动局面，让全世界都看到一个企业的坚韧与付出。这，就是最真实的八钢人；这，就是最真实的八钢，他们大家共有的家园！

（姬浩杰）

左炳伟：炼钢炉前的技能专家

◆ 人物档案 ◆

左炳伟，1969年10月生，山东泰安人，中共党员，转炉炼钢工高级技师，曾先后任山钢股份莱芜分公司炼钢厂转炉车间二助手、一助手、炉长、主任助理、车间副主任、车间主任等职。曾获全国技术能手、全国五一劳动奖章获得者、全国劳动模范。连续30年扎根转炉炉前，创出了3项世界纪录、拥有7项操作法，创出了巨大的经济效益。

左炳伟眼不离火、身不离炉，痴迷工作、精益求精，他目光如炬、堪比仪器。

扎根炉前，苦练技能

1990 年，左炳伟技校毕业后，分配到莱钢炼钢厂当一名炉前工。炉前岗位脏、累、险，很多职工受不了，纷纷要求调离。但左炳伟认为，自己学的就是炼钢专业，既然选择了这一岗位，就要干一行、爱一行、精一行，即使再苦再累也无怨无悔。从上班的第一天起，他坚持"眼不离火、身不离炉"，别人干完一炉钢，就进休息室凉快去了，他却坚持炉炉靠在跟前，一门心思地琢磨炼钢技术，对炼钢达到了痴迷的程度。正是凭借这股"不服输"的痴迷劲，短短一个月的时间，他便能独立顶岗操作了。然而，会干容易干好难。一次师傅安排左炳伟配合金，他根据铁水成分很快将合金配好，可将合金加入包内却造成了整炉钢水成分出格。原来他只是计算了铁水的成分，而忽略了入炉废钢中的残余元素，为这件事左炳伟内疚了好长一段时间，这也更加激发起左炳伟不服输的"犟"脾气。为了练习看样，他将每一炉钢取的样都攒起来，将自己目测的碳含量与炉后化验结果进行对比，琢磨其中的规律。身上随时带着一个小本子，记满了各种各样的数据。下班后，他不顾疲劳，从这些

· 左炳伟目测样品碳含量

数据中仔细分析规律和变化。锲而不舍的努力使左炳伟很快成为车间的生产骨干，工作不到两年，左炳伟就担任了转炉炉前二助手。

2002年年底，莱钢炼钢厂4号转炉建成，左炳伟作为业务骨干调入这个新转炉车间。在设备的调试运行阶段，他把设备的安装、冷试运行情况逐一与设计说明书进行对照、检查，发现了设备运行中诸多不合理的环节，提出许多合理化建议，并被工程建设指挥部的专家们采纳。当时，4号转炉是山东省最大的转炉，它的炉膛直径、炉底深度、氧枪长度、喉口直径、喷头孔数等参数在全省独一无二，全省没有成型的、可供借鉴的操作方法，而且全部实行微机自动化操作。技校毕业的左炳伟没有被困难吓倒，他翻阅了大量资料，努力探索实践，很快摸索出了一套较为完善的操作方法。针对转炉操作实际，左炳伟在吸取以往经验教训的基础上，系统查找影响炉前生产的各个工艺和设备控制关键点，分岗位详细列出从炉长到炉前工在生产中需要关注的细节点，并制定控制措施，形成"百条细节控制点"，从操作的细节入手，使一次拉碳率由原来的70%提高到90%以上，枪龄由原来的不到200炉，提高到300炉以上，每年创经济效益200万元以上。

引领行业发展，勇攀世界高峰

随着业务水平的提高，左炳伟一次又一次地向更高水平发起挑战。他在转炉炉口冒出的火焰中摸索着温度的规律，在四溅的钢花里寻求着钢水成分的高低。反复总结、反复对比，左炳伟练就了一双"火眼金睛"。看炉火，他判断的温度偏差不超过3摄氏度；看钢水样，他判断的成分不差毫厘。经过不断刻苦钻研和探索实践，左炳伟逐渐掌握了科学炼钢的规律，并利用业余时间进行了全面的总结，先后提炼了7项操作法，其中转炉钢水磷快速判断法、碳膜快速看碳法、高拉碳控制法等 3 项操作法被集团公司以其个人的名字命名，并在全公司推广应用，每年创造的经济效益在千万元以上。溅渣护炉是目前国际上最先进的护炉技术之一，他结合本单位转炉实际特点，探索和创新先进操作方法，不断优化喷吹参数，使溅渣护炉技术发挥到极致。2002年，他带领同事使炼钢厂 2 号转炉创造了转炉炉龄 37271 炉、出钢口寿命 1046 炉的同类炉型两项世界新纪录。一年之后，左炳伟和他的同事又跨出了第三个"世界高度"——转炉实现了炉龄 17013 炉不补炉，创造了冶金行业转炉维护史上的奇迹。这个指标意味着炼钢设备作业率提高 8% 以上，仅补炉用的耐火材料一项就降低生产成本 300多万元。转炉的出钢温度是目前世界上衡量转炉炼钢操作水平的一个硬指标。据测算，转炉出钢温度每降低 1 摄氏度，吨钢成本就降低 1元，莱钢作为一个年产千万吨的大型钢铁企业，一年下来数字惊人。在没有现成的"公式"、没有资料可参考的情况下，左炳伟硬是从铁水与废钢装入量、渣量、钢包流转状况等因素中找出了规律，打破过去习惯性操作模式，摸索出了一套降低转炉出钢温度的措施，使出钢温度从原先的 1700 多摄氏度降到了 1622 摄氏度，达到了国内先进水平，成为莱钢转炉炼钢的核心竞争优势。几年来，左炳伟所在的班组钢铁料消耗、耐材消耗、转炉炉龄等多项经济技术指标达到了全国领先水平，高拉碳合格率 98.65%，成分合格率 99.97%，氩前温度合格率 98.34%。

技艺高超，铸就卓越团队

2004 年，左炳伟参加"昆钢杯"第三届全国钢铁行业职业技能竞赛，在决赛中沉着应战，技艺超群，取得转炉炼钢工总分第三名的好成绩，荣获全国技术能手称号。作为业务骨干，左炳伟深知仅靠自己一个人的力量，是不可能把企业做强的。20多年来，左炳伟创出了许多绝活儿，又把这些"绝活"传授给了更多的职工。他先后培养3名炉长、4名一助手、4名二助手，多名徒弟走上中层领导岗位，为企业发展培养了炼钢专业人才，他带领的一个班组也获得了"全国五一劳动奖状"。另外，左炳伟还积极参与炼钢厂"大规格超薄近终型异形坯工艺技术的自主开发与创新"，该技术于2009年12月获国家科学技术进步奖二等奖，参与完成了全封闭智能炼钢技术，转炉"一键式"自动炼钢比例稳定在95%以上，达到国内领先水平。

·左炳伟（左四）带领团队搞技术攻关

（王　晔）

吴耀芳：勇立潮头敢为先

◆ 人物档案 ◆

吴耀芳，1959年7月生，张家港市南丰镇人，中共党员，高级经济师。曾在南丰医疗器械厂、张家港市旅行车厂、南丰供销社工作。1986年5月，吴耀芳来到曾是全县最小最穷的永联村，发展村办轧钢厂。他艰苦创业，勇于创新，引领企业不断谱写高质量发展新篇章，成立一家钢铁、新能源、金融贸易等多元产业协调发展的中国500强企业——永卓控股有限公司，现任职该公司董事局主席。他牢记初始使命、心系群众，坚持共建共享助力永联村乡村振兴，使永联村成为了全国范围内率先实现农业农村现代化的标杆村、共同富裕的典范村。

吴耀芳先后荣获全国乡镇企业家、江苏省新长征突击手标兵、江苏省十大杰出青年、江苏省劳动模范等荣誉。2010年，获评全国劳动模范。

吴耀芳认为新时代青年要继承和弘扬"张家港精神"，不惧挑战，勇于争先，积极投身到祖国和人民最需要的地方去建功立业，以实实在在的努力创造无愧于青春的新业绩。

2024 年 8 月 20 日，对于总部位于江苏省张家港市的永卓控股来说，是个意义非凡的日子。1984 年，企业前身"沙洲县永联轧钢厂"正式创办。40 年来，企业由小到大，由弱到强，从一家村办小厂蝶变成为全国民营百强企业。

这一路蜕变，吴耀芳是见证者，更是参与者；是创造者，更是奉献者。他以青春与热血，铸就民营钢企发展的壮丽史诗；以信念与担当开辟绿色发展之路的崭新篇章；以责任与爱心践行带领村民职工共同富裕的庄严誓约。

迎难而上，坚定不移谋发展

1959 年，吴耀芳出生在张家港市南丰镇建农村。父母忙于生计，常年在外奔波谋生，作为家中长子，为减轻家中负担，吴耀芳 16 岁高中毕业后走上工作岗位。由于头脑灵活、踏实肯干，1985 年，26 岁的吴耀芳已经是南丰供销社的科长。

手捧"铁饭碗"，大展拳脚之时，吴耀芳迎来了人生的一个重大抉择——父亲吴栋材作为永联村党组织负责人，为了强村富民，于 1984 年带领群众创办了永联轧钢厂。因人才缺乏，轧钢厂发展受到制约。这时候，吴栋材希望儿子吴耀芳也能参与钢厂建设，助自己一臂之力。思索之后，为了守护父亲的"初心"，1986 年，吴耀芳放弃了"公家"单位的前程，来到了村办的永联轧钢厂。

当时的永联轧钢厂，只有几台破旧的轧机。像这样的轧钢厂，在南丰镇就有好几家，在全县更是有几十家。吴耀芳来到钢厂后，决定从市场这个"牛鼻子"入手。他带着供销员，夜以继日地在外奔波推销钢材，并于1986年，在杭州建立了第一个驻外办事处，后又陆续开辟了南京、上海等办事处。永联轧钢厂的钢材在华东地区迅速打开局面，产品用于上海东方明珠广播电视塔、浙江秦山核电站、南京禄口机场等国内知名建筑工程。

历史总是在曲折中前进。2002年，受亚洲金融危机后期影响，市场上的钢坯价格比轧出来的钢筋还贵。永钢集团作为单一轧钢的加工型企业，面临着前所未有的困境，处在生死存亡的边缘。在此危难之时，吴耀芳顶住压力，力主上马百万吨炼钢项目。面对一无项目人才、二无炼钢技术、三无炼钢经验的困境，他多方奔走，筹措到10多亿元项目资金，带领干部职工攻坚克难，历时341天建成百万吨炼钢项目，创造了中国冶金建设史上的"奇迹"。解决了原料瓶颈问题，永钢集团一举跨入了长流程钢铁企业行列。

在瞬息万变的商业环境中，机遇与挑战并存。吴耀芳坚信发展是硬道理，"不试图绕过问题，更不能投机取巧，如此才能夯实企业的地基"。2009年后，在全球金融危机影响下，钢铁行业面临产能过剩、市场需求疲软、宏观调控加紧等困难和挑战，吴耀芳迅速做出决策，推动企业"强身健体"，一方面加强装备技术革新，加快产品"普转优、优转特、特转精"步伐；另一方面，加快二、三产分离，走多元化发展道路，围绕钢铁产业强链、延链、补链，并探索布局新能源、金融贸易等产业。2021年年底，为适应多元化发展格局，永卓控股有限公司在永钢集团的基础上组建成立。2023年，其紧跟国家战略性新兴产业发展规划，企业布局新材料产业，2024年，跻身中国民营企业500强第71位。

提前布局，绿色发展先行军

绿色发展，是钢铁行业面临的一个重要课题。永卓控股钢铁生产区与苏州江南农耕文化园、永联村农民集中居住区一河之隔，让"最美钢村"的金字招牌永不褪色，是永卓控股义不容辞的社会责任。

早在 2008 年，企业便与同济大学携手合作，共同打造了一套先进的污水深度处理系统。2010 年，企业又携手河海大学，在行业内率先构建了雨污分流系统。目前，企业拥有 2 座高效运作的污水处理厂，每天有 4 万吨污水"再生"，水重复利用率达到 99% 以上。

党的十八大以来，生态文明建设成为全行业、全社会需要共同遵守的大政方针。吴耀芳带队前往德国巴登钢厂、太原钢铁、山西中阳钢铁考察学习，对标环保先进办法，高标准、严要求、快节奏逐一改进。投资 7 亿元实施 450 平方米 2 号烧结技改工程，实现"五脱"即脱硫、脱硝、脱二噁英、脱颗粒物、脱重金属；投资 4 亿多元，在原料堆场 5 块区域建设 27.18 万平方米的密闭大棚，解决取料过程中产生的扬尘问题，降低作业区域内的设备噪声；率先在苏州地区投用 20 辆电动重卡，减少排放约 3000 吨二氧化碳……迄今为止，永卓控股投入超百亿元进行水、气、声、渣等综合治理。2022 年，永卓控股旗下永钢集团成为江苏省首家完成全流程超低排放改造及公示的钢铁企业。

作为传统制造企业，钢厂给人的刻板印象是"黑大粗"，吴耀芳想要改变人们对于钢厂的看法，他说："环保工作，不仅要达'国标'更要达'民标'，老百姓说好，才是真的好。"2014 年，永钢集团新建了钢渣热焖渣项目，烟囱排放的蒸汽被周边居民当作"有毒气体"，并向相关部门举报。经江苏省生态环境厅检查，项目各项排放稳定达标，可以立即结案。但企业在此之后，投入 2000 多万元，取消排气烟囱、增设循环水冷却系统，将蒸汽全部冷凝下来，彻底让老百姓满意。永钢还在厂区门口设立电子显示屏，实时公开环保在线监测数据，自觉接受群众监督。

· 吴耀芳（右一）在现场检查产品质量情况

实现环境保护与企业发展相互促进，循环经济是重要抓手和突破口。2018 年以来，企业规划建设了占地 375 亩的循环经济产业园，开展钢渣、冶金尘泥、建筑垃圾等固体废弃物的资源化利用，被国家发改委、工信部列为全国 50 个大宗固体废弃物综合利用基地之一。项目不仅把困扰钢厂多年的钢渣处理问题消化在企业内部，更为企业增加了经济效益，实现经济效益与社会效益相统一。

绿色低碳是永卓控股高质量发展的鲜明底色，企业先后获得了"推动绿色发展示范基地""绿色工厂""绿色供应链管理示范企业"等荣誉。

共建共享，共同富裕践行者

1984 年，永卓控股前身——永联轧钢厂在永联村创办成立。从那时起，"强村富民"就是永卓人矢志追求的目标，是驱动一切奋斗与努力的起点与核心。作为企业掌舵人，吴耀芳时刻把"1万名员工、1万名村民、1万名流动人口和1万亩土地的安定和幸福"记在心头。

在改制过程中，企业为永联村集体保留25%的股权，成为永联村发展、建设的坚实后盾。企业先后投入近40亿元支持永联村打造了可容纳3万人居住的现代化农民集中居住区——永联小镇，拥有农贸市场、小学、幼儿园、医院、商业街等完善的生活配套，让村民在家门口就可以享受到优质的教育、医疗、养老服务等。在吴耀芳的推动下，企业发起成立了张家港市永联为民基金会，每年捐款2000万元，积极开展尊老敬老、帮困助残、奖学助学、健康关爱等公益慈善事业。现在的永联村，呈现出一幅由小镇水乡、花园工厂、现代农庄、文明风尚构成的"中国农村现代画"。

吴耀芳始终认为"员工无小事"，员工是企业创造价值的主体。20世纪90年代，为解决来自五湖四海的员工的住宿问题，吴耀芳推动建设了永钢小区，成为企业第一批"人才房"。随着企业的壮大，又建设了集宿中心，成为第二批"人才房"。2013年，为了进一步改善员工的住宿条件，投资6亿元建设颐和公寓，共计2200多套住房，成为第三批"人才房"。公寓配套建设了餐厅、洗衣房、健身公园、公共充电桩等设施，员工可"拎包入住"。2016年起，开办职工子女暑托班，惠及3000余户家庭，解决职工后顾之忧。

"发展企业只是手段，让群众得实惠才是根本目的。"吴耀芳秉承"共建共享"理念，让社会共享企业发展成果。关心医疗事业，向永联社区卫生院捐赠了核磁共振、CT、胃肠镜等设备，让群众在家门口就可以享受良好的医疗条件。关心教育事业，在江苏科技大学苏州理工学院等院校设立企业奖学金，资助成立永联荷风管弦乐团，为乡村学子打开艺术之窗。关心体育事业，支持建设了张家港市网球学院，投资打造了永联文体馆、永卓文体生活馆，赞助体育赛事，推动全民健身。

如今的永卓，不仅有永联村这个"近邻"，还有新疆维吾尔自治区库尔干村这个"远亲"。2020 年 9 月，企业与新疆维吾尔自治区阿克苏地区乌什县库尔干村签订了"情暖库尔干——石榴籽帮扶工程"项目协议。2023 年，库尔干村集体经济收入达到 120 万元，较 3 年前增长 163.4%。2024 年 9 月，永卓控股被中共中央、国务院授予"全国民族团结进步模范集体"称号。

志在远方，行在路上。而今，吴耀芳依然不知疲倦地在为"提高村民收入，提高员工收入，实现永联村的和谐、企业的和谐"而操劳着。他倾力打造全球一流竞争力企业，同时积极履行社会责任，让"永卓温度"成为传递大爱的纽带，让"永卓担当"化为社会进步的基石。

（叶江楠　王嘉楠　黄　炜）

杜钧：技能大师风采

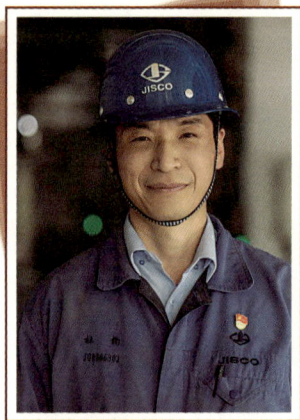

◆ 人物档案 ◆

　　杜钧，1975年10月生，甘肃古浪县人，中共党员，党的十八大代表，现任酒钢集团宏晟电热公司电力检修工程分公司首席技师、焊接专业首席技师、正高级工程师、第十四届全国人大代表。曾获得全国劳动模范、全国技术能手、全国钢铁工业劳动模范、陇原技能大奖、甘肃省技术能手、甘肃省五一劳动奖章、陇原工匠等荣誉称号，是国家级技能大师工作室带头人，享受国务院政府特殊津贴。

有一首歌这样唱道："铿锵铁，温柔铜，电弧火花蓝映红。青春和热血，渲染充满希望的那一抹红。"它形象地描绘了焊接工人的青春和人生。

杜钧就是中国千千万万焊接工人中的一员。参加工作 28 年来，杜钧秉持着"择一事、终一生"的职业态度，锐意进取，坚持做知识型、技能型、创新型工人，先后完成了钛板及复合钛板的焊接工艺研究及在烟气恶劣环境下的焊接技法等 60 多项技术革新项目、180 多项合理化建议、60 余项技术攻关，使酒钢与行业焊接检修站在同一起跑线。28 年来，杜钧甘为人梯，毫无保留地传播技能，培养大批优秀青年焊接队伍，使焊接事业后继有人。28 年来，杜钧发挥勇于创新、精益求精的劳模风范，把个人理想自觉融入企业改革发展之中，在焊接事业前沿孜孜求索，在技术创新领域不断取得突破。

孜孜追求　把奉献当作使命

杜钧是一个善于学习、勤于思考的人。他在日积月累中升华自己，提升自己；在工作中，敢于挑战，他不仅从操作层面解决技术难题，还努力从理论上分析研究形成解题的通用方法和理论方法，着力在尖端上秀出工匠新风采。

众所周知，焊工是一项非常累、非常辛苦、非常脏的工作。但对杜钧而言，这却是他的最爱。因为热爱，所以他决定从事焊工工作；因为自己的选择，所以他暗下决心，一定要成为一名优秀的焊工。为了实现这个目标，只有技校文化的他比别人付出了更多的艰辛和努力。周末休息的时候，同事们三三两两外出游玩、睡懒觉或打麻将。而这时候的杜钧却一头扎进生产现场，跟着师傅努力学习焊接技术。杜钧对焊工技能有着天生的强烈求知欲，他不断地学习，也不断地进步着。操作过程中，有时会被焊弧灼伤眼睛、被焊星烧伤皮肤、身体会带来伤痛，但这在杜均看来都是不值得一提的小事。他一天一天地学，一项一项地练，一招一式地研究。皇天不负有心人，经过不知多少个日夜的勤学苦练，他的焊接技术越来越好，成为了公司众多焊工中的佼佼者，成为了一名年轻的首席技师。

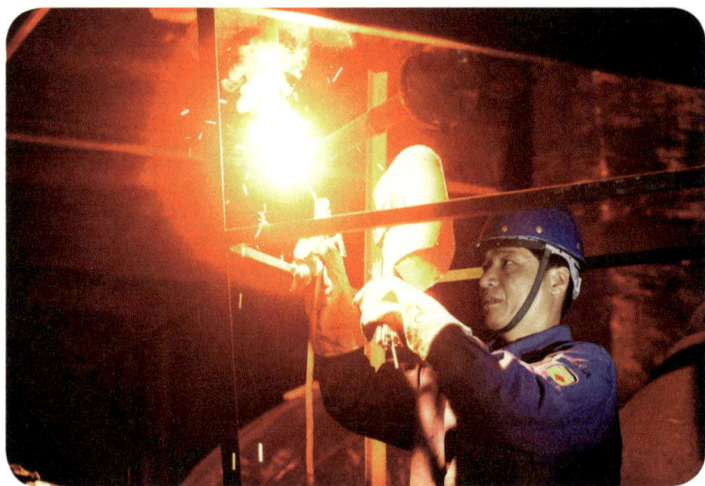

·焊接中的杜钧

能源中心技改项目及机组大修工作一项一项接踵而来：2台320兆瓦机组脱硫脱硝改造、2台350兆瓦机组新建、新4号机组超低排放改造及贴壁风改造等。每个项目，杜钧都是挑大梁的不二人选。在这些烦琐的工作中，杜钧发挥了重大作用，先后提出合理化建议170多项、完成技术革新项目50多项、完成技术攻关50多项。在攻克一项项技术难题的同时，杜钧先后消除安全隐患280余条，累计为公司创造效益750多万元。

值得一提的是，针对主蒸汽系统及给水系统高温高压部件和锅炉四管（水冷壁、过热器、省煤器、再热器）焊接的瓶颈问题，杜钧提出了《改进锅炉四管焊接工艺》的提案，通过积极探索研究，采用质量可靠、性能佳的钨极氩弧焊工艺，焊口一次检测合格率由68%突飞猛进地提高到了98.5%以上，推动酒钢此类部件焊接达到了行业焊接检修的同等水平，获得了单项改造工程2842个焊口一次探伤合格率达98.97%的优异成绩，实现了一次投运零泄漏的历史性突破。

勇于创新　用成果彰显技能水平

在杜钧的理念中，创新永远是第一动力。多年来，他总结提炼出了三顶焊接法，杜绝水、汽、油介质运行管道系统非停事件200余起；提出了合金管道剩磁消减施焊法，成功地解决了剩磁严重的耐热钢及合金管道无法施焊的难题；提出并组织实施了《高温高压阀门密封面焊接修复工艺》提案，年创效90万元；提出的《焊条电弧焊立向下焊接技术应用》在同等焊接条件下使劳动生产率提高14%以上；管件自动定心切割应用技术的开发和应用，使切割效率提高了2/3，使打磨、组对工效提高75%；杜钧首次自主焊接安装完成的10千伏和6千伏槽型铝母线的焊接安装任务，揭开了公司铝母线安装的新篇章。

2016年11月至2018年1月，在酒钢牙买加阿尔帕特氧化铝厂电厂复产项目中，杜钧被委派到海外担负重任，他首次组织实施电磁远程控制技术对锅炉管进行了无损评价，利用电弧异质冷焊技术成功修复了汽轮机气缸缺陷和主蒸汽阀门缺陷，自主实施完成16千米燃油管线的超声普查评价工作，确认风险段并主导修复，确保了系统投运后的安全稳定，对钢制焊接烟囱进行了无损检测评价，确保了电厂的安全、可靠无风险运行。

杜钧，是时代的楷模，更是企业永不褪色的骄傲。针对超临界火电机组建设中使用的全进口马氏体耐热钢、奥氏体热强钢的广泛使用，作为焊接人，绝不能在施工中"进口"焊接人。在这种情怀的驱动下，他率先研究实施了该钢种的施焊操作工艺技法，进行工艺评定，编制工艺规程，撰写作业指导书，成功地实现了公司焊接史上的5个"第一次"，填补了高合金异种管材在现场应用中的空白。2018年，为宏兴股份公司新研制开发的"锌铝镁超级涂层板"9个系列108个样品做焊接性能实验，是杜钧焊接生涯的一次极大挑战，这意味着必须离开熟悉的火力发电行业，迈入金属研发领域，且是国际上耐腐蚀性最佳的SCS超级涂层板的力学、盐雾等多项性能实验。在杜钧的带领下，团队遵循实验机理，梳理焊接实验规范，最后成功助力集团公司产品技术指标完善及推广应用。这是杜钧人生的重要节点，由此，他被公司聘为"首席焊接专家"。

传道授业　为企业培养优秀人才

除了自己熟练掌握技术，杜钧还是一个热心传道者。28年来，日复一日，年复一年，杜钧甘为人梯，把自己的绝技绝活毫无保留地传授给青年员工，为企业高质量发展奠定坚实的基础。为表彰他的优异成绩，并发挥他的专长，公司成立了"全国劳模杜钧焊接技术传承工作室"。在杜钧的努力下，工作室为公司先后培养青年焊接骨干57名，技师、高级技师26人，其余31人全部为高级工。薪火相传，酒钢的焊接事业后继有人！2016年集团公司举办"振兴杯"青工技能比武，他的3名徒弟包揽了前三名。2017年，徒弟张仁钰获得了"甘肃省技术能手"荣誉称号；徒弟武强于2018年获得"甘肃省技术能手"荣誉称号；更值得一提的是，徒弟杨海东在2016年甘肃省第十一届"振兴杯"全省青年职工职业技能大赛获得焊工第一名，在 2018 年第六届职工职业技能大赛焊工全省大赛中取得第一名。在此后的几年里徒弟杨海东相继获得酒钢工匠、金牌工人、甘肃省技术标兵、甘肃省技术能手、甘肃省五一劳动奖章、全国青年岗位能手、甘肃省陇原英才、全省技术专家等荣誉称号。杜钧也被任命为国家级技能大师工作室负责人。

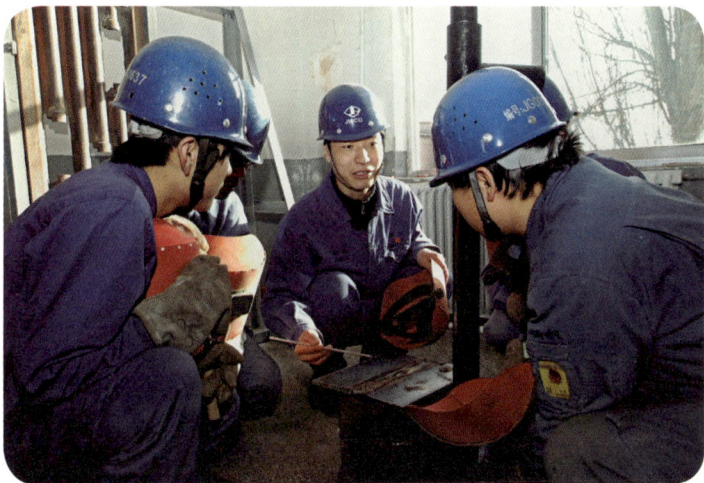

· 杜钧在讲解焊接知识

杜钧深知，不光个人技术要好，善于总结经验并将其推广，才能创造更大的价值。他白天像陀螺一样忙工作，晚上则在台灯下伏案疾书，把自己多年积累下来的经验及学习的专业知识进行总结整理。经过努力，他编写完成了近 8 万字的焊接及焊接热处理技术规程、作业指导书，形成了各大类高温高压部件的专项焊接作业技术文件，为职工大批量培训和焊接作业提供了有力的技术支持，为技能传承开辟了新的模式。

几十年如一日，杜钧将自己的感情与汗水融进光彩的焊接事业之中，在崇技尚能的职业追求中，实现了人生的不断超越。2009 年，杜钧被人社部、中国钢铁工业协会授予"全国钢铁工业劳动模范"荣誉称号；2010 年，人社部授予其"全国技术能手"荣誉称号；2010 年国务院授予其"全国劳动模范"荣誉称号；2012 年被推选为党的十八大代表；2015 年国务院为表彰其对电力（燃气）事业作出的突出贡献，特发给他政府特殊津贴并颁发证书；2017 年荣获甘肃省总工会授予的首届"陇原工匠"称号；2018 年人社部授予他"中华技能大奖"荣誉称号。

敬业才能精业，精业才能立业，凭借对事业的不懈追求，杜钧业务精通、技能精湛、勤奋好学、阳光上进的身影展现着新一代产业工人的精神风貌。

（酒泉钢铁（集团）有限责任公司）

刘宏：执着绽放的女“焊花”

————— ◆ 人物档案 ◆ —————

　　刘宏，1970年生，北京市密云人，中共党员，党的十八大、十九大代表。现为首钢技术研究院用户技术研究所焊工。刘宏参加工作以来，2014年获中华技能大奖，被评为国企楷模·北京榜样优秀人物；2013年获百姓学习之星称号；2012年获全国技术能手称号；2011年享受国务院特殊津贴；2010年获全国劳动模范、北京市有突出贡献的高技能人才、北京市群众心目中的好党员称号；2009年获全国五一劳动奖章、全国女职工建功立业标兵、中国首届焊工电视大赛的劳动榜样称号；2008年获得北京市三八红旗手首都劳动奖章称号。

勤学肯干是立业之本。

——刘宏

她从山区走来，带着乡土气息；她不愿当干部，偏偏"痴迷"焊工；她自费学习，不断实践；她潜心钻研焊工技能，先后总结整理了10余本专业技术学习笔记，创出了5项最佳操作法……

"勤学肯干是立业之本。"刘宏将学习放在了首位。"干什么学什么，缺什么补什么"，刘宏始终坚持学习，不断进取，做好本职工作，把爱岗、敬业、忠诚作为自己的人生信条。在30多年的工作中，她一直从事焊接技能操作及焊接工艺技术研究工作，熟练掌握手工电弧焊、钨极氩弧焊及熔化极气体保护焊等多种技能操作方法，多次在国内外重大比赛中名列前茅。2005年刘宏取得电焊高级技师资格，2009年聘为首钢总公司级技能操作专家。她先后总结出"窄间隙轨道焊接最佳操作法""铸钢辙叉补焊堆焊最佳操作法""气割钢轨最佳操作法"及"全位置小管径手工钨极氩弧焊最佳操作法"，年节约成本近百万元。

勇克难关，研发水电钢焊材

2011年，刘宏从首钢运输部设备维检中心调到首钢技术研究院工作，主要从事新钢种的可焊性试验和新焊材开发及用户服务。

刚到技术研究院不久，刘宏就遇到了第一个挑战——研发水电钢焊材。800兆帕级水电压力钢管用钢的焊接接头低温韧性达标问题，一直是行业公认的难题，随着水电站工程对水电钢级别要求越来越高，研发与之配套的焊接材料，实现焊材的国产化，降低建设成本，保证工程质量，成为国家亟待攻克的难关。

2013年，首钢800兆帕级水电钢的第一单合同来自浙江仙居抽水蓄能电站项目，这也是该级别钢板在国内首次应用。国家电网作为业主，提出了十分苛刻的条件，要求首钢提供满足现场焊接施工的钢板和全套焊接技术解决方案。

为了打开市场，刘宏等人成立了课题攻关组，挑选国内外 6 种焊材来匹配首钢钢板，进行了 20 种焊接工艺试验。为了保证数据的真实可靠，她在操作中小心翼翼地保证每个焊道的参数稳定，每一次操作都做了详细记录。整个团队齐心协力，节假日大家也不肯休息。试验结果出来了，可没想到的是，所有焊材都不合格，就连世界顶尖的瑞典奥林康焊材也不能满足工艺要求。面对失败，刘宏没有气馁。她想，这么多焊材都不行，与其无目标地选配，还不如自己开发焊材，如果能成功，首钢不仅给用户生产了钢材，又配套了焊材，而且肯定能扩大市场，这不是一举三得吗？于是她向攻关团队说出了自己的想法，得到大家一致赞同。

说干就干。他们把国内三大焊材厂家的产品都做了试验，对每一次试验都提出了工艺优化建议。2014 年元旦前夕，刘宏与课题组同事驱车 180 多公里，进驻焊材厂家，对 10 余种焊材进行横焊和立焊试验，连续工作了 12 个小时，到晚上 8 点多才收工。

回到住处，刘宏出现了严重的感冒症状，整夜咳嗽不止。第二天，同事们劝她休息，但她觉得没关系，老毛病了，吃点药就行。然后一直带病坚持到现场继续试验。经过两个多月刻苦攻关，终于成功开发出满足零下 40 摄氏度低温韧性要求的焊材，成功创造了钢材产品与配套焊材同步开发的新模式，填补了国内空白。

刘宏创新工作室成立后，针对国内对水电建造用钢的技术要求，与焊材厂等共同合作攻关，最后给用户提供了首钢钢板＋配套焊材＋焊接工艺一体化解决方案，完全替代进口，提高了中国水电、钢铁业的国际竞争力，并已广泛应用于多个国内外高水头、大型水电站。

· 刘宏在创新工作室开展焊接试验

躬身一线，精进服务品质

水电站大都建在湍急的江河之间，致使水电钢的安装施工变得异常艰难，但焊接质量直接影响着水电站工程的成败，为避免焊接缺陷，刘宏与课题组同事深入水电站施工现场指导焊接。2014年3月初，刘宏与课题组两名同事早上从北京乘高铁出发，中午到杭州，出站后打车直奔浙江仙居水电站，经过连续10个小时的奔波，到达现场后，他们向水电七局的技术施工人员介绍了首钢钢板和焊材的性能特点，并提出要在现场对焊工进行培训。对方激动地说："你们来得太及时了，我们正为施工发愁呢，首钢的服务真是太贴心了。"大家算了一笔账，这个工程需要1000吨焊材，仅此一项就能比用进口材节约成本3亿元。首钢性价比超高的配套焊材和真诚的服务让施工单位感动万分，赞不绝口，使首钢赢得了国家电网的信任。在最终的投标中，首钢以非最低价中标该项工程。从此，首钢水电钢品牌在国内外水电工程市场闪亮登场。

北京冬奥会滑雪大跳台项目是唯一一个设在市区的竞赛项目。大跳台是钢结构工程，由箱型框架柱、V形钢柱、钢桁架组成，最大长度160多米、宽度30多米、高度60多米，焊接工程量非常大，仅焊丝填充量就要160多吨，还包括多种接头形式和各种位置焊接，操作复杂，难度极高。

为了高标准、高质量完成好大跳台工程，首钢成立了由刘宏等三代焊工组成的专家服务组，对大跳台钢构焊接现场进行指导。大跳台结构安装开始后，刘宏每周都要跑现场。在施工现场，刘宏仔细察看每个构件，一边检查焊接质量，一边进行拍照记录，对一些不按焊接工艺操作的问题及时纠正，规范焊工的实操习惯，同时要求施工单位制定严格的质量保证措施。

·刘宏（右）在首钢滑雪大跳台钢构焊接现场进行指导

滑雪大跳台裁判塔原设计采用Q345B钢材，为满足防火要求，改用耐火耐候钢Q345FRW，这就带来一个问题：这个级别的耐火耐候钢国内外都没有配套的焊材。有了前面水电钢焊材开发经验，刘宏课题组采用高 Ni 的焊材成分，通过添加适量合金元素，既提高了高温性能，又不影响焊缝金属韧性，同时还能控制好焊材熔敷金属耐候指数，成功开发了埋弧焊丝、气保焊丝和电焊条，这种新焊材将应用于大跳台裁判塔施工。

匠心传承，以爱育才，倾囊相授传薪火

刘宏积极做好"传帮带"工作，她说，首钢的事业需要传承，这些年除了在工作上努力创新、争做贡献，最大的心愿就是"传帮带"，希望把自己掌握的技能传承下去，培养更多优秀的焊接人才。

刘宏把自己多年的实践经验、解决疑难问题的方法体会，从焊接理论到实操技术，向徒弟们一对一地讲解、手把手地示范，毫无保留地进行传授。刘宏有一个徒弟平时操作水平与其他人不相上下，但只要参加比赛，成绩都不理想。而同期的徒弟们都取得了高级技师资格，只有他还一直是高级工。后来刘宏与他聊家常才知道，徒弟在 1 岁的时候失去了母亲，缺少母爱使他的性格有些自卑。从此，刘宏对这个徒弟多了更多牵挂，只要是他生活上遇到困难，总是想办法帮他解决。渐渐地，这名徒弟变得开朗起来，更加自信，心理素质越来越好。2016 年，他终于拿到了高级技师证书，还获得了北京市技术能手称号。至今，刘宏已经带出 5 名高级技师、1 名技师、5 名高级工，他们多次在首钢级、北京市级和国家级焊工比赛中斩获大奖。看到徒弟们成长成才，能够独当一面，刘宏非常欣慰，也更为徒弟们取得的成绩感到骄傲和自豪。

（何志国）

郑久强："华夏第一炼钢工"

◆ 人物档案 ◆

郑久强，1970年4月生，河北唐山人，中共党员，河钢集团唐钢公司特级技师、正高级工程师。郑久强在担任炉长期间，刻苦钻研炼钢技术，创立了三计算、两控制、四观察的炼钢方法，结束了几十年来依靠经验炼钢的历史。获得全国劳动模范、全国敬业奉献道德模范、全国最美职工、全国五一劳动奖章、中国青年五四奖章、中华技能大奖、全国技术能手、河北省劳动模范、河北省金牌工人、河北大工匠等荣誉，享受国务院政府特殊津贴，党的十七大代表，曾多次受到党和国家领导人的亲切接见。

"学一流炼钢技术，做一流炼钢工人，出一流工作成绩"是郑久强的工作信条。

3 年时间，他从末助手成长为炼钢炉长，创下河钢集团唐钢公司的先例；他亲手冶炼 150 吨转炉的第一炉钢，开创了唐钢炼钢的"大转炉时代"；他摘取了"全国炼钢状元"的桂冠，被誉为"华夏第一炼钢工"。参加工作 30 多年来，他扎根炼钢产线勤奋进取，传技术、带队伍、攻难关、勇创新，形成了具有持久影响力的"久强效应"。他就是河钢集团工会兼职副主席、唐钢转炉炼钢特级技师、工会副主席郑久强。

一路走来，郑久强见证了企业从"傻大黑粗"到高端化、智能化、绿色化未来工厂的转型升级，见证了中国钢铁工业的蓬勃发展。他与千千万万新时代的产业工人一道，投身到钢铁报国的热潮中，为祖国的繁荣发展贡献力量。

破格提拔炼钢工三年走了十年路

1989 年，19 岁的郑久强被分配到当时的唐钢第一炼钢厂转炉车间工作。此时的炼钢车间"苦脏累险"，钢花飞溅、尘土飞扬、噪声轰鸣，炼钢工不仅体力劳动繁重，还要小心被飞溅的钢水、钢花烫伤。

那是一个"出大力、流大汗"的年代。繁重的体力劳动打破了郑久强最初对炼钢的浪漫憧憬，甚至因为钢水取样不合格，被严格要求的师傅摔了挂渣板。可他却因此悄悄地种下了"干出个样儿来让人瞧一瞧"的梦想。

他把全身心精力都投入到学习炼钢技术中，从最基本的取样、测温、和泥做起，每样工作都做到最好，干到前头。当时的装备条件有限，炼钢操作完全凭借经验，目测钢水温度是其中的关键。1600 多摄氏度的钢水，一炉下来，眼睛被刺得生疼。但这是别人教不了的硬本事，要想具备这个能力，就得一炉接一炉地"死盯"。他细心观察老工人的一招一式，虚心请教；晚上挑灯夜读，攻读炼钢技术书籍，第二天又在操作中实践和摸索，炼钢技术因此提升得很快。1993 年，23 岁的郑久强从"二助手"被破格提拔为唐钢历史上最年轻的炼钢工，打破了"十年一个炼钢工"这条行业内不成文的规定。

回忆当年，郑久强依然充满年少豪情："我当时特别崇拜那些老师傅们高超的技能。一些老师傅指挥生产，就像指挥千军万马的将军一样，手势动作特别潇洒。这种自信，让我对技能产生了崇拜。"2002 年，他顶住压力，参加了在唐钢举行的首届全国钢铁行业职业技能竞赛。理论考试力挫群雄，实际操作技惊四座，他最终摘取了"全国炼钢状元"的桂冠，被媒体誉为"华夏第一炼钢工"。

敢为人先强技能　钢铁巨变试身手

20 世纪 90 年代，唐钢被批准为特大型钢铁企业，跨入全国百强行列，实现了第一次大跨越。1996 年起，唐钢落实"三步走"发展规划和"三极支撑"发展战略，迈入第二次大跨越。郑久强赶上了这个激情燃烧的年代，他的奋斗始终伴随着唐钢发展从量的增长到质的提升的过程。

1999 年，唐钢进行技术改造，淘汰所有的 8 吨小转炉，全部换成顶底复合吹炼 150 吨氧气转炉。这是当时河北省容量最大、工艺最先进的炼钢设备。

郑久强炼钢小组负责炼第一炉钢，准备时间是 21 天。这意味着，开炉成功，标志着唐钢走进大转炉时代；炼砸了，将直接影响"三步走"战略的顺利实施。

两周时间学习研究，每天只睡 4 个小时。最后冲刺的 6 个昼夜，郑久强干脆住进了厂房。当第一炉钢水滚滚而出，人们欢呼雀跃，忘情拥抱，而他流下了热泪。这是一个钢铁汉子倾尽所有后的释怀与幸福。

从螺纹钢、方坯、线材等普通产品，到汽车钢、搪瓷钢、硅钢等精品板材，从"绿色钢城"到建设全球最具竞争力的钢铁企业，郑久强在这场钢铁巨变中屡试身手，用执着和坚守书写着对钢铁的挚爱和忠诚。

2011 年，以郑久强的名字命名的"炼钢创新工作室"被人社部命名为"国家级技能大师工作室"，同时也是"全国示范性劳模创新工作室"。这是人社部命名的首批 50 个国家级技能大师工作室，整个河北省只有两家。

此时的唐钢在河钢集团领导下，已成为业内绿色转型样本。自 2008 年起，以厂区环境综合治理为突破口，唐钢不遗余力推动节能减排、绿色发展，开创了城市型钢铁企业与社会和谐共存、良性互动、融合发展的范例。

工作室成立后的第一仗，便把目光瞄准了"精细转炉操作、消除环保隐患"这个硬仗。"环境是唐钢的生命线，环境问题也是钢铁行业亟待解决的问题。作为国家级大师工作室，破解这个难题，我们责无旁贷！"郑久强说。

改进操作法，是一个巨大的工程，源自对长期冶炼参数的大数据分析、物料使用与设备运行的匹配契合，以及全员操作的规范和统一。这些数据有上百万个。郑久强带领团队，在数据的大海中闯出了一条钢铁行业 150 吨顶底复吹转炉的环保操作之路，总结出全新的氧枪枪位控制方案，制定了一套完整的环保操作法，规范固化全员炼钢作业的全过程，杜绝了烟尘外溢的可能。

·郑久强（右）在操作室内分析生产数据

同时，郑久强立足于炼钢操作现场，开展"优化转炉双渣冶炼"等重点攻关项目，破解制约炼钢行业生产的难题。他牵头的"降低SGRS工艺倒渣中铁珠含量的方法"被国家知识产权局授权为发明专利，对行业大型转炉生产具有借鉴意义。他潜心探索出"三二四"炼钢操作法，突破了从经验炼钢向科学炼钢转变的技术瓶颈；开创的"两长一短超低磷控制法""硅钢冶炼操作法""溅渣护炉操作法"等先进技术操作法，持续发挥着重要作用。

桃李不言自成蹊　强国兴企担己任

"现代化生产需要团队协作，仅凭我一个人，一身是铁又能打几个钉！"他深知，规模化生产对每一位炼钢工都提出了新的挑战，培养更多的炼钢人才是企业发展的当务之急。

近年来，郑久强把更多精力放在了"传帮带"上，以创新工作室为依托，开展"师带徒"等活动。"我们工作室大力鼓励创新，各种操作法都以主创者的名字命名，被职工们称为'名人堂'。"郑久强说道。名人堂的"名人效应"激发了更多职工立足岗位技术创新的热情，他们都以进名人堂为荣。

· 郑久强（左三）在创新工作室内研讨创新课题

创新工作室成员吴鹏自发研究如何提高创效重点产品——高附加值的 RH 低磷低硫钢冶炼成功率问题。在得到郑久强悉心指导 3 个月后，"吴鹏'两点一线'操作法"通过了工作室的鉴定，并在厂内大力推广，此钢种的炼成率提高了 12%，一年可创效 800 万元。

另一名成员徐伟在郑久强的引领下，用了 6 年时间，成为唐钢史上第一位大学生炼钢工。2009 年，唐钢提出从大学生中培养知识型炼钢工。徐伟等 4 名河北理工大学（现华北理工大学）的学生被前去挑选人才的郑久强的事迹所激励，签下了去炼钢炉台的就业协议。在郑久强手把手指导下，徐伟多次夺得河北省及河钢技能比武状元，荣获河北省劳动模范、全国五一劳动奖章等荣誉称号，成为新一代产业工人的代表。

近几年来，郑久强工作室成果丰硕，桃李芬芳。申报 15 件国家专利，在各类刊物发表论文 10 余篇，开创先进操作方法 32 项，申报职工岗位创新成果 128 项。涌现出 4 名省部级以上劳模、2 名市级劳模、6 名公司级劳模，8 人 10 余次获"炼钢状元"称号。

钢铁报国，敢为先锋。河钢以振兴民族钢铁工业、担当国家角色为己任。站在新的历史起点上，郑久强意识到，他的梦想正随着企业一起长大。在他的带动下，河钢形成了经久不息的"久强效应"。郑久强的成长经历，激励一线职工立足岗位、积极提高本领，让责任与担当的"基因"在河钢永续传承。

在炙热的炼钢炉前追逐梦想、拾级而上，郑久强与他身后的众多技能人才，为中国钢铁工业的发展乃至制造业的振兴奉献着自己的青春和智慧。"知识改变命运，技能成就梦想。我愿影响带动更多的年轻职工学习技术，弘扬劳模精神、劳动精神、工匠精神，为建设钢铁强国不懈奋斗。"

（吴玉霄　王　研）

王玉玲：恪守天职的特钢型材专家

◆ 人物档案 ◆

王玉玲，1963年生，甘肃静宁人，中共党员，曾为太钢集团铁路用钢首席专家、正高级工程师，现已退休。曾获全国劳动模范、全国五一劳动奖章、全国女工建功立业标兵、"三晋英才"支持计划拔尖骨干人才等荣誉称号。

　　坚持不断创新是科研人员的天职，我既然选择了钢铁材料专业，就要把它作为一生的事业。

——王玉玲

在励志中立志

　　从小到大、从学校到工厂，王玉玲天生就是个安静的女娃娃。从她深沉的眼神里，能感觉到她是一个极有思想、有主见的人。

　　1963 年出生的王玉玲，最早对"钢铁"一词的认知，源于人们的日常交通工具——自行车。

　　她的孩提时代，人们想拥有一辆专属自行车的心愿，需要通过很长时间努力才能实现，无论是家长，还是老师，都会告诉她同一个原因——国家缺少钢铁。

　　她的中学时代，各类钢铁制品依然紧俏。

　　高考结束后，这个安静的女娃娃毅然决然地选择了包头钢铁学院金属材料专业。在大学求学和实习阶段，她扎在男生堆里，一起学知识、做实验、下车间，她在大学期间的学习和实践中，既锻炼了吃苦耐劳的品格，也积累了扎实的专业技术理论知识。

　　一年初夏时节，学院组织了一次学术交流活动，有一名老专家明确指出，工业是一个国家经济发展的基石，其中钢铁材料是工业发展的首要保障，如果钢铁对工业的支撑力度不够，则注定这个国家的经济难以起飞……

　　王玉玲还从与会专家学者口中获悉，国家对国外的拖拉机履带、铁路货运轮轴钢、高速轴承钢、飞机起落架等特殊钢材料的依赖度很高。

她为此感到非常震惊，当晚回到寝室后，她辗转反侧难以入眠，脑海里不停地思考着一名就读金属材料专业的学生，该以何种状态践行责任与使命，以不辜负青春年华。

在成长中成材

1984 年秋日的一个清晨，21 岁的王玉玲大学毕业，迈着轻松的脚步走进太原钢铁公司钢铁研究所型材室。"我学的是金属材料专业，科研工作能让自己将学到的知识转化成产品，这是一件很幸福的事。"抱着这个认知，她成了型材资深研发专家许工的徒弟。

许工打开比人还高的柜子，里面满是分门别类的科研笔记。按照许工的吩咐，王玉玲坐下来一边细细翻阅资料，一边狂记笔记。

两周后，许工带她到碳钢冶炼产线跟班，并告诉她，新入厂的科研人员要将专业技术理论和工作实际紧密结合，一个环节一个环节地熟知并掌握公司大生产的技术可控水平、工艺流程和装备现状，从而实现从学校纯理论学习到工厂实际研发的根本性转变。

王玉玲在开展正常工作的基础上，充分利用休息日，主动深入生产现场和实验室学习，仅一年半时间，她就能协助师傅们负责产品研发。一次，由于科研任务的调整，她协助师傅负责的某型材特殊钢需要

· 王玉玲在实验室做有关试样的力学性能分析

230

移交其他同事研发。

在任务移交后的一个偶然机会，她发现这种材料在生产过程中一旦达到某个条件，材料内部组织结构便会发生异常改变，这很有可能对材料的力学性能产生影响。之后，她利用业余时间，查阅了大量的资料，并在实验室做了无数次实物样品试验，对自己的发现进行论证。在得到证实后，她与相关研发人员制定了行之有效的规避措施。

由她主持研发的齿轮钢、模具钢、轴承钢、车轴钢、车轮钢等多个系列特钢品种，分别取得了优异成绩，打破了多项产品和技术垄断，填补了国内空白，实现了从业内翘楚到特钢型材知名专家的华丽蜕变。

在创业中创新

"新产品就像培育孩子一样，需要我们全身心地注入心血和汗水，它才能能够茁壮成长成材。"王玉玲向团队成员如是说。

21世纪伊始，面对世界科技进步和经济全球化的新形势，国家诸多领域发展开始换档升级。早在1998年年底，太钢就围绕铁路车辆提速要求，进行了系统性车轴钢研发布局，并由王玉玲全面主导产品和技术开发。常规时速条件下的车轴钢，本身对质量指标要求就很高，各类问题风险均要降低至"零"可能的状态，不允许出现任何一点质量问题。

随着铁路车辆提速，对车轴钢提出更为严苛的标准要求。产品技术和质量需要迭代升级，王玉玲面临着时间紧、任务重，产品特殊、工艺复杂等很多难点，通过持续开展技术攻关和现场鏖战，王玉玲和团队成员最终向公司如期交上了合格的答卷。

此后，车轴钢产品开发从2003年的4万余吨，增长到2005年的10万吨，市场占有率达到第一，产品远销美国、法国、德国、加拿大、韩国、日本等诸多发达国家和地区。

在高速铁路快速发展的大形势下，与之相配套的车轴钢国产化势在必行。作为国家铁路车轴材料重要生产基地，太钢决定由王玉玲率先组建课题组，系统性开展材料研发。她带领课题组牢牢抓住产品特性，坚持从基础研究做起，从微观到宏观，从实验室到现场，从技术到装备，从冶炼到轧制全流程地开展科研实践，高质量完成了太钢当期既定目标。

进入新时代，王玉玲带领团队立足科技创新一线，对标一流、追求卓越，奋力拼搏、砥砺奋进。2012年，太钢车轴钢产量突破26万吨，再创历史新高。

在作为中有为

"科研工作要渗透到全工序的每一环节，身在其中不要当看客和理论家，要做行家里手扎扎实实地干。"王玉玲为青年科研人员阐释科研工作时说。

王玉玲一向认为搞科研没有性别之分。她经常给女科研人员说，产品性能和质量不会因为你是女性而降低标准。在产品研发过程中，从冶炼、轧制、检验，一直到为客户提供技术服务，在现场吃饭和休息，夜以继日地连续作战是家常便饭。她十分重视掌握现场每一工序的第一手资料，历史上连续现场跟班超过三天三夜的情况数不胜数。最多的一次在现场跟班将近一周时间，来现场配合她工作的科研人员，

· 王玉玲在生产现场察看钢坯表面质量

从脸上和工装上，已经分不清她是男是女了。

在对接市场方面，王玉玲是竭诚服务客户的科技人员代表。每年为不同客户提供不同情形的技术类服务近千次，特别在市场终端产

·王玉玲（右）向生产现场技术人员了解有关工艺情况

品延伸性的技术开发上，积极提供技术性支撑与帮助，赢得了客户的信任与赞誉。

在某项产品研发初期的一个中午，她正在职工餐厅午餐，突然收到客户电话，反馈收到的产品出现一次检验不合格，目前面临停产，仅此一瞬间她食欲全无，强迫自己吃了几口饭后，立刻起身前去实验室。她通过手机与客户方技术人员，对产品检验的每一个环节进行确认，并一起分析一起讨论。在天快黑时，终于确认了客户试样选取的位置。她等到午夜时分，客户反馈了产品重新取样检验合格信息后，才感觉到自己已是饥肠辘辘。

年逾知天命之年的王玉玲，在科研工作中依然像个青年人。在一次持续开展的技术攻关过程中，她时不时会出现眩晕现象，直到这种现象频次达到一天几次时，她才请假去医院诊治。

在医院里的病床上，当出现眩晕时，她只能趴着等待这一极不舒服的情况消失。但只要症状一消失，她就立刻通过电话与团队成员讨论工作。有一次眩晕情况出现时，她正好接到一个客户电话，请求为他们分析一下生产中的材料内部组织方面的问题。王玉玲便趴在病床上闭上眼睛，听对方对问题的描述，从材料的化学成分、织构对比，

233

以及各种钢种和探伤之间的微妙关系等全方面地加以分析排查，整整一上午时间，才找到真正影响材料内部组织改变的关键因素，并指导客户拟定了一整套规避问题的措施。很快，客户激动地打来电话，向王玉玲报告了相关消息，这一材料工艺技术优化后，各项指标全部向好。

作为山西省委直接联系的高级专家、太钢铁路用钢首席研究员，王玉玲始终如同一名永不停息的攀登者，在长期的科技创新实践中，始终将每一次成功作为一个新的起点，励精图治、奋发图强，登上了一座又一座山峰。由王玉玲主导的产品和技术研发成绩斐然，太钢产铁路重载车轴钢、高速动车车轴钢、机车车轴钢、城际列车车轴钢、出口车轴钢和电机转轴用钢等品种多达 34 个，并广泛用于铁路机车、货车、客车、动车车轴制造，多个系列产品达到国际领先水平，填补了国内空白，打破了外企垄断。王玉玲个人先后获得国家级成果 1 项、省级成果 6 项，获全国劳动模范、全国五一劳动奖章、全国女工建功立业标兵等多项荣誉称号。

在 30 余年的特钢型材研发征途中，王玉玲坚持用勤劳和智慧，始终遵循不断创新这一信条，为国家车轴钢及特钢事业高质量发展作出了突出贡献。

（毛冰杰）

陶功明：走在高速钢轨前面的人

・ 人物档案 ・

陶功明，1970年1月生，四川开江人，中共党员，现任鞍钢集团攀钢集团攀枝花钢钒有限公司型钢轧制一级专家、教授级高级工程师。享受国务院政府特殊津贴，先后荣获全国劳动模范、中央企业优秀共产党员、四川省劳动模范、"四川好人"、四川省学术和技术带头人、鞍钢楷模、鞍钢集团技术领军人才、鞍钢科学家等荣誉。

> 钢轨是有生命的，需要我们拿出足够的热爱去呵护它。同时，钢轨也是有个性的，需要我们勇敢地面对挑战，才能驯服它。
>
> ——陶功明

高铁修到哪里，攀钢钢轨就铺到哪里。道岔轨、百米钢轨等高速轨系列产品，不仅承载着攀钢60多年发展的辉煌历程，也承载着众多能工巧匠寻求极致完美的"匠人匠心"。陶功明，就是其中最具敬业奉献代表性的"大国工匠"。

敢为人先，打造破解钢轨轧制难题的"万能钥匙"

1970年，攀钢出铁，同年，陶功明出生。1975年，攀钢生产的第一支普轨下线，生在四川省达州市开江县陶家湾村的陶功明才满5岁。邻里乡亲怎么都不会想到，这个不起眼的男娃子长大后会走出陶家湾村，成为中国钢轨轧制领域的顶级专家。

1992年，陶功明从重庆大学毕业后被分配到攀钢轨梁厂开启了轧钢生涯。按照厂人才培训机制，新入厂的大学毕业生需要到基层一线锻炼。当时的轨梁厂，拆装设备都需要人工用大锤作业。陶功明每天和一线职工一起抢大锤，一天下来，在老家经常务农的他也累得手臂酸痛，连筷子都"拿捏"不住。这段日子成为陶功明终生难忘的记忆，也成为他后来执着创新的源动力。

"能用计算机干的，坚决不用人工操作。"陶功明暗下决心。当轨梁厂安排他跟着师傅学习孔型设计时，他没有接受传统的人工绘图设计方式，而是利用自学的英语和计算机知识编制了一套孔型绘图和孔型分析程序，孔型设计时间从30天缩短到20天，很多产品还实现一次轧制成功，而此前，最少需要 3 次，多则达 10 次以上。

陶功明敢为人先的创新之举，结束了攀钢人工绘制孔型设计图纸的历史，型钢、钢轨等产品的孔型设计技术跨入国内先进行列。27 岁的陶功明"一战成名"，公司把孔型设计这个"尖端"的新产品开发全权交给了陶功明，同时他也深刻体会到计算机的强大，开始涉猎仿真轧制技术。

每开发一个新产品，试轧是必不可少的环节。如果试轧失败，一次要增加试轧成本 50 万元以上。因此，提高试轧成功率是全行业的共同目标。仿真轧制技术正是提高试轧成功率的首选技术。然而，国内同行只具备单道次仿真分析能力，轧制力误差在 15%~20%。

攻坚仿真轧制技术，陶功明下了一番苦功夫。在中学和大学，陶功明学的都是俄语，英语基础近乎为零，而仿真轧制技术的学术内容和操作界面大多是英语，他虽然靠着一本《英汉词典》踏进了仿真轧制技术的门槛儿，但始终不得要领。一个偶然的机会，陶功明得知，

· 陶功明经常查看专业图书资料

与攀钢开展合作的某高校有仿真轧制技术。他请轨梁厂相关领导在合作合同里新增了"请高校老师传授仿真轧制技术"的附加条款。通过不断学习，陶功明逐步掌握了仿真轧制技术要领，并应用到生产实践当中。

从此，陶功明带领团队成员与仿真轧制技术"硬磕"了十几年，先后开发出攀钢钢轨全过程连续仿真轧制软件 1.0 版、2.0 版和 3.0 版，直到目前的全轧程一键热力耦合仿真模拟计算，可以完成从钢坯到成品的自动连续仿真，其分析结果与现场实际结果相比，规格偏差在 3% 以内，轧制力误差仅为 5%~10%。由此，该项技术成为攀钢破解型材轧制难题的"万能钥匙"。

勇于挑战，助力中国结束不能生产高速钢轨的历史

陶功明与高速钢轨结缘，始于铁道部交给攀钢的一项重任。

1999 年，正值中国铁路大提速时期，但由于国产道岔轨无法满足火车高速运行带来的冲击和震荡，不得不高价进口。铁道部在国内寻找高速道岔轨生产厂家，没有高速道岔轨生产经验的攀钢毅然接下了这项光荣而艰巨的任务。担此重任的正是陶功明，那年他只有 29 岁。

试轧时，人们最担心的情况出现了：初轧成型的道岔轨从轧机出来就倒地，始终进不了下一个道次。陶功明认为这是轧件重心不稳造成的，而团队其他人都不认同。最终，轨梁厂时任总工程师陈亚平拍板，采纳了陶功明的方案。"团队里所有人都反对我的意见，我的心也不落底。"陶功明说，因为压力过大，试轧前一天晚上，他梦见轧制道岔轨的 950 轧机轧辊突然断了……从梦中惊醒，汗水已湿透了衣衫。

实践结果给陶功明吃了颗"定心丸"——高速道岔轨一次试轧成功，提前 11 天完成上级交办的任务，为攀钢"啃"下 4 万吨高速道岔轨，一个价值超过 2 亿元的合同。

高速道岔轨的成功，增强了攀钢向高速钢轨领域进军的信心。2000 年，陶功明带领团队率先在国内开发出高速钢轨，单是用卡尺和样板人工搜集高速钢轨轧制数据就达到 1000 余组、20000 多个。

"钢轨是有生命的，需要我们拿出足够的热爱去呵护它。同时，钢轨也是有个性的，需要我们勇敢地面对挑战，才能驯服它。"随后几年，陶功明和团队成员在高压和质疑声中，突破了一道道高速钢轨轧制难关，助力攀钢成功开发出时速 200 千米、250 千米、300 千米、350 千米系列高速钢轨，结束了我国不能生产高速钢轨的历史！

潜心研究，让百米钢轨尺寸控制精度达到世界一流水平

按照攀钢对钢轨"生产一代、开发一代、储备一代"的要求，陶功明潜心研究，开发出的每项技术，都是为未来而准备。

2004年，攀钢建成国内首条、全世界第三条七连轧生产线——"万能二线"，主要生产百米钢轨。然而，钢轨越长，从端头到端尾的尺寸控制就越难。放眼全球，没有一家企业能做到百米钢轨从头到尾的尺寸百分之百一致。

"机会只垂青有准备之人。"陶功明利用之前的技术储备，并结合从西南交通大学等高校取回的"真经"，最终拿出一套控制百米钢轨尺寸波动的技术方案。该方案应用后，使攀钢百米钢轨尺寸控制精度优于世界一流企业生产的钢轨，完全满足我国试验时速486.1千米高速铁路要求，为我国高铁"走出去"贡献了"攀钢力量"。2023年10月2日正式启运的雅万高铁（中印尼共建"一带一路"重大标志性成果、东南亚首条时速350千米高速铁路）全线采用的正是攀钢生产的百米钢轨。

陶功明始终立足攀钢，放眼全球，坚持不懈致力于钢轨轧制技术研发，其开发的技术应用在攀钢钢轨生产中，使攀钢钢轨国内持续领先、世界一流。攀钢钢轨产销规模居全国第一，出口量位居全球第二，远销美国、巴西、澳大利亚等30多个国家和地区，成为世界铁路建设的重要推动者。作为我国唯一"钢轨出口免验"企业，供轨量占我国高铁线路的65%，重载铁路的70%以上，而且是我国唯一出口高速铁路用轨的企业，为我国高速重载铁路发展和"一带一路"建设作出重大贡献。

获得巨大成功后，陶功明并未停下潜心研究的步伐。近10年间，

其领办四川省"十佳"劳模和工匠人才创新工作室团队长期致力于以钢轨为典型的型材轧制技术研究，致力于型钢产品开发、工艺技术创新、工艺模型开发、自动控制等领域，积累了丰富的经验，并取得了丰硕的成果。以产品开发和技术革新为核心，形成一个环绕式圈层，在多维度上凝聚力量，培养了大批的技术专家及技能人才，其开发的钢轨断面规格在线自动调整、钢轨残余应力消除、智能工艺设计平台、一键全轧程仿真等新技术，进一步提高了攀钢钢轨新产品研发效率和品质，有效降低了一线操作职工的劳动强度。

"科研的难，难在从无到有，要把一个'异想天开'的点子变成现实，还考量着决策者的战略眼光和育人精神。"陶功明是幸运的，攀钢良好的科研环境激发出他不竭的创新动力。"无论多少年过去，我都不会忘记攀钢各级领导给予我的帮助，也不会忘记团队成员给予我的支持。"

"投我以木桃，报之以琼瑶。"陶功明表示，未来，他将继续以发展的思维，在钢轨生产工艺模型优化、工序基础原理研究、长尺化高精度钢轨等方面持续攻关，探索开发出远高于现标准的新工艺、新技术、新装备，用实际行动擦亮民族钢轨品牌，让钢轨国内持续领先、世界一流。

（孟祥林　张雪莲　李　江）

菅瑞军：时代先锋　榜样力量

◆ 人物档案 ◆

　　菅瑞军，1972年8月生，山西河曲人，现为内蒙古包钢钢联股份有限公司轨梁轧钢厂轧钢一部工人，轧钢高级技师，自治区级劳模创新工作室领办人。先后获得包钢岗位技术能手（状元）、包钢首批轧钢技能大师、内蒙古自治区五一劳动奖章，包钢工匠、包头工匠等殊荣，2015年被授予全国劳动模范称号。

　　我只想当个好工人，入厂时这样想，到现在还是这样想，也是这样做的。我感觉能成为一名产业工人是无比自豪的事。

——菅瑞军

　　1992年9月，包钢技校轧钢专业毕业的菅瑞军分配到包钢轨梁厂，成为一名普通的轧钢工人。轧钢设备由新中国成立后"老式"轧机，更新为世界一流的"新式"连轧机，工友换了一茬又一茬，可菅瑞军在这轧钢岗位一扎就是32年。作为《筑梦——以劳动者的名义》一书的主人公代表，这名来自包钢的全国劳动模范，集内蒙古自治区五一劳动奖章获得者、草原英才团队领军人物、自治区级劳模创新工作室领办人、包头市"鹿城英才"工程产业创新创业人才和包头工匠、包钢工匠等众多荣誉称号于一身。多年来，菅瑞军既感到光荣，又肩负着时代赋予他的重任，不断前行。他说："成绩属于过去，每一天就是一个新的起点，我要发挥好劳模的引领示范作用，带动周围的工友立足岗位、争创一流，为企业高质量发展尽职尽责。"

· 菅瑞军每一天都在迎接新的挑战，让包钢钢轨走向世界，让世界了解中国；为包钢生产的每一支精品高速钢轨增添中国力量。

工人做的事简单，但做起来也不易，想做好就更不易。菅瑞军就是下决心把简单的事做好的广大工人中的一分子。他说："我只想当个好工人，入厂时这样想，现在还是这样想的。"他是这样想的，也是这样做的，在菅瑞军的脑海里，成为一名名副其实的产业工人是无比自豪的事情。

2015年，菅瑞军荣幸地当选了全国劳动模范。他说："这是我做梦都没有想到的事情，当走进庄严的人民大会堂的那一刻，心潮澎湃、百感交集。我清醒地意识到，这一崇高的荣誉既是各级领导的信任和厚爱，也是我所在岗位工友们鼎力支持和团结协作的结果。"

1992年，技校轧钢班毕业的菅瑞军，一脚迈进包钢轨梁厂的大门，就被轰隆隆的轧机牢牢吸引，身处壮观的生产场面，目睹火红的钢坯经过一道道轧机的加工，变成既熟悉又陌生的钢轨，菅瑞军的心中涌现出一股强烈的自豪感，同时又惴惴不安。技校学历，与那些同龄的大学生同在一个屋檐下，本身就差了很多。师傅看出了他的心思，勉励他说："轨梁厂专业性很强，但生产操作也很重要，只要你瞄准目标，一定会干出一番事业。"师傅的这番点拨，让菅瑞军心里亮堂起来。在此后的工作中，他勤学好问，时时刻刻关注操作领域的一点一滴变化，全身心投入一线的生产工作中去，也就从那时起，菅瑞军开始钻研轧钢理论知识，只要是能找到的轧钢方面书籍，都被菅瑞军收集起来，边看边研究，看不懂时就请教师傅，哪怕是一个小问题，也非要弄明白不可。在与师傅和工友们悉心切磋中，很快，菅瑞军成了轧钢生产的行家里手，成了生产的骨干，由操作工逐步成长为主操手、班长和工长。

从一个实习生凭着对包钢的一腔热爱，凭着对轧钢工的执着，一干就是32年。这32年里，他每天干着轧钢，心里想着轧钢，有事没事就琢磨着钻研着轧钢，在他的眼里轧钢不光是他的工作，更是他生命的一部分。他把自己的青春年华、执着认真不达目的决不罢休的韧劲和他的聪明才智都奉献给了岗位，奉献给他钟情的轧钢事业。他踏实肯干，从轧钢工、轧钢技师、甲班工段长一天天地成长起来。他的工段也和他一样，执着实干，在默默无闻地发着光发着热，他的工段取得了很多荣誉：连续夺得轨梁厂年产量、质量第一，全国"安康杯"竞赛三等奖，包钢公司首批安康示范班组和包钢"工人先锋号"先进集体等一项项殊荣。随着装备技术步伐的加快，2006年营瑞军被抽到世界上最先进的万能轧钢生产线参与调试工作，站在能够生产时速350千米百米高速钢轨的万能轧机前，他感慨万千，面对着现代化的先进设备，一种知识缺乏的危机意识油然而生，边配合设备调整边向外方专家学习，他随身带着的小本子时刻记载着轧钢调试、生产过程中存在的各类问题和解决的措施。一次试生产中，钢轨在轧机出口处突然发生弯曲撞击挡板，在场的德国专家下令紧急停车，结果钢轨憋在轧机里出不来，造成跳闸、轧机停转，上千摄氏度的钢憋在轧机里，如果不尽快输送出来，将会烧毁轧机上的所有辅助设备，会造成巨大损失。站在调试队伍中的营瑞军大脑飞快转动，过去老轧机的类似事故的方法闪现，他立即向德国专家提出调整轧辊方向排除故障的建议，德国专家将信将疑调整了轧机参数，故障很快得到了化解，受到了德国专家的称赞。为了消化和吸收进口轧钢设备操作工艺，营瑞军通过实践不断优化钢轨生产工艺，对生产人员进行专业技能培训，提高团队的操作水平，稳定钢轨生产。

之后，在调试50道岔轨过程中，试轧了10多次都没有成功，结合平时的实际操作经验，营瑞军改进工艺参数，一头钻到轧机里测量孔型，通过在CCS轧机卫板上加装腿部卫板，使50道岔轨顺利轧制成功。时速350千米钢轨产品质量要求高，每个班，营瑞军都要亲自上冷床测量钢轨尺寸，积累、摸索基础数据，有效指导生产，通过不断实践、总结，改进 CCS 卫板与孔型定位方法，精确了 60 轨 CCS 卫板与孔型定位，对百米高速钢轨轧疤、轧痕、刮伤及断面不对称缺陷进行攻关，使百米钢轨挑出率稳步提升。

菅瑞军团队攻克了一个又一个轧钢难关，取得了一项又一项骄人的业绩。其中"AT60 钢轨万能生产研究"获包头市科技进步奖一等奖，"115RE 出口钢研发"项目获包钢（集团）公司新产品开发一等奖；"降低钢轨中废率"项目获厂优秀 QC 成果，在工序质量控制、重轨轧疤、轧痕的消缺，以及 H 型钢冷却工艺方面取得了历史性突破；"310 乙字钢 BD1、BD2 校准操作法"获得厂先进操作法一等奖，"310 乙字钢 BD 区加垫校准法"申报国家专利。"轧钢热锯速拆装降本增效提升作业率"项目荣获全国冶金行业职工技术创新三等奖，"热轧锯片快速拆装先进操作法""解决轧制重轨系列道次的减少先进操作法"先后被包钢（集团）公司命为先进操作法。有了这样一支实力雄厚的技术团队，还有什么样的困难克服不了，什么样的难题解决不了的呢？在各级工会组织的重视支持下，先后以菅瑞军的名字命名的包钢、包头市和自治区级劳模创新工作室成了轧钢工高技能教育实训的平台。采取理论联系实际、事故案例分析、现场经验传授等多种形式传授员工技能，从职业技能实训入手，迅速提高了岗位员工技术理论和实践操作水平。多年来，菅瑞军带出的徒弟已经成为轧线生产的骨干力量和技术能手，有的成长为技术员，有的成为工长和部室领导。

近年来，菅瑞军带领团队连续轧出了多个钢轨和 H 型钢新产品，班产纪录被多次刷新；攻克了重轨轨高尺寸波动、钢轨型钢非定尺等多项技术课题；解决了"钢轨高点消除和控制""万能轧机轧制 310 乙字钢的调整"等一批提质增效重点项目，通过经济技术创新累计为企业创效 1300 余万元。

·菅瑞军先后引领技术攻关团队连续攻克了"重轨轨高尺寸波动""钢轨高点消除和控制""万能轧机轧制310乙字钢的调整"等一批提质创效重点课题，为企业高质量发展做出积极贡献。

菅瑞军曾说："2024年是新中国成立75周年，包钢建厂70周年和轨梁厂建成投产55周年，我们包钢迎来了历史上最好的发展机遇，作为包钢大家庭的一员，我非常自豪！"

在发展新质生产力，保安全、提产能、出精品、降成本的包钢高质量发展中，作为一线轧钢工人、全国劳动模范的菅瑞军，正在他挚爱的轧机旁，为共和国的每一支钢轨增添着包钢力量。

（董延翔）

叶宏勇：多面技能大师

◆ 人物档案 ◆

    叶宏勇，1975 年生，江西上饶人，现任宝武集团新余钢铁公司硅钢薄板事业部电气主管、仪表高级技师。2015 年被评为全国劳动模范，其领办的"叶宏勇技能大师工作室"于 2015 年获批国家级技能大师工作室。

> 　　我最大的希望就是冷轧生产线能够稳定地运行，我们付出任何都是应该的，处在这么关键的岗位，立即解决问题，减少企业的损失，是我的责任和义务。
>
> 　　　　　　　　　　　　　　　　　——叶宏勇

　　叶宏勇是新钢集团硅钢薄板事业部有名的"技术大拿"，也是同事们心中无所不能的"叶大师"。他扎根现场 28 年，刻苦钻研技术，不断积累现场实践经验，从一名仪表工成长为精通仪表、自动化、计算机等领域的多面技能大师。

　　一路耕耘，他斩获多项荣誉，2007 年，他获得"江西省优秀高技能人才称号"；2011 年享受国务院政府特殊津贴；2013 年入选"赣鄱英才 555 工程"；2014 年被授予"江西省优秀导师带徒称号"；2015 年，他光荣成为全国劳动模范；同年，他的冷轧厂自动化控制大师工作室被评为国家级大师工作室；2016 年被新余学院聘为创业导师；2018 年叶宏勇被江西工人报誉为"从制造到智造的高级蓝领"；2020 年入选"江西省百千万人才工程"。

一只飞进新钢的"青春鸟"

　　1993 年，叶宏勇进入新钢职工大学（现江西冶金职业技术学院）学习，1996 年以优异的成绩毕业。那几年，正是新钢最困难的时候，不少同学"远走他乡"，叶宏勇却留了下来，在新钢一干就是 28 年。

　　他的第一份工作是仪表工，最普通的工种之一。刚开始，因为父母工作在距离新钢主厂区 22 千米的山上片区，叶宏勇也被分到那里。闲下来，叶宏勇不喝酒、不打牌，业余生活就是看书和研究设备图纸资料。一年后就成为仪表小班长，带领几个同事从事仪表的正常维护工作，同时还完成了炼钢厂溅渣护炉、动力厂氮压机等仪表的安装调试。

1998年，叶宏勇参加新钢青技赛暨技能大赛，获得仪表工种第八名，2001年参加新钢集团自动化部技能大赛，获得仪表工种第一名。彼时，新钢的设备正由全仪表控制向先进可编程控制系统PLC转变，新钢集团自动化部把一群积极向上的年轻人组织在一起，成立了工控班——也就是很多"老新钢"常说的"23只青春鸟"，叶宏勇有幸调入了工控班，成为"23只青春鸟"中的一员。

在自我挑战中"蜕变"

2002年，新钢集团8号高炉开工建设，新高炉的可编程控制系统由长沙的一家自动化公司负责设计和调试。"23只青春鸟"一边参与拉电缆等安装工程，一边站在长沙自动化公司调试人员的身后，学习全新的自动化技术。

紧接着，新钢集团7号高炉进入大修，"23只青春鸟"第一次承担了7号高炉大型PLC控制系统的软件设计。叶宏勇负责高炉上料系统的控制系统开发。最初，大家考虑完全模仿8号高炉的控制系统程序。可是，研究一段时间发现，8号高炉程序繁杂且很多变量没有注释，程序可读性能差，模仿起来太困难而且风险大。

当大家都迷茫时，叶宏勇决定：自力更生，重新开发程序。他潜心研究工艺流程，根据自行设计的控制流程图重新开发程序，边模拟测试边修改完善，终于在7号高炉成功运行。和8号高炉比较，新程序逻辑清晰，简单易懂。随后，这套控制程序又成功运行在新钢集团后来建设的几座高炉上。

有了这次成功，叶宏勇挑战自我，挑起了厚板矫直机、厚板冷床等多个工程项目仪表及自动化控制系统软硬件设计、安装、调试任务。

多工种的"完美跨越"

2003年，新钢集团开始逐步建立高效化的三级信息管理系统，为了提高产品附加值，二级工艺计算机模型也开始广泛应用。叶宏勇从自主编制PLC程序，开始学习C++语言，编制计算机控制程序。2006年，叶宏勇完成了从仪表工、电气自动化到计算机三个专业工种的"完美跨越"。仪表工出身的他，凭借自身的刻苦努力、坚持学习，在2004年获新钢青技赛暨技能大赛工业自动化第一名，并获"江西省青年岗位能手"称号；2005年获新钢青技赛暨技能大赛计算机第一名，并获"江西省青年岗位能手"称号；2006年9月，代表新钢集团参加全国第三届钢铁行业职业技能大赛取得了计算机比赛第六名的好成绩，荣获"全国钢铁行业技术能手"称号。叶宏勇在仪表、自动化、计算机三个工种的技能竞赛中5次夺冠，成为一个名副其实的多面手技能人才。

冷轧工程的挑战是"英语"

2007年，新钢三期技改工程开始建设，叶宏勇申请参与冷轧项目部酸轧机组的筹建。随着设备的大型化、现代化，三期技改工程中冷轧酸轧机组电气控制系统比以往更加复杂，资料和操作界面从头到尾全英文。这一年，叶宏勇业余生活又多了一个项目：学英语。面对复杂的设备安装和调试工作，面对和外方专家语言沟通的障碍，叶宏勇晚上熬夜学习英语口语和听力，白天主动为施工单位与外方专家当翻译，边学边干，圆满完成冷轧电气自动化设备的安装调试工作，赢得外方专家的高度赞誉。

"掌握和驾驭"新的设备

新钢冷轧厂2010年9月投产后，酸轧机组故障频发，电气故障时间一个月有2000分钟以上。投产半年时间，叶宏勇的母亲发现，儿子要么晚上不回家，要么吃了晚饭就睡觉，然后不知什么时候又去厂里了。母亲心疼地说："勇勇，要注意自己身体呀。"为攻克难关，电脑、书籍和灯光陪伴叶宏勇度过了一个又一个不眠之夜。冷轧生产连续性强，生产线上任何一个传感器出现问题，生产都会停止。冷轧厂每一位值班维护人员遇到不能解决的问题，无论是深夜还是凌晨，都直接打电话向叶宏勇请教。而叶宏勇每次都能认真细致地讲解、分析。每当设备出现疑难问题，无法分清是工艺、机械、液压还是电气原因时，叶宏勇无论在何时何地都会第一时间赶到现场，不解决问题、不恢复生产，叶宏勇绝不离开。叶宏勇每天披星戴月，整日忙于生产一线，每一次遇到疑难问题，他都是连续十几个小时甚至几天几夜的艰苦奋战，不轻易放弃。凭着毅力和韧性，叶宏勇带领自动化维护人员解决着生产中出现的各种设备疑难问题，保证生产稳定运行。

创新让"劳动更有价值"

叶宏勇明白，靠勤奋只能让设备短期正常运行，要实现设备长期稳定运行，终止大家重复的故障抢修，只有通过学习和创新，才能让自己和设备走上良性循环的道路。凭着毅力和不断创新，叶宏勇带领同事对冷轧机组现场的 1200 多个传感器进行反复攻关，控制程序不断优化，研究和开发了 IF 钢、CR 烘烤硬化钢、50 钢等新钢种轧制攻关、机组塔形和溢出边攻关、6.47 厚带钢轧制攻关等 120 多项专有技术。坚持以解决现场疑难问题为目的开展创新工作，不断将故障频繁的设备改造成"零"故障设备，故障时间减少 90%，维护人员数量减少 60%。叶宏勇把这些专利技术成功应用到后来投产的机组，确保了这些机组稳定高效地运行。

自主创新成果"值得推广"

当设备走上良性循环的道路，叶宏勇又有空闲时间学习新的知识了，攻克新的疑难。在新技术应用开发方面，他用微信小程序开发大师工作室手机学习 APP，用来上传和浏览技术资料，获得了软件著作权。2022 年，他用 Python 语言 +OpenCV 图像识别技术，通过采集分析平安新钢视频图像，开发出测量带钢实际宽度的程序；他还设计开发了机组与无人行车等设备的通信程序，实现现场设备实时数据采集和不同机组之间的数据共享；用新学的 SolidWorks 三维制图软件为新安装的测厚仪设计了一个 200 斤重的旋转防辐射门。在解决生产技术难题方面，他通过研发轧机辊缝快开控制技术，大幅减少轧机内带钢缠辊和堆积现象；通过研发电气柜跳闸远程复位技术，大幅减少了维护人员的劳动强度；通过研发带阻滤波在控制轧机张力振动中的应用，有效抑制了测张辊事故。仅 2023 年，他获得宝武集团金点子 1 次，新钢集团金点子 5 次，专利 6 件，新钢集团科技进步奖二等奖 1 次。2024 年获得中国宝武优秀岗位创新成果奖一等奖。

疫情攻坚中"分享技能"

新冠疫情期间，叶宏勇当仁不让，成为了生产应急突击队的一员。疫情严重时，吃住在厂里，并且响应党中央和全国总工会疫情防控的需要，开展线上培训。叶宏勇讲授的课程，全国有近 7 万职工收看，是全省所有课程中收看人数最多的，有效助力了打赢疫情防控攻坚战。

为了分享技能和经验，叶宏勇通过阅读书籍掌握多项专业技术。从讲授设备设计（包括电气线路设计、机械制图），到电气自动化系统调试（包括 PLC 控制系统编程、变频器），再到计算机控制管理系统开发（包括 C++、Python）等。通过宝武工匠平台和技师学院授课，让学员知道如何成为一个技术能手。

叶宏勇始终秉持执着专注、精益求精、一丝不苟、追求卓越的工匠精神，抒写着对企业的忠诚和热爱，在平凡的岗位上做出不平凡的业绩。相信在未来的日子里，他将继续带领团队在技术创新和人才培养方面取得更多的成果，为企业的发展贡献更大的力量。

李震廷：人生在创新中丰盈

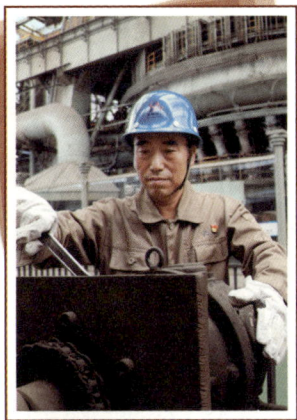

◆ 人物档案 ◆

　　李震廷，1961年1月生，河南滑县人，中共党员，18岁进入安阳钢铁股份有限公司炼铁厂生产一线，凭着对事业的执着追求和敬业精神，在平凡的岗位上，创造了不平凡的业绩。研发创新项目20余项，其中"一种快速更换放散阀的装置""一种组合式吊具"等6项成果获得实用新型专利授权。先后被评为安钢集团公司先进生产工作者、集团公司首席操作技能人才、河南省劳动模范、首批河南省"创先争优"党员之星、河南省管企业拔尖技能人才、"感动安阳年度人物"、全国劳动模范。2019年，享受国务院政府特殊津贴。

只为成功想办法，不为失败找理由。

——李震廷

一个处在钢铁企业最基层的职工，可以作出多大的贡献？

一个只有初中学历的起重工，可以获得多高的荣誉？

河南钢铁集团安阳钢铁股份有限公司职工李震廷在40余年持续不断的创新中，给出了最明确的答案。

2009年被评为河南省劳动模范，2015年被评为全国劳动模范，2017年获评河南省首批"中原大工匠"，2018年获评全国技术能手称号，2019年享受国务院政府特殊津贴……他的创新成果和创新精神在一项项荣誉中被高度认可。

40年来，从最开始的尝试创新到之后的沉迷其中，再到带出一个创新团队，创新在经年累月中一点点融入李震廷的骨血，浸润着他的世界，丰盈着他的人生。

探　索

说起创新的初衷，李震廷的想法很朴实："就是为了让大家省点劲，能快点把活干好。"

18岁就踏进安阳钢铁股份有限公司炼铁厂生产一线的李震廷浓眉朗目、朝气蓬勃，彼时，集团还没有实现装备大型化、工艺现代化、产品专业化，一些工作还需要职工投入大量的劳动来完成。

冬日的寒风、夏季的高温，繁重的劳动、疲惫的四肢，作为起重工的李震廷时常和大家一起在苦、脏、累、险的一线工作。编插钢丝绳扣就是其中的一项，一根钢丝绳扣有十几米长、二三十厘米粗，两个人编插一天才能完工。一天下来，身强力壮的李震廷胳膊酸疼。

"这比干庄稼活还累，能不能想个好法儿，省点力气？"疑问激发着他的探索欲望，留心观察，苦思冥想之后，类似农家织布机的一个装置给了他灵感。没有丝毫迟疑，他捡来废钢筋、找来旧滑轮、自制脚踩踏板，一个替代手工的"快速编绳器"由此诞生，这个创新，使一个人半天就能轻松完成工作，大家对这个爱琢磨的小伙子赞不绝口！

自此，他怀着满腔热爱，一头闯入创新的世界，如鲸向海，似鸟投林。

厚　积

如果试图改变一些东西，首先应该接受许多东西。

每次在现场干完活，李震廷都会总结思索："这个活只能这样干吗？有没有更好的工具和办法？"在无数次的思考与实践中，李震廷感觉到了知识储备量的不足。于是，工余间、下班后、临睡前，他抓住每一个可以利用的时间，如饥似渴地学起力学、起重工原理等专业知识，一步步搭起通往创新的阶梯，催生出一个个创新成果。

"只为成功想办法，不为失败找理由。"这是李震廷常挂嘴边的口头禅，为了解决创新过程中的难题和瓶颈，思考和学习成了他的习惯，除了从专业书籍上找答案，自行车飞驰的车轮、在农村劳动时用过的工具都能带给他灵感。

李震廷创新地发明了快速更换高炉弯头装置，利用该装置更换高炉弯头，原来需要十几个人辛辛苦苦干两三个小时的活，改为五六个人半个小时就能轻松完成。此项成果获得了国家实用新型专利授权。

无数个创新成果中，10吨叉车是李震廷的得意之作。这台起初被大家视为累赘的笨重设备，经过李震廷的数次加装，变成了既能当成小型平板车，又能成为移动升降平台，还能解决超长备件及碎小备件运输难题的"万能小车"。

钢丝绳自动锁紧卡链、多功能吊装梁、重型电动扳手使用适位器、手工钻刨、叉车配备托盘、叉车自救器、快速矫正器、阀门专用吊具……每一个创新成果在生产检修中都得到了广泛应用，降低的生产成本、减轻的劳动强度、节省的检修时间，创新带来的种种益处，驱使他的创新脚步越发坚定，创新动力溢满李震廷的胸腔，他的创新之路也越走越宽阔。

薄　发

且行且思，持续不断的创新占据了李震廷的工作和生活，也默默地丰盈着他的人生。

成为起重高级技师的李震廷，随着多项创新成果的推广应用，他的创新事迹逐渐被大家熟知，鲜花、荣誉、掌声扑面而来。集团公司先进生产工作者、集团公司首席操作技能人才、"感动安阳年度人物"、河南省劳动模范、全国劳动模范、河南省首批"中原大工匠"……一项项接踵而至的荣誉并没有使李震廷沉醉其中，却促使他把创新精神进一步发扬光大。

此时的河南钢铁集团也已成为国家特大型企业，自强不息、敢为人先、永不满足是企业始终倡导的创新精神。集团不但鼓励职工创新，而且为职工搭建起成长平台。

2012年，河南钢铁集团首家以李震廷命名的"李震廷劳模创新工作室"正式成立。自此，李震廷开始了由一个人的单打独斗到带领一个创新团队的跨越。

李震廷坦言："有了劳模创新工作室，觉得劲头更足了，有了什么新想法，也能很快实现。"

发挥团队优势，解决生产难题，保障设备运行，提升岗位技能，多出创效成果，是李震廷和他的团队确立的目标。

在这个创新团队里，设立着创新攻关组和技术顾问组，他们围绕着企业的发展战略，设立年度攻关项目，立足现场攻克难题。一有时间，他们就聚在一起，如切如磋，如琢如磨。成立两年多，他们就先后研发创新成果十余项，其中获得国家授权的实用新型专利4件，小发明5件。2012年，被中国机冶建材工会授予全国机械冶金建材系统"李斌式模范班组"称号。2014年，被中华全国总工会授予"全国示范性劳模创新工作室"，是全国首批97个全国示范性劳模创新工作室之一。2015年，被中国机冶建材工会授予全国机械冶金建材系统示范性职工（劳模）创新工作室。

近年来，李震廷劳模创新工作室围绕提高劳动效率、节约检修时间、降低劳动强度、提高安全系数、丰富设备功能等多方面开展攻关。截至目前，已完成高炉十字测温快速更换装置、叉车配备吊具、叉车吊装梁、一种组合式吊具、多功能工具房、高空无吊用辅助设备更换放散阀等50多项创新创效项目，被大家亲切地称为生产经营的"生力军"和"突击队"。

逐　梦

"工作不是干一天两天就不干了，要成年论辈子的在这儿，所以工作中有不顺手的地方，我就想办法改进。造福大家，也是帮助自己。"40多年来，李震廷始终怀揣一颗赤诚之心，爱岗敬业、持续进取、勇于创新。

同事说："时常看到李师傅摊开一桌子的书和备件，像着了魔一样！"

徒弟感慨："跟着李师傅干活，每次学的都不一样，每次都有新技术、新知识。"

检修中遇到棘手的难题，领导说："老李，你来了，我的心就踏实了！"

河南省劳模表彰会上，省领导称赞他："视学习为生命，视创新为使命。逢山开路，遇水搭桥的工人发明家。"

面对如潮的赞誉，李震廷却很淡然。

他说："我只是把企业的事当成自己的事来做，搞创新也是自己喜欢做的事，没想到企业和国家却给了我这么多。"

为了支持他的工作，他的爱人承担了大部分的家务。因为醉心于创新，对于远嫁的女儿，他也只去看过两次，一次是女儿结婚，一次是女儿生子。

对创新的不懈追求，使他一步步攀上技术的高峰。

2018年8月，他的"冶金企业产线维检装备研制与应用"项目获得冶金科技奖三等奖，填补了河南钢铁集团的空白。

2018年11月，李震廷荣获全国技术能手。

2019年1月，李震廷收到了国务院政府特殊津贴的证书；同年2月，他和他的创新团队申报的两件专利收到了确认函；5月，李震廷劳模创新工作室的两项成果在安阳市两馆展出。

……

以心琢物，以技传世。如今，刚过花甲之年的李震廷虽然退出了维检一线，但对于他来说"退休工人也有力量！"更多的后辈们接过他那火热的"匠心"，在河南钢铁集团奋力建设现代化钢铁强企的今天，续写新时代工人荣光！

（魏庆军　张丁方）

薛小永：用钢铁意志淬炼钢铁本色

· 人物档案 ·

薛小永，1971年5月生，陕西韩城人，中共党员，陕钢集团形象代言人、工会副主席，龙钢公司炼钢厂党委副书记、纪委书记、工会主席，曾荣获全国劳动模范、首届陕西省职工职业道德建设标兵个人、陕煤集团劳动模范、庆祝改革开改四十周年暨龙钢建厂六十周年"功勋员工"等荣誉称号。2021年8月20日，他代表陕钢集团在十四运会和残特奥会火炬传递活动中担任韩城站第55号火炬手。薛小永劳模工作室荣获全国机械冶金建材行业示范性创新工作室。

薛小永乐于吃苦、敢于争先、勇于创新、甘于奉献，钢铁磨炼意志，烈火铸就风骨！

傍晚，当其他工人们忙碌了一整天，收拾完工具准备回家的时候，转炉平台上一片火热，准备开始补炉。1000多摄氏度的高温，他带领着几个人从炉口"进进出出"，用大铲将几十千克的补炉砖一个个整齐地排列在炉内，他就是全国劳模——薛小永。

从参加工作以来，薛小永一直奋战在钢铁生产的第一线，兢兢业业、勤勤恳恳、踏踏实实，一步步从一名炉前工成长为全国劳模。他还先后荣获了首届陕西省职工职业道德建设标兵个人、陕煤集团劳动模范、庆祝改革开放四十周年暨龙钢建厂六十周年"功勋员工"等荣誉称号……一个个闪光荣誉的背后，是他在转炉前长达30年的执着坚守。这份坚守，正是陕钢深厚文化长期浸润的生动写照，更是企业开拓、拼搏发展征程中的一个缩影。

炼钢：砥砺淬炼　争气争先

1995年3月，高中毕业的薛小永进入龙钢公司，被分配到炼钢厂成为一名炉前工。当时正值炼钢一期工程建设后期，第一次进厂房，那扑面而来的热浪，薛小永至今记忆犹新，他告诉自己，既然选择了这里，就要把心交给这片土地。虽然工作环境艰苦，但薛小永没有退缩，积极参与了企业炼钢一期工程的投产工作。通过自己的不懈努力，他很快成为一名摇炉工，炼出了第一炉钢水，结束了企业37年有铁无钢的历史。

在炼钢生产初期，生产系统自动化程度还不高，提起补炉，尤其是夏天，炉前工都头疼不已，但他每次都冲在最前面，推举着12米长的大铲运送补炉砖，离直径3米、温度1300~1400摄氏度的炉口只有

3~4 米远，大铲管被烤得通红，连衣服上的胸牌都被烤得烫手。面对如此高温，他凭借娴熟的技艺，热补、快补、均衡薄补一气呵成，一次性补炉成功。为了减少补炉次数，他不顾高温，一次次靠近炉口观察炉况，查找原因，收集大量数据，分析规律，总结经验，不断调整操作，找到渣料结构优化的最佳点，实现了转炉零维护，不仅降低了耐材消耗成本，而且创下全国最高炉龄纪录。然而，他脸部的皮肤却被辐射热烤得脱落了一层又一层。经过 4 年的历练，1999 年，薛小永如愿成为一名炉长。在这个岗位上，他一干就是 5 年。5 年间，善于总结、琢磨的他将自己的技术练得炉火纯青，尤其是考验炉长技术的看火环节，更是技高一筹，他能凭肉眼通过炉内火焰状况准确判断炉温，其结果和测温枪显示结果相差无几。

· 薛小永正在判断炉温

"在一次外出学习时，其他钢厂的朋友问我是哪个单位的，当时我还自豪地说我是龙钢的，但对方却一脸茫然，说不知道龙钢在哪。"薛小永回忆道。原来当时龙钢的产量远不如其他企业，所以很少有人知道这个企业。巨大的差距让薛小永下定决心，一定要将指标提上去，为企业争口气。回来后，他总结经验，大胆开展指标攻关。为研究转炉冶炼工艺，他常常在 60~70 摄氏度高温下，一观察就是 30 分钟，脸被热浪烘烤得胀疼。一次察看下来，常常是汗水湿透工服。他硬是凭借着不服输的精神，反复观察、试验，在很短的时间里，炼钢钢铁料消耗、石灰单耗、氧气消耗、耐材综合成本达到国内先进水平，转炉新区实现负能炼钢，工序能耗达到最好控制水平，新区转炉煤气回收量创新高，并成功开发了 6 个新品钢种。

练人：千锤百炼　终成好钢

2002 年公司改制，按照陕西省政府的要求，打造钢铁支柱产业，企业也随之发展壮大。2003 年 5 月，3 号 60T 转炉投产，薛小永全面接手了 3 号转炉工作，面对当时炉龄不高的制约现状，他提出以提高终点碳、降低出钢温度为目的，以操作维护为主、料补为辅的原则，整套炉役首次实现炼钢转炉炉龄突破 10000 炉大关，钢水合格率、钢铁料消耗等指标创下历史最佳水平。

2009 年，按照陕西省《陕西钢铁产业规划和组建陕西钢铁集团》的总体要求，实施"大集团引领，大项目支撑，集群化推进，园区化承载"的工业发展战略，由省国资委、省煤业集团和有色集团共同出资 11 亿元组建陕西钢铁集团有限公司，随后陕钢集团响应国家号召，大力实施落后产能淘汰，启动了龙钢公司 3 号、4 号 1800 立方米高炉、400 平方米烧结机建设工程，并对 4 号连铸机实施五机五流改造，促使企业产能迈上了 400 万吨新台阶。炼钢转炉系统二期技术改造工程全面铺开。项目伊始，薛小永就被抽调到新系统参与转炉新项目建设和设备安装调试工作。薛小永回忆道："由于 120 吨转炉工艺与 60

吨不同，采用固定炉底，筑炉从上面进砖，炉底砖排布、底吹透气砖使用都与 60 吨差异很大，给筑炉带来很大难度，诸多技术难题连辽宁的砌炉工程师也束手无措。"他以"5+2""白 + 黑"的精神坚守一线，不会就学，待在炉里研究，不放过任何一个细微环节，硬是凭着一股不认输的倔劲，短短几个月便掌握了设备和工艺技术，利用水管注水的方法解决了炉底找平难题。为给系统试车留下足够时间，他白天与厂方技术人员探讨砌炉方案，学习砌炉方法，晚上与砌炉人员排成"长龙"，不间断为炉内送砖，不时到炉内查看砌筑质量，累了靠在椅背上眯一会……经过 4 天日夜奋战，他与团队达成了全国历史上从未有过的75 小时砌成一座 120 吨转炉的成就。在场的宝钢专家连连竖起大拇指，说："同类型转炉全国砌筑时间最短 7 天，你们创造了'陕钢速度'。"

· 薛小永正在进行转炉冶炼操作

2015 年 4 月 28 日，在庆祝"五一"国际劳动节暨全国五一劳动奖表彰大会上，薛小永被授予"全国劳动模范"，同时也是陕西钢铁重组和陕钢集团诞生以来获得此项殊荣的第一人。随着企业的不断发展，先后对炼钢进行了多项系列技术改造，多品种、满负荷、快节奏生产是炼钢的一大特色，而转炉承担着炼钢80%以上的指标和消耗，炉前关键操作人员的水平是决定性因素。为带出一支操作娴熟、技术高超、素质过硬的队伍，薛小永带领技术人员开展炉型控制、钢铁料消耗和钢水合格率等重要经济技术指标的攻关，坚持每月组织一次转炉关键岗位实践技术比武，每季度进行一次理论考试，在关键岗位实施末位淘汰，从发展的角度合理调配区域人力资源，潜心打造多种复合新型培训平台，为关键岗位人员储备了坚实力量，并培育了各级劳模数名。

炼魂：言传身教　凝心铸魂

随着企业的发展，陕钢集团高度关注技术技能人才的培养和发展，以劳模、工匠为引领，提升全员创新攻关能力，推动创新成果落地见效。2018年6月，以薛小永名字命名的劳模工作室成立，工作室持续弘扬"乐于吃苦、敢于争先、勇于创新、甘于奉献"的精神，围绕提高炼钢转炉、连铸生产效率，开展科技攻关、技术改造、技术协作等系列课题，解决生产的瓶颈问题。该劳模工作室如今已成为员工发挥才干、创新创造和展现风采的重要平台，传承劳模精神、劳动精神、工匠精神的文化阵地。工作室从成立以来，培养了众多高技能人才，其中高级技师4人、技师15人、高级工10人、中级工20人。

在中国共产党成立100周年，央视拍摄大型工业纪录片——《钢铁脊梁》，薛小永带领团队凭借"钢魂铁志"——75小时砌筑一座120吨转炉的事迹入选。"目前检修已进入砌炉环节，为保证检修圆满完成，砌炉时间必须控制到75小时，大家有没有信心？""有！"在《钢铁脊梁》第五集中，这一幕震撼人心、激动人心，这是从未有过的尝试和挑战，薛小永做到了……在那密闭的空间里、厚厚的工作服下，汗水滴滴从他们的面颊滑落。那一滴滴汗水里有陕钢人拼搏的身影，有陕钢人对岗位的执着坚守，有陕钢人对钢铁事业的无限热爱与奉献……

钢铁磨炼意志，烈火铸就风骨。同薛小永一样，每一位陕钢人都将永葆昂扬斗志，肩挑神圣职责，发扬劳模精神，用坚守、坚韧、坚强、坚定的钢铁精神演绎绚丽而多彩的钢铁人生，为钢铁事业发展贡献智慧和力量。

（张　新）

李超：时代楷模

· 人物档案 ·

李超，1970 年 9 月生，辽宁鞍山人，中共党员，现任鞍钢股份有限公司冷轧厂首席技师，鞍钢技术专家，长期从事生产一线的设备维修保障工作。先后解决生产难题 270 多项，获得国家科学技术进步奖二等奖 1 项，国际、国家发明展览会金奖 3 项、银奖 2 项、铜奖 1 项，获国家授权发明专利、专有技术 39 项，65 项成果获鞍钢集团和厂级以上奖励，创造经济效益 1.7 亿元。在第八届中国发明创业奖评选中，被授予发明创业奖的"当代发明家"称号。曾荣获全国劳动模范、全国优秀共产党员、全国"时代楷模"、全国五一劳动奖章、辽宁省"时代楷模"、辽宁省五一奖章、辽宁工匠、鞍山市劳动模范、鞍钢集团劳动模范、鞍钢工匠、鞍钢集团青工技能大赛状元等荣誉称号，是"全国示范性劳模和工匠人才创新工作室"带头人，享受国务院政府特殊津贴。2022 年光荣当选党的二十大代表，2023 年当选中国工会十八大代表和执行委员会委员。

李超以精益求精、追求卓越的创新精神，扎根技术一线，勇于突破，用实际行动诠释了新时代产业工人的责任与担当。

信念坚定，勇于担当，追逐"技术报国"的人生理想

李超坚定崇高的理想信念，爱党爱国，爱厂如家，把实现个人价值与企业发展紧密相连，把全部的精力和才智都奉献给了生产一线。他以厂为家，始终开启着"白加黑""5+2"的工作模式，从工厂里不起眼的小工，成长为擅于解决现场难题的"技术专家"，为企业发展振兴尽心竭力。他始终坚定"技术报国"的工作信念，紧跟鞍钢技改和调品步伐，通过发明创新解决各种设备和技术难题，为企业产品升级、技术进步作出了巨大贡献，体现了当代共产党员的强大自信和奉献精神。在李超心中，企业利益高于一切。他用智慧和勇气一次次捍卫企业利益和国家荣誉。

2004年，建设冷轧二号线清洗机组时，李超是工程组设备负责人。在安装工艺段电解槽时，李超无意中听一位点检员说，两槽连接处的密封垫是拼接的。这些垫片看着不起眼，但如果密封不好，会导致槽体中的碱液外漏，后果非常严重。当时，槽体上面的设备快安装完了，施工单位不愿为小小的垫片返工。李超急了："我们要对企业负责！"当工人分离了槽体，大家都倒吸了一口凉气，几段密封垫中间果然有几毫米的间隙。还是这一年，新日铁设计的一套洋设备——雾滴分离器出了问题，不断有雪花状的碱雾从30多米的烟囱中飘出。李超马上找日方交涉。日方调试了多次也不见任何效果，最后，只好同意赔偿鞍钢的损失。日方"缴械"了，可李超不想放弃："这样放着

它会影响环境，得治理。"他组建一个攻关小组，对分离器进行改进，烟囱再也不飘"雪花"了。

2006年，鞍钢建设冷轧四号线时，李超作为谈判小组成员赴日本参与设计审查，主谈清洗机组部分。他把二号线清洗机组暴露出的设计问题和修改方案详细列出来，有30多处，一条一条地谈。双方争执的焦点集中在清洗机组刷辊传动轴直径要不要加大上。李超坚持要增加2毫米，日方则拒不接受。双方激烈争论了两个多小时，僵持不下。李超"将"了对方一军，他站起身来，一字一句地说："如果不修改设计，就将此项写入纪要中，以后这个部位出了问题，你们要负全责！"最终，日方答应了修改设计，并敬佩地与李超握手言和。时至今日，四号线清洗机组仍然运行稳定。

·李超在检查钢卷内径质量

敢为人先，攻坚克难，书写"技术创新"的崭新篇章

李超具有强烈的创新意识和不拘一格的创新思维，他善于把难题变成课题，让想法变成现实。入厂以来，他紧跟鞍钢发展步伐，把技

术改造和装备升级作为实现自我价值的大舞台，把聪明才智转化为创新创效的实际行动。

冷轧产品表面锈蚀，曾经极大地困扰着鞍钢人。经过多年努力，鞍钢生产的冷轧板在强度、韧性等方面已经做得很好，但在表面质量上与国外先进企业的产品相比一直有差距，主要原因就是生产过程中各种润滑液在钢板表面的残留。李超针对轧制时的乳液残留，主导研发了"冷轧机乳液分区自动吹扫装置的研发和应用"项目，成功解决了鞍钢冷轧联合机组带钢乳液残留问题，使鞍钢冷轧汽车板能够稳定地批量生产，欧五标准的合格率提高 8%，耗电量节省了 36%、现场噪声降低了 25%，汽车板销量大幅提升，累计创效 4500 余万元，2009 年该项目获国家发明专利，2012 年获第七届国际发明展览会金奖，获 2013 年度国家科学技术进步奖二等奖。他不仅将这项技术推广到其他生产线，还将解题思路拓展到所有液体残留上。冷轧四号线存在平整液残留问题，对产品质量影响很大，攻关组想尽办法，甚至请来国内的乳液－空气吹扫专家，也没有从根本上解决这个难题。李超知道后，带领攻关组仔细观察设备分析缺陷，提出解决方案。"大家一直用常规的处理方法治理残留，这次要结合机组特点，采取逆向思维，减少喷嘴，重新布局。"按照李超的方案，立竿见影地解决了这个老大难问题。如今，在鞍钢，冷轧板表面锈蚀的难题已经不再是个问题。

他主导完成的"酸洗活套段改造"工程项目，使设备故障时间由全年几百小时降为 3 小时，大幅提高了设备作业率，使一条设计能力 40 万吨生产线完成了创纪录的 100 万吨产量，获得冷轧厂当年唯一的特等奖项目；他主导完成的"2 号线设备完善性改造"项目，解决了当时制约生产的多项难题，使这条生产线由调试生产的不稳定状态快速达产达效，获得鞍钢合理化建议和技术改造一等奖；作为清洗机组的专业负责人，承担新建机组的专业技改工作，填补了鞍钢清洗板材工艺的空白，提升了冷轧产品的表面质量；主导完成的"冷轧机1450产线内径自由转化"项目，拓展了产线产品种类，实现了不同规格产品快速转换，为国内首创；主导完成"实现连退生产线的剪边排料功能"及"成品卷无划伤装置的研发"项目，有效提高了产品的成材率，为企业创造了效益，获得冷轧厂技术创新一等奖。

凝心聚力，高效协作，诠释"团队精神"的深刻内涵

李超同志胸怀全局，处处发挥共产党员的表率作用，每到一个新岗位，都迅速融入团队作战，把创新意识灌输给整个团队，把创新经验和技术诀窍传授给大家，形成"比学赶帮超"的创新风气，使创新工作室、攻关团队成为创新创效的"孵化器"。李超在每一次技术革新时，都注重发挥团队的作用，尤其是担任副作业长、作业长兼党支部副书记及首席技师以后，他常常组建跨专业、跨区域的攻关团队。在李超担任2号线设备作业区副作业长期间，一名刚进厂的大学生自学

活套设备一周时间也没搞明白具体情况，于是李超带他到活套内仔细讲解活套设备各处要点，使这名大学生受益匪浅，很快成为业务骨干。担任冷轧厂首席技师以来，李超的工作平台大了，视野更宽了，担子更重了。在李超看来，自己一方面要做好技术引领，解决现场的棘手、疑难问题，同时也要思考前瞻、战略方面的问题，为冷轧厂未来发展规划提出建议。

这是责任，更是使命。李超用孜孜不倦的刻苦钻研精神，不断提升技能。多年来，他凭着这种终身学习的理念，不放过任何对企业生产、发明创新有利的知识。每一次培训、交流的机会，李超都十分珍惜。在冶金行业举办的冷轧设备年会上，用无纺布辊替代胶辊、镀锌线采用高压水冲洗和机架间冲洗方式、罩式炉尾气回收利用……这些前沿的产品和技术，让他十分振奋。他在脑海中记下了每一项先进技术，并将其作为未来的技术储备。李超深深认可这样一句话：努力不一定成功，但成功必须努力。这些年来，李超不仅把本职工作做到极致，还带动身边工友一起创新，将所学的知识无私地传授给他人，让自己的"看家本事"变成企业的"技术资源"。这个伫立在四分厂现场的"李超创新工作室"成为思想碰撞的平台，难题攻关的阵地。一批又一批的青年人从这里成长起来，迅速成长为技术骨干。李超用忠诚的职业态度和精湛的职业技能，展现了新一代"工人力量"，展示了新时期劳动者的风采。

（孟祥瑞）

张欢：电气"大拿"

◆ 人物档案 ◆

　　张欢，1965 年 1 月生，安徽天水人，中共党员，南钢首席专家、高线厂劳模创新工作室带头人，先后获得南京劳动模范、江苏省劳动模范、全国五一劳动奖章、全国劳动模范等荣誉。其主持的多个改造项目荣获江苏省科技进步奖二等奖，多项国家发明专利获授权。

张欢匠心筑梦、爱岗敬业、精益求精，重细节求品质，敢创新求卓越，是现代化电气设备和自动化控制领域的领军人物。

张欢是南钢集团高线厂劳模创新工作室带头人，公司首席专家。他追随世界轧钢技术升级换代的步伐，在自动化领域改革创新，为南钢轧钢自动化控制水平的进步作出了杰出的贡献，先后获得南京市劳动模范、江苏省文明职工、江苏省劳动模范、全国五一劳动奖章、全国劳动模范等荣誉称号。

敢于担当，建成国内自主知识产权的"大盘卷"生产线

顺应南钢转型升级的需要，张欢带领他的团队以技术装备升级带动产品档次升级，实现了装备自动化、产品高端化、管理现代化。自主设计增加"大盘卷"生产线，将线材的生产规格从 $\phi 16$ mm 拓展到 $\phi 40$ mm，大大提高了企业产品的市场竞争力。此前，大盘卷生产的技术全都掌握在外国人的手中，一直处于高度保密状态。

作为新项目的技术负责人，张欢非常清楚，这是一项具有极大挑战性的攻坚任务。该挑战包括三个核心部分：第一，缺乏相关的技术资料；第二，项目技改投资相对有限；第三，技术改造期间必须兼顾生产。面对相关国外企业的信息封锁和婉拒，张欢凭借多年的现场经验和精湛技术，带领他的团队搜信息、画图纸，从初步绘图到详细设计，从设备选型到控制程序，经过 330 个日日夜夜，他们终于凭借着集体的智慧和对企业的忠诚，成功完成了大盘卷工程。南钢高线厂卷重 2 吨的 $\phi 18$ mm、高端易切削大盘卷顺利下线，这一成果不仅标志着南钢打破了国外长期以来的技术垄断，更在钢铁行业树立了新的技

术标杆。南钢"大盘卷"生产线改造项目荣获江苏省科技进步奖二等奖，并获得多项国家专利授权。

不负众望，以行业最新纪录建成世界最先进线材产线

当今国内中低端的钢铁产品已经严重过剩，钢铁企业只有通过技术创新，生产出符合市场需求的高质量产品，提高产品附加值，才能求得生存。"粗中轧机及减定径机组技术改造工程"项目，不仅是南钢当年重点技术改造工程项目，也是南钢实现新的经济效益增长点的重要举措。项目投产后，南钢成功转型为精品线材专业化生产基地。作为重大技改项目的负责人，张欢清醒地意识到，肩上的压力有多重，前面的路有多难。

为了抢占世界轧钢技术的制高点，张欢和他的团队争分夺秒，全力以赴。在一次关键任务中，南钢需要在达涅利设计的生产线上安装摩根公司的减定径机组和水冷线。由于外国公司同时负责南钢国产加热炉的自动化改造，并创新地将原本水平布置的粗中轧机改为平立交替布置，从而形成了前所未有的"6+6+6"轧机标准配置，这一技术组合在国际上并无先例。面对这一挑战，张欢率领他的团队迎难而上，不仅圆满实现了工艺设计的要求，还开创了技术革新的先河。他们仅用两天时间就完成了单机调试，创造了最短调试时间的世界纪录。在此过程中，张欢向外国专家提出了多达600多条修改意见，并在改造中逐一实施，赢得了国外专家的尊重。他带领团队仅用时30天，不仅打破了国内同类技术改造的最快纪录，还将原58天的纪录提前了近一倍，这一成就在冶金技术改革史上树立了新的里程碑。张欢及其团队的卓越表现，不仅展示了中国钢铁行业的技术实力，更为南钢乃至整个行业赢得了国际声誉。

再创历史，新建一座让同行惊叹的加热炉

随着钢铁市场份额的激烈竞争，一大批老牌钢铁国企纷纷停产整顿，南钢同样面临巨大的生存挑战。怎么办？南钢的决策层高瞻远瞩，敏锐地发现市场潜在的巨大商机，只有另辟蹊径，调整产品结构，搞品种钢、优特钢，才能突出重围，再铸辉煌。南钢许下了新的希望：重建一座加热炉从质量上再一次飞跃。这个梦想又落在了张欢和他的团队身上。60天的工期，要完全拆除一座加热炉，再利用原址建设一座新的加热炉，不说狭小的厂房无法利用大型设备，不说大量的物流工作需要同时应对，也不说正值炎夏施工的难度，单就建设一座新加热炉来说，最好的纪录仍然需要近50天，南钢高线却要用60天完成整个拆旧建新。这一大胆的决断引来了同行线材厂的好奇，他们均认为这是不可能完成的挑战。然而，张欢和他的团队再次展现了他们的实力和决心。看着一次过钢成功，吐丝机优美地吐丝成圈时，员工们互相击掌庆祝，张欢和他的团队却流下了幸福喜悦的泪水，"这就是高线效率，这就是张欢团队做出的答卷"。

智能创新，数字工厂的梦想正在一点点实现

作为电气自动化的专业人员，数字工厂是他饱含心血的最重要的一个智能项目。初步搭设完成"生产、质量、设备"三大主核心模块，实现已有数据的探取和模型驱动及相关数据的融合，第二步实现对生产进行全方位实时与智能监控，高效掌握生产运行状况，推动生产执行、工艺分析与管理决策的效率提升和价值创造，具备"一线一室"格局，整条生产线全部智能显示。同时以数字工厂建设为契机，提升了全员数字化意识，打通数据孤岛、融通所有数据信息、实现数据价

值的最大积累和最大体现。高线在自动化、信息化工作方面长期坚持持续改进、不断完善。但是高线装备具备"高速化、自动化、连续化、精密化"的特点，生产线上 200 多台设备全部采用计算机 PLC 控制，任何一台设备出现故障都会造成全线停机。所以张欢及其团队在智能化道路上的脚步不会停歇。成品在线分析系统的优化，远程操作集控，水处理、大盘卷操作整合等，都是他梦想途中的点点星光。

德技双馨，毫无保留地传授技艺

"一花独放不是春"，为了让每一位职工都能熟练掌握现代化的生产设备，张欢毫无保留传授技术。企业也专门成立了职工培训中心，并委派张欢担任培训中心的主任。为了让参加培训的职工全面系统地掌握岗位职业技能，张欢先后主持编写了《设备使用维护规程》《电气故障诊断手册》等实用性和指导性都比较通俗易懂的培训教材。除此之外，张欢还利用业余时间，组装了 PLC 直流传动变频控制柜，让参加培训的职工上机模拟调试，以提高大家的实际操控水平，并由此转化到具体的生产环节中。

· 工作中的张欢

这就是张欢，他痴迷于技术创新，热心于授业解惑，甘于扎根生产一线。他以锲而不舍的精神、脚踏实地的务实作风，以及持之以恒的信念，精益求精地完成了每一项任务。他的精神激励着周围的每一个人，共同为创造钢铁行业更加辉煌的未来而努力。

（郭丽伟）

林学斌：精品钢核心装备的"保护神"

　　林学斌，1964年3月生，辽宁鞍山人，中共党员，曾任鞍钢股份有限公司炼钢总厂三分厂连检三作业区电气点检员。先后获得中华技能大奖、全国劳动模范、全国五一劳动奖章、全国技术能手、中央企业知识型先进职工、中央企业先进职工、辽宁省功勋高技能人才、辽宁省杰出贡献高技能人才、辽宁好人、辽宁工匠等荣誉，享受国务院政府特殊津贴。

林学斌用"传帮带"的匠心情怀为企业技术革新与行业薪火传承写下生动注脚。

鞍钢是"共和国钢铁工业的长子"。鞍钢股份有限公司炼钢总厂是生产精品钢的重要基地,"大连铸"设备则是这个厂生产精品钢的核心装备。"大连铸"工序是鞍钢最早实现"全连铸"生产的主要工序,在这里,伴随着"大连铸"铸机生产的轰鸣声,汽车家电板用钢、硅钢、管线钢、船板钢等精品钢从这里源源不断地输送到全国,乃至世界各地。

与此同时,作为"大连铸"设备"守护神"的炼钢总厂连检三作业区电气点检员林学斌也创造了"四项惊人成绩"。

· 林学斌正在点检电气柜中的设备

一是他仅有高中学历,入厂40多年来,通过自学获得计算机应用、日语和工业企业电气自动化专业3个大专毕业证书,从一个名不见经传的"普通电工",成长为高级技师、鞍钢"首席技师"、正高级工程师，享受副厂级薪酬待遇、国务院政府特殊津贴，是东北大学首批聘任的 12 位"思想政治理论课特聘教授"中唯一一位产业工人。

二是他扎根生产一线，40 多年来，通过科技攻关，解决生产难题 200 余项，有 100 多项成果在厂、公司、鞍山市、国家、国际中获奖。其中，"RH 真空处理蒸汽式喷射泵节能技术开发"成果获得鞍山市十大创新成果一等奖，"RH 精炼炉设备功能优化与低成本能源介质冶炼技术开发"成果获得第二十一届全国发明展银奖，"RH–TB 真空处理设备功能提升与节能技术开发"获得第九届国际发明展金奖，"RH–TB 真空处理设备先进技术的研发与应用"成果获得第二十二届全国发明展览会金奖。在他所负责的设备区域连续 24 年实现影响生产的责任事故为零，累计综合创效 3 亿元以上。

三是以他名字命名的国家级"技能大师工作站"和辽宁省"劳模创新工作室"，自 2012 年成立以来，职工群众性技术创新工作蓬勃开展，通过给职工提供创新平台、共同研究和学习的场所，更多的职工已主动参与到创新工作中来，形成了"树立一个、培养一批、带动一片"的良好局面，连续 12 年累计创新成果 1451 项，创效 3.2 亿元。

四是他先后获得鞍钢高技能人才标兵、鞍钢特级技师、鞍钢劳动模范、鞍山市劳动模范、辽宁省有杰出贡献高技能人才、辽宁省功勋高技能人才、辽宁省"十大技能标兵"、中央企业知识型职工、全国技术能手、全国五一劳动奖章、全国劳动模范、辽宁工匠等数十项荣誉。

专业，敬业，克己奉公

"匠人"都有一颗"匠心"。林学斌热爱自己的工作，竭其心智、穷其功力，他忘我工作，勤于奉献，努力提高技能水平，做好"传帮带"，为我们树立了榜样。

　　他参加工作 40 余年，经常加班加点。仅近 24 年来，他就累计多出勤 600 多天，平均每天 2 小时，一年下来 600 多小时，24 年就是14400 小时。

　　他刻苦学习，努力钻研，为学懂、弄通连铸机的日文资料，他在紧张工作之余，报名参加了鞍山电大举办的日语自学考试，并在"鞍山市青年日语演讲比赛"中取得第一名。不断地积累，促使其日语水平达到精熟程度。他将连铸机的日文资料和电气图纸形成几十万字"手抄本""手抄图"；他将计算机系统中上千条机内日文源代码全部转换成汉字码，实现了对 PLC 的操作系统操作界面的汉化；他将多年总结编写的《电气故障处理与查找四种方法》《PLC 常见故障与处理方法》等教材送给徒弟，还建立了大板坯连铸电气实验室，摸索出了一套适合快速入门的教学方法——模拟实践教学法，使从实验室里走出的技工成为技术骨干，为鞍钢股份炼钢总厂连铸系统发展储备了雄厚的后备力量。

　　厚积薄发，林学斌结合工作学习，凡是岗位需要、企业发展需要，他都深耕细作，最终成为工作强手。鞍钢"大连铸"开工时，钢厂从日本引进中包喷补装置，日方调试人员在试车过程中出现一个致命的问题——喷补时发生自动停止，尽管日方调试人员使出浑身解数，仍未能

·林学斌正在检查现场电机

解决。林学斌沉着应对，仔细研究图纸，反复阅读程序，终于发现出问题的原因，确保了喷补装置试车成功，日本专家惊呼："中国林，厉害！"

严谨，细致，认真履职

平凡普通的工作，能干出彩，干到极致，无可挑剔，这就是工匠精神。林学斌在工作中努力践行工匠精神，表现出极端的负责任，在他的精神世界里，没有索取，只有奉献；没有逃避，只有担当，充分展现出积极工作，想作为、敢作为、善作为的良好风尚。

他创立了"三勤、三精、三准"的点检理念，总结出"直接感知法、仪器检测法、器件类比法、设备试探法"。他将连铸电气设备故障档案进行积累，形成上百个电气故障事例，容量高达 2 GB、600 多幅图片、13000 多字。凭着这些卓有成效的经验和真金铸就的责任心，他连续 24 年实现管区设备零事故，为钢厂创造出巨大的效益。

他参与了将 1 号连铸机主机系统、ANS 精炼系统、精整系统 105 台变频器、小 PLC105 台、大 PLC17 套的全部升级改造；他将 1 号连铸机电气系统由日本神户制钢设备升级为美国设备，使连铸自动控制水平显著提高，运行速度更快、故障检测能力更强，增强了保护能力，提升了变频器、PLC 软件可视化能力，使操作更加简便，控制技术更加先进；他通过增加连铸漏钢预报、连铸开浇自动升降速、连铸自动调渣线等新技术，填补了鞍钢技术空白。

专注，开拓，锐意进取

工匠精神并不代表保守，相反，匠人是能工巧匠，也是技术革新的能手，是出类拔萃、巧夺天工之才。没有革新精神的不是好匠人，林学斌致力于开展技术攻关、发明创新，把技术成果转化为生产力，解决生产重点难点问题，使企业在激烈的国内、国际竞争中，赢得主动。

2012年，林学斌创新工作室、技能大师工作站正式成立，作为领创人的林学斌站在了施展才能的更高舞台，他将自己多年来在工作中积累的宝贵经验和学习方法，通过导师带徒、技术交流和培训等多种形式无偿地传授给年轻一代，直接快速地为钢厂培养出众多高技能人才。"林学斌创新工作室、技能大师工作站"作为国家级技能大师工作站、全国机械冶金建材行业示范性创新工作室、辽宁省劳模创新工作室的"领衔人"，率领钢厂技能人才，站在冶金技术时代最前沿，为鞍钢精品钢保驾护航、为打造大国重器加油助力。2012年至今，创新团队累计完成创新成果1451项，创效3.2亿元，获国际、全国发明展金奖9项、银奖16项、铜奖25项、卓越创新奖1项，专有技术213项，获得国家发明专利22项、实用新型专利236项，辽宁省科学技术进步奖二等奖2项。

林学斌创新工作室、技能大师工作站用创新精神带领职工解决生产经营中的难点、热点问题，它是打造成为锐意进取、攻坚克难的生力军，它是展示才能的舞台，培养更多技能人才和创新人才的沃土。技能大师工作站现有2人获评全国劳动模范、3人获评央企劳动模范、4人获得全国五一劳动奖章、7人获评全国技术能手、8人享受国务院政府特殊津贴、3人获评辽宁工匠。其中，他前前后后带过28名徒弟，涌现出白海、白伟、苏毅、刘铁、柴帅、王振奎、王喆、侯永胜、彭东东等一大批炼钢、连铸、机械、电气等领域蓝领技术人才，为"鞍钢制造"享誉中外给予了强力支撑。

"心心在一艺，其艺必工；心心在一职，其职必举。"林学斌用他的实际行动诠释：践行劳模精神、劳动精神、工匠精神、争做新时代的大国工匠，用技能"支撑中国制造、中国创造"！

（杨星海）

郭明义：永葆本色的"当代雷锋"

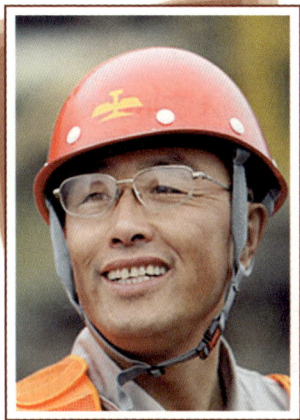

--- ◆ 人物档案 ◆ ---

　　郭明义，1958年生，辽宁鞍山人，中共党员，全国五一劳动奖章获得者，辽宁省五一劳动奖章获得者，辽宁省特级劳动模范、辽宁省道德模范提名奖获得者，鞍山市道德模范、特等劳动模范，鞍钢劳动模范，鞍钢先进生产者、精神文明建设标兵、优秀共产党员、希望工程突出贡献奖获得者，全国无偿献血奉献奖金奖获得者，中央企业优秀共产党员。2012年3月2日，中央精神文明建设指导委员会授予郭明义"当代雷锋"荣誉称号。此后，他又当选为党的十八届、十九届中央委员会候补委员，三次当选中华全国总工会兼职副主席，并被评为"改革先锋""最美奋斗者"等。

我选择像雷锋那样，做一个有益于人民的人，就是自己最大的幸福。

——郭明义

1958年，18岁的雷锋从湖南望城来到鞍钢工作。这一年，郭明义出生在鞍钢齐大山铁矿一个劳模矿工的家里。时光来到1977年，当年送雷锋参军入伍的老红军余新元，把郭明义又送上了参军的列车。在部队，郭明义加入了中国共产党，还被所在师党委授予"全师学雷锋标兵"荣誉称号。1982年，他复员到鞍钢矿业公司齐大山铁矿工作。郭明义沿着雷锋的道路，历经改革开放，一直走到了今天。

甘当矿石的"铁山楷模"

5年的军旅生涯，郭明义一切言行都照着雷锋去做，给战友洗衣服、缝被子，给灾区捐款。凭着刻苦的学习锻炼，在新晋汽车驾驶员大比武中，夺得了理论考试和实际操作的双料冠军，先后荣获全师优秀共青团员、学雷锋标兵。

复员到鞍钢工作后，郭明义先后取得了大专、本科的文凭，苦学英语多年，先后在7个不同的岗位上工作。可无论做什么他都兢兢业业、任劳任怨，干一行爱一行、钻一行精一行，创造了一流的业绩。做大型矿用生产汽车司机时，他创造了全矿单车年产的新纪录；任车间团支部书记时，他所在的支部是鞍钢的红旗团支部；当宣传干事时，他撰写的党课教案在矿业公司的评比中荣获一等奖；在车间任统计员时，他参加了统计员资格全国统考，是矿业公司第一个获得资质证书的人；做英文翻译时，他以出色的翻译能力和人格魅力赢得了外方专家的赞扬和敬佩；在今天的采场公路管理员岗位上，他更是爱岗敬业、超常奉献的楷模。

· 郭明义正在齐大山铁矿采场指挥作业

作为机关干部，他不必每天到采场，可他却把自己的办公地点移到了露天采场。修路作业白班每天8点开工，可他却每天清晨4点多起床，5点多就到岗。到岗后，他一边组织夜班工友抢修关键路段，一边制订白班作业计划，这样，白班职工一到岗就可以立即调度机械整修道路，给生产赢得宝贵的时间和空间。他每天提前两个小时到岗，双休日、节假日从不休息，这样算下来，20多年来多干了6年多的工作量。

2008年8月的一天，郭明义在血站紧急捐献了2个单位血小板后，又回到现场组织抢修一条关键道路。当天采场内的地面温度超过40摄氏度。快到中午的时候，他中暑晕倒在了现场。现场离最近的水源点有4公里远。工友们情急之下，调来了5米多高的采场公路洒水车朝他连喷了多次，才把他弄醒。大家劝他下山休息，他坚决不肯。他说："这条路夜班生产就要用，耽误不得啊。"说完，又踉跄着往修路作业现场走。见此情景，工友们都和他一起在烈日下奋战，直到这条道路全部竣工为止。

助人为乐的"道德模范"

无论是谁遇到困难，只要郭明义知道了，就会毫不犹豫地伸手相帮。他常说："群众遇到困难能想到我，向我求助，是对我的信任，更是对党的信任，我必须认真对待，全力解决。"有群众反映家中房屋漏水、暖气不热，他马上联系相关部门到现场办公，及时解决处理；有农民工被拖欠工资，他就向有关部门反映，尽快沟通解决。只要是群众的事，不论大小，他都要想尽办法帮助解决。人们都亲切地叫他"老郭"。

辽宁省黑山县农村姑娘小凤因为患了罕见的早衰病，15岁长了一张形似60岁的脸，被人误称为"奶奶""阿姨"，不得不辍学封闭在家。接到她的求助信后，老郭安排把她带到了郭明义工作室。

尽管早有心理准备，但亲眼看到那张脸，老郭还是受到了强烈的震撼。当时，有人说这孩子没有患大病，又不是活不了了，但老郭认为，"人民对美好生活的向往，就是我们的奋斗目标，我们怎能漠视一个花季少女对正常面容和生活尊严的向往呢？"老郭和爱心团队策划开展了"救助早衰女孩"的圆梦公益行动。许多爱心企业、市民为小凤筹款，整形医院也帮助减免了部分手术费用，制订了周密的手术计划。经过9个小时的换脸手术，终于让小凤恢复了高中生应有的模样，重返校园。

2015年，党中央提出实施脱贫攻坚工程，郭明义把爱心扶贫作为新时代开展学雷锋活动的新载体，动员和组织爱心团队广泛开展结对扶贫志愿服务。

辽宁省阜新蒙古族自治县于寺镇的宋高峰，是老郭和爱心团队共同捐助的一个建档立卡贫困户。他的女儿在14岁时突患类风湿性关节炎，手、足、膝关节相继变形。多年来的寻医问药，花光了家里的积蓄，还欠了外债，病情却仍在恶化。老宋心灰意冷，自认"命不好"，安于贫困，不思进取。

老郭来到他的家中，拉着老宋的手说："你要有尊严地活着。有什么困难，我们大家一起来帮你。"

老郭一边帮忙与北京的一家医院联系，一边组织筹集手术费用，让女孩顺利完成了手术，重新站了起来。爱心团队又给老宋送去了两头"扶贫牛"，帮助他开展肉牛养殖。通过帮助老宋，老郭认识到："信心比黄金更重要，决不能让困难蒙住贫困群众的双眼、压弯贫困群众的腰杆。"

追求纯粹的"当代雷锋"

2009 年 7 月，在鞍钢各级组织的支持帮助下发起成立了郭明义爱心团队。如今，郭明义爱心团队已遍及全国除港澳台以外的所有省、自治区、直辖市，团队总数 1400 多支，志愿者总数超过 240 万人。"跟着郭明义学雷锋"逐渐成为家喻户晓的爱心奉献活动。

郭明义爱心团队公益餐厅由郭明义亲自发起成立，立足引领组织社会志愿服务力量，为 70 岁以上低保户、孤寡老人、残疾人等弱势群体提供免费午餐服务。公益餐厅运营人员完全由爱心团队志愿者组成，餐厅运营经费、设备及物资全部来自公益捐赠。截至目前，60 余支爱心分队共计 2.5 万余名志愿者到公益餐厅开展志愿服务，已累计提供公益免费午餐 60000 余人次，其中在餐厅就餐 27000 余人次，自行取餐 23900 余人次，志愿者入户送餐达 7100 人次。就餐老人们在享受美食的同时，也得到了心灵上的滋养。

入党 40 多年来，郭明义始终以雷锋为榜样，把为人民服务作为自己永恒的追求，时时处处都发挥了共产党员的先锋模范作用。他敬业奉献，勇挑重担，在平凡的岗位上，创造了难以估量的物质财富和精神财富；他助人为乐、善小而为，累计捐款 30 多万元，资助了 300 多名贫困学生，给 500 多个困难家庭送去了温暖、关怀和希望，而他自己却甘于清贫，始终过着简单朴素的生活；他无私奉献、追求纯粹，累计无偿献血、捐献血小板折合的总量，已经超过 6 万多毫升，相当于他自身全部血量的 10 倍。

幸福是什么？每个人都有不同的答案。正如郭明义所说的："我选择像雷锋那样，做一个有益于人民的人，就是自己最大的幸福。"

（郎煊峰）

开创未来

中国特色社会主义新时代，为适应经济发展新常态，习近平同志为核心的党中央果断作出了供给侧结构性改革的决策，明了"去产能、去库存、去杠杆、降成本、补短板"五项任务，把去钢铁、煤炭产能列为五大任务之首，从而让钢铁行业脱离了大面积亏损的泥沼，加速向高质量发展道路迈进。

1. 以化解过剩产能为突破口，推进供给侧结构性改革

随着经济发展进入新常态，过去长期粗放式发展导致的钢铁产能严重过剩的问题日益突出，2015年全行业出现亏损，一些企业陷入困境。2015年12月召开的中央经济工作会议提出推进供给侧结构性改革，明了"去产能、去库存、去杠杆、降成本、补短板"五项任务。国务院于2016年2月1日印发了《国务院关于钢铁行业化解过剩产能实现脱困发展的意见》（国发〔2016〕6号），明确提出，在近年来淘汰落后产能的基础上，从2016年开始，用5年时间再压减钢铁产能1亿~1.5亿吨。

国务院为此于2016年3月25日建立了以国家发改委、工信部牵头的部际联席会议制度，国务院各部门先后出台了奖补资金、财税等8个配套性政策文件。2017年1月10日，在钢协召开的2017年理事（扩大）会议上，国家发改委、工信部宣布，2017年6月30日前"地条钢"必须彻底出清，打击"地条钢"行动全面启动。

在国家政策的引导下，钢铁行业以壮士断腕的精神大力化解过剩产能。到2018年年底，我国钢铁行业提前两年完成了压减钢铁过剩产能1.5亿吨的上限目标任务，清除了1.4亿吨"地条钢"产能，产能严重过剩矛盾有效缓解，产能利用率基本恢复到合理区间，钢铁行业公平的市场竞争环境初步形成，优质产能得到发挥，企业效益明显好转。2018年，钢协统计的会员钢铁企业实现利润2862.72亿元，比2017年增长41.12%，销售利润率达到6.92%。

在化解钢铁过剩产能的同时，去杠杆工作也在同步进行。2015年钢铁行业资产负债率达到71.04%，远高于工业行业平均水平；经过2016—2018年不断深化供给侧结构性改革，钢铁行业资产负债率得到明显改善。2018年，钢协统计的会员钢铁企业资产负债率为65.02%，比2017年同期下降2.63个百分点。

2. 绿色发展硕果累累，超低排放改造正在大力推进

党的十八大以来，在习近平生态文明思想的指导下，中国钢铁工业把环境保护放到优先发展的突出位置，持续加大投入，节能环保成绩有目共

睹，涌现出一批花园式钢厂、绿色钢厂，为打赢蓝天、碧水、净土三大保卫战作出了重要贡献。自2017年7月以来，工信部先后公布了四批绿色工厂，首钢京唐、唐山德龙等59家钢企被先后确定为绿色工厂。

这一时期，钢铁行业环保工作已经从单纯的污染治理，转变为以全过程节能环保技术集成优化和资源能源高效利用为前提的清洁生产、绿色制造。例如，河钢"城市中水替代地表水、深井水作为钢铁生产唯一水源"项目获得世界钢铁工业可持续发展卓越奖；中国宝武"LCA（生命周期评价）优秀案例"获世界钢协生命周期评价领导力奖；首钢正气候发展项目被正式纳入C40正气候项目发展计划，成为中国第1个、全球第19个正气候项目。

随着生态环境部等5部委发布《关于推进实施钢铁行业超低排放的意见》，中国钢铁行业开启了超低排放绿色革命，一大批钢企克服重重困难，大力推进超低排放改造，为打赢蓝天保卫战、打造全球最大的钢铁清洁生产体系树立了信心。

在低碳发展方面，包括中国宝武集团、河钢集团等在内的一批企业已经部署和展开了一系列探索、突破性低碳技术的研发投入和全球最新低碳生产流程的工程化实践。这些新探索和新项目的每一项突破、每一项成功，都将对世界钢铁走向碳中和作出中国的贡献。

在极致能效方面，在国家部委的大力支持下，中国钢铁工业协会筹划并启动了钢铁行业极致能效工程，形成《钢铁行业能效标杆三年行动方案》，遴选了50项成熟可行的节能技术，形成并颁布了"极致能效技术清单"及"节能低碳政策清单"，开展"双碳最佳实践能效标杆厂"培育活动，第一批培育宝钢股份、湛江钢铁、首钢京唐、鞍钢鲅鱼圈等21家先进企业。目标是到2025年有2亿~3亿吨钢铁产能达到能效标杆水平。

3. 大力深化改革，现代企业制度得到进一步完善

党的十八大以来，钢铁企业着眼于完善现代企业制度，着眼于企业发展的动力变革、质量变革、效率变革，开启了新一轮深化改革、管理创新。例如，作为首批国有资本投资公司试点企业，中国宝武积极探索投资公司"以管理资本为主"的运作模式；鞍钢以2012年12月28日启动规范建立董事会工作作为标志，推动各级董事会建设，构建了"2+8"战略管控架构，完成了从产线管理向集团管控的转变；首钢深化改革综合试点方案于2017年12月份得到批复，首钢因此成为北京市属国企唯一一家深化改革综合试点单位；河钢2014年正式启动总部机关管理机构改革，致力

于打造去"行政化"、完全适应市场竞争的国际化、创新型、学习型精英总部机关；等等。

4. 跨地区、跨所有制兼并重组取得新突破

这一时期，企业间的兼并重组也进入一个新的发展阶段。世界最大钢铁企业——亿吨宝武横空出世，开创了中国钢铁工业现代化进程的新局面。自2016年中国宝武钢铁集团成立，中国宝武相继纳入了马钢集团、太钢集团、重庆钢铁、中钢集团、新钢集团，整合新疆钢企、携手广东省组建中国宝武中南钢铁、托管昆钢，托管包钢集团钢管等业务；2023年12月，中国宝武战略投资山钢集团，持有山钢集团49%股权。

2021年8月20日，鞍钢重组本钢大会在辽宁鞍山召开，辽宁省国资委将其所持有的本钢51%股权无偿划转给鞍钢，本钢成为鞍钢控股子公司。2021年10月15日，鞍钢集团本钢集团有限公司正式揭牌。

5. 科技创新取得重大突破，智能制造大步前行

这一时期，我国钢铁工业加强科技创新，研发出了一批世界领先的项目。例如，宝武集团"先进高强度薄带钢制造技术与产业化"项目获得了2013年冶金科技进步奖特等奖，而依托该项目自主研发的超高强钢新品QP1180GA实现全球首发，使宝武集团成为世界上唯一能够同时批量生产第一代、第二代、第三代先进高强钢的钢企。鞍钢研发出690兆帕级高性能桥梁钢和航母用钢；本钢实现了2000兆帕最高强度等级汽车钢全球首发；中信泰富、中国宝武宝钢研发出R6系泊链钢，填补世界空白；太钢研发出"手撕钢"和笔尖钢；马钢研发出时速350千米高速车轮；等等。

这一时期，随着云计算、大数据、人工智能、5G等技术的发展和应用，我国钢铁行业智能制造发展迅速。

6. 积极响应"一带一路"倡议

这一时期，我国钢铁工业积极响应"一带一路"倡议，在多个方面取得了显著成果。

产品出口与市场拓展：许多钢铁企业加大了对"一带一路"共建国家的产品出口。例如，包钢出口国家数量从最初的22个增加到60个，出口产品涵盖板、管、轨、线各类产品。首钢的电工钢、高性能桥梁钢、水电钢等高端产品也成功应用于多个共建国家的重点工程项目建设中。

参与基础设施建设：我国钢铁产品在"一带一路"共建国家的基础设施建设中发挥了重要作用。包钢的稀土高强钢加工而成的螺旋焊管用于苏伊士运河北大门塞得港港口建设，3.8万吨钢轨铺设在中老铁路上，2.26

万吨优质钢轨用于匈塞铁路。首钢建设者依靠自身冶金项目丰富的施工经验，参与了哈萨克斯坦 TKU 国家级公路改造等多个项目，赢得了业主方和总包方的高度认可。

技术输出与合作：我国钢铁工业在"一带一路"倡议下，还积极开展技术输出与合作。例如，首钢研发的高水头大型电站用钢制造及配套焊接集成技术，不仅为我国水电行业技术升级提供了有力支撑，还提高了中国水电在共建国家的影响力，对促进我国优势制造产能输出有着重大意义。此外，越南也获得了我国的冶炼轧钢技术输出。

海外投资与建厂：部分钢铁企业在海外进行投资建厂，实现了本地化生产和经营。如首钢早在 20 世纪 90 年代就走出国门进行投资，在许多国家和地区设立境外机构，并于 2018 年建成秘铁 1000 万吨精矿扩建项目，该项目不仅加深了中秘友谊，促进了当地经济社会发展，还有效拉动了"中国制造"出口。包钢在蒙古国创建蒙润公司，录用当地居民，促进了当地就业和经济发展。

文化融合与品牌建设：我国钢铁企业在"一带一路"建设中，注重文化融合，积极打造中国钢铁品牌。包钢了解并尊重韩国用户的审美方向及消费习惯，打造有花镀锌产品对韩出口，在当地拥有了举足轻重的话语权和定价权，中国钢铁工业协会将其列为我国钢材销售经典案例。首钢建设在海外项目中尊重当地习俗，与当地居民友好相处，树立了中国企业的良好形象。

本书创造未来部分记述了中国特色社会主义新时代钢铁行业的全国劳模及大国工匠先进事迹。新时代赋予新使命。从深入推进供给侧结构性改革，到踏上高质量发展新征程，钢铁行业踔厉奋发，涌现出了身怀绝技的钢铁"焊"将艾爱国、共建"一带一路"的钢铁使者河钢塞钢管理团队、焊枪书写最美芳华的唐成凤等新一代钢铁人的先进典型。他们始终坚守钢铁报国的初心使命，用智慧和汗水生动诠释着劳模精神、劳动精神、工匠精神的丰富内涵。

身怀绝技的钢铁"焊"将——艾爱国。他在 1987 年应首钢之邀采取"双人双面焊"新工艺，为该公司解决了安装特大型氧机的焊接难题，被首钢人称为"钢铁缝纫大师"。1991 年，采取双面焊法为湘乡啤酒厂焊补好两口进口铜锅。据不完全统计，已为该公司和外单位攻克各种焊接难题 207 个，改进焊接工艺 34 项，成功率达到 100%，创造直接经济效益 2500 多万元，因而获得"焊神""焊王""焊界一杰"等美称。他不把自己掌握的技术和知识当成个人挣钱的资本，而是无私地传授给自己的徒工，无保留地推广运用到外单位的生产实践中去。1994年至1998年，先后为湘钢和兄弟单位培养了气焊、电弧焊、氢弧焊优秀焊工180多人，为全国7个省市区的24家企业无偿解答技术难题40多个。除了在职业生涯中的辉煌成就，艾爱国在家庭和社会中也扮演着重要角色。他始终以身作则，传递着正能量，激励着身边的人。他将自己的成功视为责任，将技艺传承与发展作为己任，为培养更多的优秀技术人才而不懈努力。艾爱国的一生，是中国工匠精神的生动写照。他的坚韧不拔、刻苦奋斗的品质，激励着一代又一代的中国人勇往直前。他的故事，将永远铭刻在国家发展的史册之中，成为激励后人的宝贵财富。

共建"一带一路"的钢铁使者——河钢塞钢管理团队。河钢塞钢管理团队创造了钢铁工业发展的传奇。2016年，河钢收购濒临倒闭的塞尔维亚斯梅戴雷沃钢厂，习近平总书记视察时强调要兑现承诺。面对河钢塞钢的亏损与两国的文化差异，团队依托河钢技术与资源，半年扭转连续7年亏损局面，运营8年营收超60亿欧元，成为"一带一路"标志性工程。他们践行"三个本地化"，提供岗位、履行社会责任，将员工培养成骨干，架起中塞友谊桥梁。如今，河钢选派年轻团队赴塞，强化科技引领，实施技改，推动绿色发展与产业升级，让河钢塞钢这张"一带一路"的"金名片"更加闪亮。

焊枪书写最美芳华——唐成凤。2007年参加工作后，唐成凤扎根焊接领域，多次在生产中表现卓越，荣获多项荣誉，还组建了多个工作室。身为焊接教师与专家裁判，她不仅参与产品攻关和技术革新，还为企业内外培养大量焊工，编写专业教材供年轻焊工学习。她钻研理论，发表文章成为行业参考标准，还担任"金堂焊工"形象代言人。唐成凤出身焊工家庭，受父亲影响立志成为出色的"电焊工匠"，虽求学遇挫，但在川锅技校刻苦学习后顺利入职。她坚信"有为才能有位"，面对锅炉焊接的高要求与技术难题，她凭借坚定信念与不懈努力，改进工艺，克难攻坚。她对徒弟关怀备至，矢志传承技能，愿持焊枪以初心和匠心，在劳动中绽放最美"焊花"。

中国特色社会主义新时代，钢铁行业在党中央的引领下，于供给侧结构性改革的浪潮中破浪前行，在绿色发展的征途上阔步迈进，在深化改革的道路上持续探索，在科技创新的赛道上全力冲刺，在国际合作的舞台上大放异彩。从化解过剩产能的果敢决绝，到绿色工厂的星罗棋布；从现代企业制度的日臻完善，到跨地区跨所有制兼并重组的震撼突破；从科技创新成果的闪耀全球，到智能制造的蓬勃兴起，再到积极响应"一带一路"倡议的铿锵步伐，钢铁行业每一个坚实的脚印，都汇聚成推动中国钢铁工业高质量发展的磅礴力量。而新时代的钢铁劳模与大国工匠们，更是以他们的卓越智慧与辛勤汗水，为这一壮丽画卷添上了浓墨重彩的一笔。他们是钢铁行业的中流砥柱，是时代精神的生动诠释者。正如诗句所云："千磨万击还坚劲，任尔东西南北风。"钢铁行业历经风雨洗礼，却愈发坚韧不拔，在时代的洪流中，正以昂扬之姿迈向更加辉煌的未来，不断铸就属于中国钢铁的不朽传奇，为国家的繁荣昌盛持续贡献着钢铁力量。

艾爱国：一辈子做好一件事的人

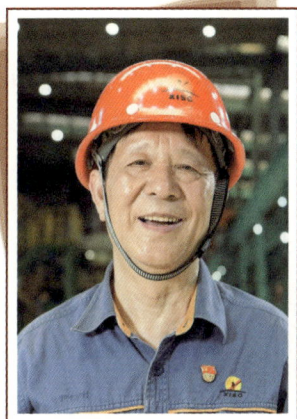

◆ 人物档案 ◆

艾爱国，1950年3月生，湖南攸县人，中共党员，焊工高级技师。他在焊工岗位上工作了半个多世纪，攻克了400多个焊接技术难关，改进工艺100多项，为我国冶金、矿山、机械、电力等行业作出了巨大贡献。1984年获评湘钢劳动模范；1986年获评湘潭市劳动模范、湖南省冶金系统劳动模范；1988年获评湖南省劳动模范，并获得全国五一劳动奖章；1989年获评湖南省特等劳动模范、全国劳动模范；1990年获评湖南省职工自学成才奖；1996年获评湖南省杰出职工；1997年获评全国技术能手，获得全国职工自学成才奖；1998年获评全国十大杰出工人、1998年获评湘潭市优秀共产党员、湖南省优秀共产党员；2002年获得华菱世纪之星金奖；2005年获评湖南省技能大师；2006年获得中华技能大奖；2009年享受国务院政府特殊津贴、获评新中国60年湖南最具影响劳模；2011年获评湖南省五一先锋；2021年获得七一勋章、获评大国工匠年度人物。1987年获得国家科技进步奖二等奖；2011年获得湖南省首届职工科技创新一等奖。1988年当选第七届全国人大代表；1997年当选中共十五大代表；1998年当选中国工会第十三次代表大会特邀代表；2008年当选中国工会第十五次代表大会特邀代表；2022年当选党的二十大代表。

"我这辈子就只做了焊接这一件事，一辈子做好一件事！"

——艾爱国

"叮铃铃，叮铃铃……"一阵阵清脆的单车铃声传来，伴随着清晨从树叶缝隙里射进来的一缕阳光，一个骑着凤凰牌自行车的熟悉身影缓缓骑行过来。

远处，有人挥舞着手，热情地向这边招呼："艾劳模，您还是来这么早啊！我们还得向您学习咧。"

原来！这位骑着自行车上下班的人竟然是我们尊敬的大国工匠——艾爱国！

艾爱国摆了摆手，笑了笑，脸上洋溢着幸福和骄傲的笑容："我只是一辈子做好一件事！"

尽管已经70多岁高龄，但是艾爱国仍然坚守在焊接一线，坚持骑着自行车上下班，朴素而赤诚，每天早上7点半以前，就能够看见艾劳模骑着骑行车慢慢驶来，下午5点半以后艾爱国才结束一天的工作，这样的小事，艾爱国一下就坚持了几十年。

他初心从不变，公司配的车他从不滥用，出名了也从没有架子，始终平和待人，淡然处事，几十年如一日，持之以恒，"一辈子做好一件事"，不仅被艾爱国加持在工作上，更是已经被他交融于生活中，紧密相连，这也正是艾爱国能够攻克一个又一个焊接难题的重要法宝。

经过几十年的陪伴，这辆自行车已经变得破旧，有些地方甚至生出了锈迹，但是这辆飞鸽牌自行车仍然是艾爱国的最爱，好像顺着他的眼睛，能够从瞳孔中看到他进厂时骑着这辆自行车参加工作的少年模样。这也许是艾爱国一辈子中的一件平常事，但这件事也恰恰是艾爱国一辈子做好一件事的缩影。他常常说："我这辈子就只做了焊接这一件事，把这件事做好，发挥自己的优势，为党和国家、为企业和社会多作贡献。"

时间回到 1950 年的 3 月，艾爱国在湖南攸县的一个普通家庭出生了。虽然家境平凡，但他却拥有一位优秀的父亲。他的父亲十分重视教育，常常亲力亲为、以身垂范，在生活中用一言一行教导艾爱国要勤奋努力，认真工作。良好的家庭教育，让幼小的艾爱国心中有了一个坚定的理想和奋斗的目标——将来做一个对社会有用的人。因此，他在中专就读时便积极响应国家号召，成为一名下乡知青。那时的他，总是比别人干得多、干得好，别人不愿意做的事，他都揽下来认真做好，别人都笑话他"傻"，他总是毫不在意地微笑着摇摇头，然后继续投身于工作中。

1969年，恰逢湘钢招工的契机，艾爱国迎来了一生中最大的转折点。当时年仅19岁的艾爱国，怀揣着建设钢铁强国的决心，毅然决然地进入湘潭钢铁厂，成为一名管道工人。

有一天，艾爱国见到了弧光闪闪的焊枪，那熠熠生辉的焊接弧光，一下就吸引住了艾爱国的目光，焊枪在钢板上发出的滋滋滋的声音，紧紧地牵动着他的心神，他的心绪也随着焊接声而此起彼伏，他从这一刻就认定，"焊接"是他要为之奋斗一生并且持之不辍的一件事，"一辈子做好一件事"从这时开始有了萌芽，并将长成参天大树。于是，艾爱国主动向焊接专家马有芬请教，从此走上了焊工之路。

作为一名初入焊接行业的学徒，艾爱国不怕吃苦，认真学习焊接技术，凭借着对焊接的浓厚兴趣，以及刻苦钻研的精神，艾爱国迅速从焊接学徒成长为一名优秀的焊接工人。

作为一名焊接工人，艾爱国非常善于学习，经常在钻研操作技能的同时，还一边认真学习理论知识。书作为学习的一个重要工具，肯定是不能少的，但是焊接相关技术的书籍十分稀少，他就千方百计到处借书，就连焊条说明书都不放过，收藏起来认真学习。

1978年，艾爱国通过努力顺利拿到了气焊锅炉合格焊工证，但他并没有停下学习的脚步，又利用一切业余时间"偷"学电焊。他用黑玻璃替代面罩，观察电焊师傅的操作，手和脸甚至被强烈的电弧光烤掉一层皮。

最终，在1982年，他以八项考核全部优异的成绩考取了气焊、电焊合格证，成为当时湘潭市唯一持有"两证"的焊工。

艾爱国在焊工岗位上奉献了50多年，坚持"一辈子做好一件事"

的决心，秉持"做事情要做到极致，做工人要做到最好"的信念，不断攻克焊接技术难关，创造了多项奇迹。

1983年，为延长高炉风口的使用寿命，提升铁水产量，冶金部发起了一项任务——组织全国多家钢铁企业联合研制"新型贯流式高炉风口"。这不仅仅是一项任务，更是一场对技术和毅力的大挑战。

高炉风口，这个钢铁巨人的心脏部位，其紫铜材质导热之快，如同烈火烹油，使得金属本体与焊材难以交融，让焊接成了这个项目中的最大难点。然而，面对别人都避之不及的大难题，艾爱国却挺身而出，主动请缨，他眼中闪烁着不屈的光芒，誓要跨越这道难关。他深知，这不仅关乎项目的成败，更关乎国家的工业未来。接下来的日子里，艾爱国全身心地沉浸在焊接的世界中，如同一位匠人对自己的作品进行精心的雕琢、打磨，他结合新提出的"氩弧焊工艺焊接技术"，认真总结以往焊接紫铜的经验，进行了上百次的焊接试验，每一次都倾注了全部的心血和汗水，试验的成功，让艾爱国的嘴角不自觉地扬起淡淡的微笑。

在焊接高炉风口的当天，艾爱国信心满满，认为一定能够拿下这个棘手的项目。他和团队成员站在高于700摄氏度的高温材料旁，无惧高温的炙烤，持续焊接了6个多小时。然而，当最后一缕焊花熄灭时，他们却发现，焊接并未成功。这无疑像是晴天霹雳，给了艾爱国当头一棒。然而，艾爱国是打不倒的，是击不败的，面对挫折他更要迎难而上。

他拒绝了厂里准备好的庆功宴，一个人跟跟跄跄地走回家中，他的心中充满了困惑和不甘，躺在床上，辗转反侧，脑海中全都是白天焊接的画面。他一遍遍地问自己："为什么会失败呢？明明已经进行了那么多次成功的试验，为什么关键时刻却功亏一篑？"

突然，艾爱国仿佛被一道闪电击中，他猛地惊醒，大喊一声："试验！"他翻身起床，来到桌前，翻阅着笔记本上的试验数据。经过仔细比对和分析，他终于发现了问题的关键所在：新型风口比原来的风口大得多，需要的热能也远远超过原来！艾爱国醍醐灌顶，找到了新的思路，立即开始了新的准备。这一次，他将紫铜风口加热到900摄氏度高温，终于一举成功焊好了新型贯流式高炉风口！

2023年7月26日的这一天，湘钢五米宽厚板厂轧钢车间内发生了一件大事！一台承载着湘钢生产重任的主力轧机，在例行点检时发现牌坊立柱上竟出现了裂纹，严重影响轧机生产。湘钢当时承接了多个国内外超级工程的订单，五米板轧机作为生产的主力，一旦停产，后果将不堪设想，对湘钢的企业效益和信誉都将造成巨大的影响，在这个关键时刻，所有人都感到了前所未有的压力。

在当时，还没有在重达170吨的轧机牌坊立柱上修复裂纹的先例，在线修复难度极大。不仅要考虑轧机牌坊立柱本身的修复，还要考虑牌坊退火热处理过程中，可能导致的轧机超级螺栓损坏等问题。因而，各种声音在车间内回荡，有人主张更换新牌坊，以绝后患；有人则要求继续维持生产，以免损失扩大。

然而，在这些声音中，一个坚定而有力的声音脱颖而出，那是时年70多岁的艾爱国。他坚持提出：对牌坊裂纹实施在线焊补！这一次，公司也给予了艾爱国充分的信任，让他放手去做！

70 多岁的艾爱国没有丝毫犹豫，第一时间前往现场进行环境勘测、检查裂纹情况。他的眼神专注而坚定，仿佛要将每一寸裂纹都刻入脑海中。他工作事无巨细、详细周全，在焊接工艺卡上，制定了焊接的具体要求、工机具的配置，连焊接人员的具体调度全都写得清清楚楚，一直持续到了凌晨两点才做完，周围的人都劝他回去休息，但他却"固执"地摆摆手，说："事情不做完我不能休息！"

8 月 6 日是正式焊接牌坊的日子，艾爱国干脆直接搬到了车间里，与工人们同吃同住。他手把手地指导工人进行焊接，对焊接质量的要求极其严格。每到关键工序点，他都必须亲自查看确认，确保无误后才能继续下一步。

焊接完成后，艾爱国还会仔细检查焊缝的质量。对于焊缝余留不足、打磨时无法做到圆弧过渡的地方，他都会立即要求重新加焊，直到满足性能要求为止。他对工作严谨认真的态度，让在场的每一个人无不偷偷竖起大拇指。

焊后热处理过程中，艾爱国更是亲自盯紧温度曲线，确保整个热处理过程受控。这项工作从 8 月 6 日白班开始，一直持续到 8 月 12 日夜班，整整六天六夜。在这六天六夜里，艾爱国始终亲力亲为、认真细致。他因多次现场指挥而嗓子嘶哑得几乎喊不出声，但即便如此，他也始终亲力亲为，奋战在第一线。

终于，在艾爱国及其团队成员的艰苦奋斗下，五米板厂精轧机的轧制能力恢复了原设计要求，跟踪探伤检查正常，也创造了国内同类大型五米轧机牌坊立柱焊接修复的奇迹。六天六夜的奋战，对艾爱国这位 70 多岁高龄的老人来说，无疑是一次巨大的挑战，支撑他的是心中那"一辈子做好一件事"的信念。

此后，艾爱国沿着自己当初决定的道路不断地前行着，即使前方有荆棘阻途，他都异常坚定地热爱并坚持着焊接事业，他多次参与我国重大项目焊接技术攻关，攻克了数百个焊接技术难关。

他发明的交流氩弧焊双人双面同步焊技术，成功解决了当时世界最大的 3 万立方米制氧机深冷无泄漏的难题；他带领团队 10 年攻坚，打破国外技术垄断，填补国内空白，实现大线能量焊接用钢国产化；在花甲之年，他带领团队解决工程机械吊臂用钢面临的关键技术难题；在国内首个自营深水油田开发项目——流花项目中，艾爱国亲自到现场指导焊接工作，整理分析焊接数据，并提出优化意见。面对项目现场复杂环境对钢板焊接提出的新要求，艾爱国索性直接趴在冰冷的钢板上查看焊缝，不放过任何一个细微环节，他和工程师一起分析数据，优化工艺，最终成功解决了导管架用 420 兆帕级别轻量化高强海工钢的焊接问题。在许许多多的国际国内超级工程中，都活跃着艾爱国的身影。

艾爱国用一生的坚守和奉献诠释了什么是工匠精神。他秉持"一辈子做好一件事"的信念，在焊工岗位上默默耕耘了 50 多年。他舍得吃苦、不怕吃亏、刻苦钻研，攻克了一个又一个技术难关，创造了一个又一个奇迹。他的高超技术和无私奉献精神，受到了党和人民的称赞。先后荣获全国职工自学成才奖、中华技能大奖、全国五一劳动奖章、"七一勋章"、全国道德模范等多种荣誉奖章和证书。

2021 年 6 月 29 日，习近平总书记亲自为他颁发"七一勋章"，树立了新时代产业工人榜样。

"叮铃铃，叮铃铃……"熟悉的铃声又传了过来，艾爱国几十年不变地骑着他那辆破旧自行车，清晨的阳光透过艾爱国实验室的树叶洒在艾爱国洋溢着笑容的脸庞上。他骄傲地说："我这辈子就只做了焊接这一件事，一辈子做好一件事！"

（何　展）

河钢塞钢管理团队：共建"一带一路"的钢铁使者

♦ 人物档案 ♦

河钢集团塞尔维亚公司管理团队是中国河钢集团与塞尔维亚斯梅戴雷沃钢厂合作运营项目的一个9个人的管理团队。2019年4月25日，中央宣传部授予河钢集团塞尔维亚公司管理团队"时代楷模"称号。

　　河钢集团塞尔维亚公司管理团队牢记习近平总书记"言必信、行必果"的殷殷嘱托，锐意创新、开拓进取，仅用两年多时间，就让濒临倒闭的百年钢厂重现活力，打造了国际产能合作的样板、"一带一路"建设的标志性工程。

　　在异国他乡几近破产的百年钢厂，一个团队会创造出怎样的奇迹？这是一段注定载入钢铁工业发展史册的佳话。

　　这个钢厂是塞尔维亚斯梅戴雷沃钢厂，这个团队是河钢塞钢管理团队。他们牢记习近平总书记视察河钢塞钢时的殷切嘱托，团结奋斗、顽强拼搏，使百年钢厂重获新生，并将其打造成中国—中东欧合作和共建"一带一路"的标志性工程，用实际行动和成效树立了负责任、守信誉的企业形象和国家形象，向世界展现了中国钢铁工业的气度与担当。2019年4月，中央宣传部授予河钢塞钢管理团队"时代楷模"称号。

·2019年4月21日，中央宣传部副部长梁言顺为河钢塞钢管理团队代表颁发"时代楷模"奖章和荣誉证书。

关于他们的故事，在美丽的多瑙河畔广为流传……

牢记嘱托，让百年钢厂蝶变新生

2024 年 4 月 29 日，习近平总书记复信河钢集团斯梅戴雷沃钢厂塞尔维亚籍职工，勉励他们为中塞友谊作出新贡献。"你们用辛勤的劳动使钢厂发展日新月异，为中塞铁杆友谊续写新篇，我为你们'点赞'。"

总书记的勉励，饱含着殷殷期待，不仅使斯梅戴雷沃小镇沸腾了，也让河钢塞钢管理团队感慨万千。此时再回首，如江河般浩渺壮阔的往事扑面而来。

河钢塞钢的前身斯梅戴雷沃钢厂，建于 1913 年，曾被誉为"塞尔维亚的骄傲"，后因长期亏损而陷入濒临倒闭的境地。塞尔维亚政府为挽救钢厂，组织了多轮国际招标但均未成功，"我们为此熬了无数昼夜，我们无数次怀着希望想要拯救斯梅戴雷沃钢厂，但一次一次的希望变成了沉重的失望。"塞尔维亚总统武契奇说。

2016 年 4 月，河钢正式收购斯梅戴雷沃钢厂，时隔两个月，习近平总书记视察河钢塞钢时强调："我们不需要拍胸脯、夸海口，而是要诚恳、严肃地兑现承诺。言必信、行必果。"

"河钢塞钢承载着两国领导人爱国亲民情怀和两国人民的深厚友谊，回报塞尔维亚人民一个最好的企业，河钢人只能成功，不能失败。"河钢党委书记、董事长于勇坚定表态。

承诺如金，战鼓催征。面对连年亏损的局面和饮食、文化、生活等巨大差异，河钢塞钢管理团队因地制宜、善作善成，用担当和智慧将钢铁新气象书写在共建"一带一路"的编年史上。

依托河钢强大的技术支持，河钢塞钢管理团队对现有设备进行"起底式"诊断分析，逐一制订解决方案；借助河钢全球化优势资源，多维度构建支撑平台，让河钢塞钢产品市场由原中东欧地区快速拓展到全球……

仅半年时间，河钢塞钢扭转了连续 7 年亏损的局面，实现全面盈利。运营 8 年来，累计营业收入超过 60 亿欧元，4 年蝉联塞尔维亚第一大出口企业，成为高质量共建"一带一路"的标志性工程，并荣获联合国开发计划署与欧盟等联合颁发的"绿色议程"奖励证书、塞尔维亚顶级品牌、塞尔维亚最佳出口商等奖项。

河钢塞钢管理团队用坚毅和果敢诠释了"钢铁般的意志"，当谈到父母、爱人、孩子时，他们却数度哽咽。

远离家乡、远离亲人，忍受寂寞、忍受孤独，静静流淌的多瑙河水，也承载着他们的思念。有的没能见上病重的老父亲最后一面，有的远离耄耋之年的母亲，有的缺席了对孩子的陪伴，有的主动将蜜月旅游变成了赴塞工作的征程……河钢塞钢管理团队笃定的是：我们必须要拿出更加优异的成绩，才是对国家、对企业、对亲人最好的回馈。

同新时代相匹配、同新征程相呼应的使命担当，因为这份钢铁柔情越发温暖，且更有力量！

践诺于行，架起中塞友谊桥梁

2024 年 4 月 28 日，全程跑完第 37 届贝尔格莱德马拉松，河钢塞钢总经理办公室主任苏山请同事们在他穿的"友谊战甲"上签名，他要永久珍藏这件赛服。

这是办公室 8 位塞方同事为他特制的一件白色纯棉 T 恤，上面印着办公室所有人的合影照片，还有两国的国旗。塞方同事对苏山说："看，我们的'钢铁友谊'就像这马拉松一样长。"

朋友是时间的果实。

　　跨国经营企业，最大的问题是面临跨国界、跨文化整合的难题。河钢塞钢管理团队坚持共商共建共享原则，认真落实河钢"利益本地化、用人本地化、文化本地化"的海外经营策略，让世界看到了中国企业"开放共享，合作共赢"的智慧和胸怀。

　　收购之初，河钢塞钢管理团队婉拒塞方给高管配专车、配保镖、配秘书的待遇，和当地员工一样拼车上班、打卡入厂、一起吃食堂；生产理念不同，夜以继日实验调试，用客观数据说服对方；文化习俗不同，设意见箱、搞"家访"，聆听每一名员工的心声……有员工感慨："过去雇主瞧不起我们这些当地工人，说话都是喊着嚷着，可你们却不一样。"

　　基于"三个本地化"，河钢塞钢的健康发展，不仅使原有 5000 多名员工有了可靠的工作岗位，每年还为当地提供 200 个新就业岗位。

　　在推进企业快速发展的同时，积极履行社会责任，累计投入超过 200 万欧元，用于当地道路修建、村庄供水、捐资助学等，展现中国企业的良好形象。

　　从"身"走近到"心"走近，越来越多的人投出了"信任票"和"支持票"，越来越多的人爱上了中国：员工白莉娜的女儿塔玛拉，立志长大后要像妈妈一样到河钢塞钢工作；员工维斯娜的女儿米莉察，因为河钢爱上了中国，梦想着成为一名汉语翻译……东风西韵交相辉映下，是河钢塞钢员工对未来更多的憧憬和期待。

　　河钢塞钢管理团队还将培养本地员工当作最重要的任务之一，2016 年以来，为近 2000 名塞方职工举办 15 期赴华培训和 9 期境外培训，使一批普通员工迅速成长为业务骨干。

　　"河钢不仅带来了技术上的改进，还创造了新的归属感。"河钢塞钢初加工区经理米奥德拉·米尼奇说，"与来自不同国家的专家并肩工作，分享知识和经验，也促进了我的职业发展和个人发展。"

救活一座厂，温暖一座城。河钢塞钢管理团队带来的不仅是"饭碗"和新生活，更是机会和梦想。这，才是最迷人的地方。

接续奋斗，让"金名片"更闪亮

齐凤来，河钢塞钢烧结车间副主任。2022年，他主动申请从河钢集团唐钢公司来到万里之遥的塞尔维亚。谈及缘由，成为像河钢塞钢管理团队"时代楷模"那样的人，是齐凤来的梦想。

为了保持河钢塞钢管理团队的先进性、示范性和引领性，河钢依据《境外派出人员管理办法》优选出7名技管人员赴塞。这支平均年龄37岁、70%以上人员具备硕士学位的年轻团队，见证了河钢对河钢塞钢绿色低碳发展战略擘画的不断进阶。

新科技革命正在加速全球供应链的重构，绿色、智能已经成为全球产业发展的主旋律。河钢致力于全球钢铁行业发展引领者、创新者和合作者的角色定位，全力将河钢塞钢打造成欧洲领先的绿色、低碳、智能钢铁企业。

一方面，强化科技引领、创新驱动。

输入具有河钢自主知识产权的20多项行业领先技术，实施100多项技改项目，提升钢厂技术水平和可持续发展能力；持续加大环保和节能减排投资力度，充分发挥先进节能环保新工艺、新技术作用，实现经济效益和社会效益双提升。

突破，意味着挑战，每一步都要在现实中接受考验。

在河钢塞钢能源和环境保护综合改造工程中，面对"水土不服"等情况，河钢塞钢管理团队和塞方技术团队，与河钢专家一起探讨设备布局和工艺优化；牵头成立攻关小组，协力完成参数优化，最终突破了技术瓶颈，完成了高炉煤气柜、新烧结厂和热轧加热炉的建成投产。

如今，新烧结厂炉料产能由过去每年 137 万吨提高到 180 万吨，环保指标远远优于欧盟标准；新建的双蓄热技术的步进梁式热轧加热炉，百分之百使用高炉煤气，每吨钢节约天然气消耗 25 立方米；8 万立方米高炉煤气柜投运，提高了全厂高炉煤气运行的稳定性，煤气实现"零放散"……

这支年轻团队展现出极强的适应能力、融入能力和驾驭能力，不断丰富着河钢塞钢管理团队"时代楷模"精神的内涵，也汇聚起更多向上的力量。

"中方技术人员的专业能力令人佩服，我有信心成为他们那样的人！"河钢塞钢新建烧结机班组负责人奈纳德·博蒂奇说。

另一方面，推进技术创新和产业升级，发挥战略协同价值。

河钢塞钢管理团队依托河钢 – 贝尔格莱德大学钢铁绿色制造联合实验室，大力提升河钢塞钢技术创新和绿色发展水平；借助河钢与西门子签署共建塞尔维亚钢铁公司数字化绿色化工厂项目合作协议的契机，加快推动河钢塞钢数字化钢铁工厂、智慧能源管控、ESG 体系等项目建设。

厚植绿色低碳，就是厚植未来。

在河钢的战略指引下，河钢塞钢正加快成长为共建"一带一路"绿色发展先行者，绿色低碳的底色和价值不断凸显，产品从周边国家一路远销至西欧，广泛应用于机械制造、家电、汽车及建筑行业……

（刘双嫒）

唐笑宇：炼钢炉台上的世界冠军

◆ 人物档案 ◆

　　唐笑宇，1985年3月生，辽宁本溪人，中共党员。现任河钢集团邯钢公司邯宝炼钢厂特档技术主管、转炉车间副主任。他刻苦钻研业务，创新冶炼方法工艺，为钢铁行业高质量发展作出积极贡献，先后获评全国劳动模范、全国优秀共产党员、全国青年岗位能手、全国钢铁工业劳动模范等荣誉称号。

在这个新时代，作为一名党代表，是要引领和带动身边的人，不断创新突破，扛起（建设）钢铁强国的重任。

——唐笑宇

河钢集团邯钢公司邯宝炼钢厂转炉作业区内，天车吊着巨型钢包隆隆划过，转炉中炉火通红，钢水翻涌。在转炉平台上，总能看见一个身姿挺拔的年轻人手持对讲机跟踪炼钢生产，在冒着热浪的转炉旁，他叮嘱同事注意控制好转炉中间氧、出钢温度等指标。他就是炼钢炉台上的世界冠军——唐笑宇。

唐笑宇是邯宝炼钢厂特档技术主管、转炉作业区副作业长。从普通上料工到转炉炉长，从炼钢技术带头人到站上世界炼钢赛事最高领奖台，他始终不忘自己的初心——做全厂最好的炼钢工。这些年，他曾获得全国劳动模范、全国优秀共产党员、中国青年五四奖章、全国向上向善好青年、全国青年岗位能手、全国钢铁工业劳动模范、河北省道德模范、河北工匠、河钢集团"金牌工人"等多项荣誉，还光荣当选了党的二十大代表。唐笑宇步履不停，始终向着更高目标前进。

立志成为最好的炼钢工

邯宝炼钢厂装备先进，自动化程度高。2008年，唐笑宇从北京科技大学冶金工程专业毕业后来到邯宝炼钢厂工作。走上炉台的那一刻，唐笑宇满怀兴奋和期待，坚信自己能干出一番事业。

当时厂里刚启用260吨转炉，唐笑宇每天都要爬上57米高的地方，把几十斤重的调试设备搬来搬去。尽管经常筋疲力尽，但他仍坚持啃书本、学理论，他把工作岗位视为成长平台，凭着爱学习、肯钻研的劲头，仅用两年时间就从一名上料工成长为全厂最年轻的炼钢工和转炉炉长。

"既然选择了钢铁行业,我就要成为这一行的精英,要当最好的炼钢工!"唐笑宇这样自勉。

当炉长的第一年,他就带领班组从工艺操作、质量提升等方面开展攻关。为了打破转炉冶炼的脱磷瓶颈,唐笑宇提出用"留渣法"冶炼,当时,厂里技术人员认为,200吨以上的大型转炉使用"留渣法"冶炼,可能会导致钢水喷溅,造成生产事故。打破质疑,要靠事实说话。唐笑宇查阅大量资料,请教专家,每天记录分析生产数据,最终通过调整加料时机、枪位等,摸索出了260吨转炉留渣冶炼方法,取得了很好的脱磷效果,带动班组指标全面提升,在全厂12个炼钢小组综合排名中名列第一,还创下连续10个月钢水成分不超内控的纪录。

· 唐笑宇（左一）正在指挥炼钢生产

炼钢需要石灰作为原料,当时厂里的260吨转炉炼钢平均生产1吨钢需消耗石灰35千克。为降低生产成本,2013年,唐笑宇在"留渣法"冶炼基础上,推行了"少渣冶炼"新工艺。这一新工艺具有挑战性,但能带来更高的经济效益。他反复验证,总结新方法,将灰耗降到每吨钢15千克。按照厂里的产量,仅此一项每月就可以省下数百万元。

创新无止境，但随之而来的新问题也需创新来解决。新方法运用初期，转炉炉衬蚀损严重。经过分析研究，唐笑宇发现问题的症结是炉渣黏度不够，但通过化学降温，就可以增强附着、减少蚀损。事实证明，这一创新举措可行，再一次的实验成功，也让唐笑宇在创新之路上更加坚定了信心。

站上世界最高领奖台

"冠军，世界冠军！又是河钢！"

2018 年 4 月 10 日中午，印度孟买，当整点的钟声响起，第 12 届世界模拟炼钢挑战赛总决赛的赛场内，爆发出来自世界钢铁的惊叹！

"恭喜唐笑宇，恭喜河钢集团，恭喜中国……"持续两个多小时惊心动魄的比拼，世界模拟炼钢挑战赛以唐笑宇的夺冠而告终。至此，中国钢铁再一次屹立于世界之巅。足令胜者无愧，败者折服。

总决赛的任务是在两个小时内采用二次精炼模拟系统，以最低成本精炼一炉目标钢种。目标钢种为高合金工程钢，在加入大量铌、铬、钼、镍等合金的同时还必须严格控制硫、磷和氧的含量，计算过程复杂、计算量巨大，大大增加了比赛难度。

比赛开始的第 44 分钟，唐笑宇完成了自己的第一炉钢并占据了榜首。之后他不断优化加料配比，将成本一点一点降低，逐渐拉大与其他选手的差距。

经过两个小时的紧张比赛，最终，唐笑宇以绝对实力，用最低成本最先模拟精炼成功，在第 12 届世界模拟炼钢挑战赛总决赛上一举摘得职业组冠军。

细心的人可以发现，唐笑宇上台领奖时，胸前佩戴着一枚五星红旗胸章，他说这是来印度前，专门在北京买的。

这一刻，唐笑宇代表的是中国！

荣誉不是终点，而是新的起点。夺冠后的唐笑宇没有放松，又投入到了热火朝天的工作中，并且更加敬业、专注，严格要求自己。

此后不久，唐笑宇顺利通过了党组织的考察，成为一名光荣的中国共产党党员。2018年6月25日，这个日子他终生难忘，每每回想起来都心潮澎湃。

在唐笑宇眼里，党组织始终是他的"后援团"。转炉里的"红"，是他最热爱的颜色。凭着对炉火的执着与热爱，唐笑宇就像钉子一样盯住创新课题，吃饭睡觉都在琢磨。他相继研发出"降铁耗补偿硅铁增硅计算"小程序，提出"减少鱼雷罐数量提高入炉铁水温度"合理化建议，参与"大废钢比条件下品种钢氮含量控制技术开发与应用"公司级课题……他就像一个不知疲倦的陀螺，在炼钢炉台上探寻着高效生产、降本增效的新方法。

"没有党组织的培养，就没有我的成长。作为一名党的二十大代表，我在感到荣幸的同时也深感责任重大。我要把这份责任变成动力，为企业攻破更多技术难题，为国家争取更多光彩，把我们的产品也打造成'冠军'！"唐笑宇说。

技术创新再攀新高峰

"转炉是炼钢的'排头兵'，每一个新钢种的冶炼，都离不开技术创新。"唐笑宇说。

唐笑宇真是把钢铁爱到了骨子里。工作多年来，他不仅掌握了业内"皇冠级"产品高端汽车面板 O5 板的冶炼技术。2020年以来，他又继续对高品质汽车板冶炼开展科研攻关。2021年，他通过降低转炉终点氧，提高了钢水纯净度，同时使金属收得率提升，每

·唐笑宇正在指挥冶炼汽车钢

年为企业多创效 1500 万元。2022 年，唐笑宇和团队成员又在河钢集团首席科学家团队指导下，于国内首次研发出转炉底吹氧底喷粉炼钢成套工艺。这项新工艺自投产以来，便以其超低的终渣全铁指标和超高的汽车板纯净度，在成本和质量方面均赢得了业内的高度关注，而超高的实施难度又让很多心仪这项工艺的企业望而却步。

"我们收集了很多关于此项新工艺的历史数据并开展研究，发现国内以前最高的炉底寿命是 250 炉，国外先进企业也是 15 套炉底之后才稳定运行，由于炉底直接吹氧，导致炉底风口及耐材吃损特别快，想要延长炉底寿命需要克服非常多的困难。"唐笑宇在介绍此项新工艺攻关过程时说。

面对困难，唐笑宇和攻关团队成员们没有退缩，而是制定了 14 项攻关课题，夜以继日地奋战在转炉旁，反复调试、优化。他深知，新工艺的成功实施需要每一个细节的精准把控，需要无数次的试验和修正，他肩负着引领团队前行的重任，不敢有丝毫懈怠。

2023 年 10 月，运用转炉底吹氧底喷粉炼钢成套工艺的该厂 1 号转炉运行期间实现了全钢种覆盖，汽车板、高强钢冶炼过程质量稳定。当时第 10 套炉底创造了 6 风口底吹完好，炉龄 1100 炉的最高水平。2024 年 1 月，仅仅过了两个月，单套小炉底 6 风口寿命延长到 1400 炉，这一突破不仅树立了行业新标杆，也为邯钢技术升级作出了积极贡献。

"习近平总书记强调，要在全社会弘扬精益求精的工匠精神。这鼓舞了我们走技能成才、技能报国之路。在未来，我要争取炼出更多高端钢、精品钢、'争气钢'，跨越一座座新的技术高峰。"唐笑宇信心坚定。

从原料变成优质钢水需经过多道工艺冶炼，要成长为新时代的优秀钢铁青年，同样要淬炼过硬本领。唐笑宇不断突破瓶颈技术难题，推动技术创新再攀"新高峰"，以钢铁报国之志在建设钢铁强国道路上勇毅前行。

（刘明婕）

唐成凤：焊枪书写最美芳华

唐成凤，1986年12月生，四川金堂人，中共党员，焊接高级技师，第十四届全国人大代表，现担任四川川锅锅炉有限责任公司（简称"建龙川锅"）焊接培训中心主任。

曾获全国劳动模范、全国五一巾帼标兵、全国五一劳动奖章、全国优秀农民工、全国三八红旗手、四川省五一巾帼标兵、四川省五一劳动奖章、四川工匠、成都工匠等荣誉，并于2021年组建成都市唐成凤焊接技能大师工作室，2022年组建成都市劳模和工匠人才创新工作室，2023年成为中国机械冶金建材工会、中华全国总工会女职工部首批"女焊花"创新工作室联盟成员之一。

我愿拿着焊枪，保持初心和匠心，在工作中绽放最美的"焊花"。

——唐成凤

唐成凤作为焊接行业内有名的焊接教师和专家裁判，多次担任省市焊接比赛裁判员；作为全国人大代表、四川省、成都市党代表、四川省劳模宣讲团成员，多次参与党的二十大精神、全国两会精神及劳模精神、劳动精神、工匠精神的宣讲活动。

2019年9月，因公司需要，唐成凤从焊接一线调至焊接培训中心担任焊接培训教师。5年时间里，她在做好自己本职工作的同时，也一直积极参与产品难点攻关及技术革新，每年培训公司内部焊工100余人，培训合格项目600多项；培训外部焊工300多人，培训合格项目500多项。2021年上半年，在老师们的指点和同事们的帮助下，唐成凤带领川锅工匠编写了《焊条电弧焊实训进阶》《川锅焊匠诡道十八法》，成为公司及其他企业年轻焊工学习的标准，也为年轻焊工学习技能起到了重要的指导作用。为大力发扬劳模精神、劳动精神、工匠精神，2021年9月，以唐成凤名字命名的劳模和工匠人才创新工作室正式成立。组建该工作室的目的在于带领工匠们为公司培养一批知识型、技能型、创新型高素质年轻焊工，做好公司焊接人才梯队建设。在"传帮带"工作上，唐成凤一直努力钻研教学课程，提升自己的同时也将自己所学毫无保留地传授给徒弟们。她所教授的徒弟在市级一类大赛中也取得了二等奖的优异成绩。

唐成凤不仅从实践上，还从理论上对焊接技术进行钻研和提升。她在四川省总工会编著的《焊工经典操作技能集锦》一书中发表的《耐热钢对接45度固定位置焊条电弧焊操作技术》文章，成为焊接技术的参考标准。同时，她还作为四川省劳模工匠团的一员进入学校、企业进行宣讲和现场实际操作交流等活动。

2023 年 7 月 25 日，人社部组织在重庆举办了全国劳务品牌形象代言人交流推介服务活动。唐成凤成为 20 名全国最具特色劳务品牌形象代言人之一——"金堂焊工"形象代言人，并作为代表发言。

十几年的焊工生涯，让唐成凤对焊接有着深刻的体会。拿着焊枪，保持初心和匠心，在绽放的焊花中追求技能之美、技艺之美、工匠精神之美是唐成凤一直以来的追求，用这样的"美"来回报时光与岁月，是她的选择，也是她的执着。

立志成为一名出色的"电焊工匠"

唐成凤出生在农村的一个焊工之家，从小就跟着爷爷奶奶奔波在建龙川锅各分厂之间，为各分厂送氧气、乙炔等气体。从初中开始，她就一直跟着父母亲在工厂帮忙敲焊接后的焊渣。那时，看见工厂里的师傅们焊接时焊条熔化溅出的焊花，就像天空中绽放的烟花一样，特别漂亮，她常常问父亲，焊花为什么这么美？父亲总会笑着回应："焊花是劳动的结晶，只有好的焊工才能焊出最美的焊花。"听着父亲的话，唐成凤似懂非懂，只是觉得焊接很好玩，焊接出来的产品也很漂亮："那时，我就想，以后我也要搞焊接，也要焊接出漂亮的焊缝，绽放美丽的焊花。"

"你一个女孩子，学什么不好，非要学习焊接，你完全可以凭一张脸吃饭。"唐成凤向朋友和老师分享自己的梦想，却并未得到预期的支持，"为什么我不能学习焊接？我想学习技术，我想凭着自己的劳动吃饭，青春是有限的，只有学到本领才会永久地绽放美丽的青春。"基于这样的想法，2005 年，唐成凤毫不犹豫地报考了焊接专业，却由于自己的分数不够而没有考上心仪的学校。在家人的鼓励下，她进入了川锅技校学习焊接技术。经过两年的刻苦学习和练习，2007年，她以优异的成绩毕业，进入四川锅炉厂从事焊接工作，成为一名真正的女焊工。

初入职场，刚满20岁的唐成凤还很瘦弱、纤细。幸运的是，她遇到了恩师劳模胡明，常常在困难时给予她很大的信心。"成凤啊，学焊接首先要有耐心，但最重要的是手稳、心细，你是一个学焊接的好苗子。希望有一天，在电焊这个行业中，你能长成一棵大树！"唐成凤至今记得师父曾经对她说过的话。

为了达到师傅说的手法稳、技术硬的要求，成为像师傅一样出色的"电焊工匠"，唐成凤时常在车间劳累一整天，下班回家后又咬着牙，坚持将20来斤重的水桶拎在手腕上，悄悄练腕力。在多年的辛苦之后，唐成凤的焊接技术长进很大，终于达到师父说的要求，连车间里的那些男焊工，在背后都悄悄讨论："唐成凤那女娃子，你们不可小瞧哦！"

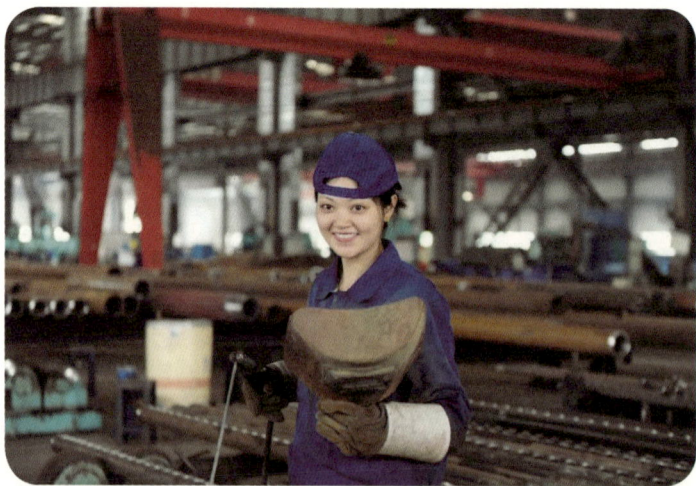

· 唐成凤工作照

"瑞士、德国能够成为制造强国，就是因为他们的工艺有几代人在传承和发展，我国也需要有这么一群劳动者，用一辈子或者几代人去坚守、去传承，用毕生所学为实现制造强国而努力。"师父的话让唐成凤坚定了她做一名焊工、做一名好焊工、做一辈子焊工的信心和决心。"我深刻感受到我们技工身上所肩负的使命。"唐成凤坚定地说道。

就这样，在进厂的半年后，唐成凤便考取了压力容器项目合格证，正式成为一名合格的焊工。

对每一条焊缝负责

唐成凤所在的建龙川锅是世界 500 强北京建龙重工集团有限公司的全资子公司，是一家专业从事高效节能锅炉及辅助设备的研发、设计、制造、安装、运行、服务于一体的高新技术企业，也是国家发电设备制造和出口的主要基地。公司生产的锅炉是一种特种设备，生产过程非常复杂，需要几十道工序，其中车工、钳工、铆工、电工、焊工 5 个工种是最主要的工种，而焊工是最辛苦的一个，也是最重要的一个岗位。哪怕是最细小的焊缝，都必须要经过射线、超声波等无损检验，因为机组运行中每条焊缝都要承受很强的高温高压，如果质量不过关，返工报废事小，锅炉在运行中也可能因为焊缝的缺陷引起撕裂甚至爆炸。

"虽然电焊很重要，但女工们一般都不愿学焊接，因为电焊工不仅仅是技术活，更是体力活，上班总是蹲着、站着或者仰着烧电焊，体力消耗非常大，还容易被烫伤皮肤、灼烧眼睛，具有一定的危险性。所以，厂里上百名电焊工中，女电焊工只有 3 名。"唐成凤说，在彷徨的时候，自己也想过到底要不要坚持下去，但看到身边绽放的焊花和自己焊接出来的产品，再回想起儿时的梦想，便不再犹豫了。

2015 年夏天，公司承接了首钢 750 吨／日生物质能源项目锅炉生产任务，要焊接亚洲最大的生物质余热锅炉。虽然此前唐成凤和同事们焊接过很多大型的锅炉，但是每天焚烧垃圾 750 吨，锅炉集箱长度达到 16.2 米还是第一次遇到。他们面临着管接头数量多、装焊难度大、焊接易变形等难以想象的难题。

"天下难事必作于易，天下大事必作于细"，经过一个月的艰苦奋战，唐成凤他们最终实现焊缝探伤合格率 100％，给客户交出了合格产品。"工作中，这种焊接难度大、赶工期的任务经常有。所以，我们一线工人经常加班，每天披星戴月。"在一次次攻坚克难中，唐成凤不断改进方法，创新技术，特别是在小集箱环缝的生产中成功改进焊接工艺，同时优化了集箱环缝预热相关技术，解决了预热温度不均匀、升温慢的工艺难题。

在长期的工作练习中，唐成凤的手指变得粗糙，手掌布满老茧，手臂上还留下不少烫伤，但她毫无怨言。"女性有女性的优势，我们可以把活路做得更细致。如今，我焊接的产品被运送到全国各地，出口海外，我很有成就感。"

坚信"有为才能有位"

80 后"新生代农民工、中专技校生、搞焊接的女生"构成了唐成凤职业生涯起点的全部要素。而"有为才能有位"是她一直坚信的人生信条。

2011 年，为了检验自己的焊接水平，同时突破自己在焊接技术上的瓶颈，唐成凤报名参加了成都百万职工大赛。为了使自己能焊出高度差、宽度差都不超过 0.1 毫米的焊缝，唐成凤在赛前强迫自己超负荷训练。比赛前一个月，她每天在车间工作 10 个小时，下班后紧跟着又去焊培中心练习比赛项目。

然而，意外发生了。较难的仰板项目中的打底焊接需要用电砂轮打磨接头，就在唐成凤快要打磨完的时候，砂轮反弹过来直接打掉了她的眼镜，顺带着伤到额头和眼睛，一时间鲜血顺着脸颊往下流。

"那一瞬间，我十分害怕，我要是眼睛瞎了可怎么办？"回忆起那次经历，唐成凤感慨。"万幸眼睛没事，只是眼球严重充血，额头划破一个口子需要休息几天。"可是听到医生这样说，她再也忍不住"哇"的一声哭了出来。那一刻，她将积累已久的辛酸和委屈一股脑地发泄出来。但她回家后休息了一天，第二天又回到了工作岗位和训练场上。"因为离比赛只有一个星期的时间，我不能放弃，不能白白浪费之前的练习，辛苦这么久一定得给自己一个满意的答案。"

后来的大赛非常紧张、激烈，唐成凤不停地鼓励自己、提醒自己："比赛不仅考验一个人的技术水平，更考验一个人的心理素质。"功夫不负有心人，最终，她在一个以男焊工为主的决赛中，过关斩将夺得了第一名。

2021 年，作为四川省的劳动模范代表，唐成凤受邀到北京参加"庆祝中国共产党成立 100 周年"系列活动，这是唐成凤"想都不敢想，想也想不到"的场景，让她这个"平时强调心要定，手要稳"的焊工，真切体验到了什么是心潮澎湃，什么是热血沸腾。"好多次我都忍不住涌出了眼泪，这是我必定会铭记一生的经历，更是一份至高褒扬和无上荣誉。"

矢志不渝，让焊花持续绽放

"一身蓝色工作服、一双防烫鞋、一双牛皮手套，一把焊枪、一面电焊罩和一副护眼镜，外加一顶工作帽，一年有 300 多天都是这副装扮。"唐成凤自嘲，"总是灰头土脸的"。

爱美是女人的天性，对于女电焊工来说，爱美却是一种奢侈。回望多年来走过的路，因厂房内的高温，唐成凤的衣衫时常被汗水浸透。焊接时火花四溅，不小心溅到身上，不仅钻心地疼，还会留下疤痕。不仅如此，由于焊工工作性质的特殊性，她的视力和听力也受到一定程度的影响。

比起被搁置的爱美之心，对唐成凤来说，没有更多的时间陪伴家人，才是她心中无法焊接的遗憾。唐成凤一个星期只休息一天，还经常加班。早晨，天还没大亮，唐成凤已骑着电瓶车去上班，经常深夜才到家。"妈妈，你换个工作嘛。""你少加点班，早点回来嘛。"每次听着女儿撒娇似的抱怨，唐成凤的内心就会很矛盾："工作与家庭并不如嘴里说的那么容易平衡，一边是任务，一边是女儿，两头都难以取舍。"

· 唐成凤（中）带徒弟的照片

可一旦进入车间，唐成凤马上将内心的矛盾忘在了脑后，将对家人的温柔倾注到了几个徒弟身上。小徒弟胡荩丹说："师父很温柔，从来不会凶我们，她什么都肯教，也肯让我们上手，有种被呵护着的感觉，我们真的很幸运。""师父总是手把手地教，不知不觉，我的手法已经变成了她的手法。"大徒弟陈章军已经跟随唐成凤学习好几年了，师父对他的影响很大。

"作为一名技术工人、一名培训老师，我将牢记工匠使命，秉持初心、发挥专长，在专业技能领域追求更高水平，传承技能、传授技艺、传播匠心，继续努力做一名好工人、好教师，在劳动中挥洒青春，在劳动中绽放美丽，收获成长！"唐成凤说道，"我愿拿着焊枪，保持初心和匠心，在工作中绽放最美的'焊花'"。

（寇　艳）

杨林：匠心铸就多彩人生

● 人物档案 ●

杨林，1971 年 9 月生，四川绵阳人，中共党员，鞍钢集团攀钢集团西昌钢钒有限公司炼铁厂焦化分厂设备点检组首席技师，高级工程师、高级技师，四川省"新八级工"首席技师，享受国务院政府特殊津贴。中国工会第十七次全国代表大会代表，中国共产党四川省第十二次代表大会代表，先后荣获全国劳动模范、全国技术能手、四川省劳动模范、四川工匠、全国冶金行业"党员先锋"等荣誉。

敬业奉献显品质，锐意创新突智慧。

——杨林

爱岗敬业　　不断进取

1995 年，杨林从攀钢技校分配到攀钢钒公司煤化工厂成为一名检修钳工。

杨林在检修岗位上主要负责维护煤焦运输系统，天天与煤焦运输溜槽打交道。在别人看来，溜槽不就是补洞吗？而他每次到现场，都会钻进溜槽去认真分析冲击打烂及磨损的原因，准确找到哪些是冲击面，哪些是磨损面，哪些是非磨损面，对于不同的地方采取什么办法来实现物料冲击物料，尽量减少对溜槽本体的冲击磨损，让溜槽的在线使用周期尽量延长。

在杨林眼里，无论什么岗位，只要选择了在那个岗位工作，就要全身心地投入；只有抱着对工作、对自己岗位的热爱，那么工作起来才是最快乐的，他在检修岗位上坚持了 8 年，从不懂设备到认识设备、了解设备。

2003 年，杨林调入厂点检站工作，来到一个全新的工作岗位，他深知要在工作中干出成绩来，才能不辜负组织的培养，为此要求自己要有独立解决区域设备的能力，要有独立思考的智慧，要有掌握从设备结构、性能、备件、加工件等一系列的知识水平。

当单位给他配备一台电脑的时候，心里十分兴奋，但从没有过电脑的他，对办公软件根本不熟，对制图软件也一窍不通，他暗下决心，不懂就学，通过翻阅应用手册和大量图纸资料，不断请教和摸索，自我加压，不断提高，杨林熟练掌握了机加工制图技术，实现依照杨林画的图纸加工件"零"返工和"零"废品。杨林这种勤奋好学的劲头，被领导看在眼里，于是便给予他更多学习成长的机会和平台，鼓励他参加厂里举办的技术比武，促使他不断地去勤学苦练，取长补短，积累更多的实际操作经验，多次获得厂技术比武"状元"称号。2009 年，他取得了钳工高级技师资格，从一名普通钳工成长为一名优秀的设备点检员。

艰苦奋斗　甘于奉献

2010 年，在新设备、新工艺的"诱惑"下，杨林毅然选择来到攀钢二基地——西昌钢钒这片热土，新的地方，总要有新的思想，新的工作热情。

杨林始终把"敬业奉献显品质，锐意创新突智慧"作为自己的工作理念。在设备安装调试及设备攻关的那段日子里，面对点检专业人员少、工期紧、任务重的现状，他没有彷徨和退缩，不分昼夜扑在现场。甚至在母亲做脑瘤手术时，也没能赶回攀枝花陪护。当时，第一次整体更换 SCP 机捣固锤，没有成功经验可借鉴，容不得半点闪失，他带领工友们铆足干劲，鏖战近 30 个小时，确保检修顺利完工后，才拖着疲惫的身子，赶回攀枝花探望病床上的母亲。

新设备逐步投运后，当务之急是设备要尽早达产达效。然而，在更换 SCP 机捣固锤过程中劳动强度大、备件费用高、使用周期短的难题，一直困扰着杨林和整个团队。

杨林主动请缨参与攻关，针对使用初期存在的诸多不足之处，他始终把创新作为自己工作的动力，特别是 SCP 机捣固锤、托煤底板、凸轮瓦等进口易损件使用周期短、备件消耗大的问题上。他多次和技术人员沟通，反复探讨破解"顽症"的途径。经过现场勘察、翻阅文献资料、查阅相关知识后，模拟出修复捣固锤的过程，杨林和团队终于研究出"SCP 机捣固锤在线修复操作法"。

面对成绩，杨林并没有停止创新的步伐，随之研究出"SCP机托煤底板在线修复操作法"和"SCP机捣固凸轮延寿操作法"。他研究出的多项技术成果成功应用于生产并创效显著，使SCP机的应用技术等多项指标达到国内外先进水平。参与主研的"捣固焦炉SCP一体机高效长寿应用技术"和"大容积捣固焦炉炼焦技术研究"获鞍钢集团重大科学技术奖。

勇于创新 硕果累累

在设备点检的工作中，杨林逐步养成了运用"精、细、实、勤、创"作为点检要素，深知"精、细、实、勤"是基本，"创"是升华、是智慧。在一次单驱动运输线的双驱动改造中，在传动辊的另一端安装有逆止器，如安装驱动装置，必须拆除原有逆止器，就造成皮带无法逆向制动的问题，为此杨林自行设计一套联轴器，既要起到传递转矩的作用，又要起到逆向制动的作用，这项设计思路，让杨林第一次获得了国家专利授权，同时也获得了德国纽伦堡国际发明奖。正是这次解决疑难问题，使他与创新结下了不解之缘。

· 杨林在现场点检设备及查找设备故障

近年来，杨林和团队获得攀钢级以上科技及创新成果奖 10 余项，其中鞍钢集团级 6 项；职工先进操作法 6 项，其中鞍钢集团级 2 项；QC 成果 10 余项，其中国家级 2 项；获授权专利技术 65 件，其中获发明专利 16 件，获实用新型专利 49 件，获德国纽伦堡国际发明展银奖 1 项，全国发明展银奖 5 项、铜奖 3 项。

匠者仁心　枝繁叶茂

杨林深知"一花独放不是春，百花齐放春满园"，2015 年攀钢授予"杨林创新工作室"，他就以创新为抓手，推行"融一切创新思路，提自身超凡能力"，始终秉承"积众之力无所不成，聚众之智无所不能"的思想，鼓励团队成员开动脑筋，出谋划策。

杨林利用间隙时间集中理论培训，同时组织一些实训课程，让大家互授技艺共同进步。杨林经常开展技术交流及为全公司授课，积极推行"传帮带"，从而使徒弟们的技术技能实现快速提升。

近年来，杨林创新工作室成为凉山州特优技能大师工作室、四川省总工会劳模和工匠人才创新工作室，6 名成员晋升为工程师，3 名成员获首席点检，7 名成员获聘高级点检，杨林也晋升为机械高级工程师。

杨林总是说："自己所取得的这些成绩，得益于党和政府及公司的人才培养平台，得益于各级领导倾注的心血，得益于工作室成员的大力支持。"他不仅为公司职工培训授课，也把社会责任纳入自己的工作重点之一。他被四川省人力资源和社会保障厅聘为"技能人才评价高级考评员"；被四川省人民政府聘为"专家评议委员会成员"；被四川机电冶煤系统聘为创新工作室联盟专业技术委员会"主任委员"；被凉山州总工会聘为"劳模工匠"宣讲员。

不忘初心　精神传承

杨林作为一名一线工人，曾于 2018 年 10 月 22 日和 2020 年 11 月 24 日两次走进人民大会堂，分别参加中国工会第十七次全国代表大会、全国劳动模范和先进工作者表彰大会，近距离领略党和国家领导人风采，聆听习近平总书记对人才工作的殷殷嘱托，除了满满的幸福和终生难忘的记忆，更多的是鼓励他不仅要甘于奉献、彰显品质，更要锐意创新、贡献智慧。杨林说，他将不忘初心、砥砺奋进，发挥劳模工匠精神，传递正能量，带动更多人在创新创造中发挥聪明睿智，为以中国式现代化全面推进强国建设、民族复兴伟业贡献力量。

· 杨林参加中国工会第十七次全国代表大会

星光不负赶路人，时光不负有心人。这就是杨林，30 年的春华秋实，他用"热爱、奉献、创新、责任"在工作中一步一个脚印，一步一步成长，抒写着自己的多彩人生，在平凡的工作中铸就了不平凡的业绩，用自己的实际行动时刻践行着一名共产党员、一名钢铁工人应有的责任担当和豪情壮志。

（孟祥林　张雪莲　何　勇）

王小康：电解槽里写梦想
拼搏奋斗书华章

◆ 人物档案 ◆

　　王小康，1982 年 1 月生，甘肃天水人，中共党员，工程师。2008 年 7 月参加工作，现任酒钢集团东兴铝业有限责任公司陇西分公司副总经理。先后荣获酒钢集团公司技术先进个人、酒钢集团公司先进个人、嘉峪关市劳动模范、甘肃省劳动模范、甘肃省五一劳动奖章、甘肃省陇原工匠、全国劳动模范等荣誉称号。

一辈子只要做好一件事就是强者。

——王小康

胸前的奖章是荣耀，更是沉甸甸的责任。刚从北京领奖回来的王小康，西装革履，身披绶带，与平时工作服打扮的他相比，格外的精神、帅气。喜上眉梢的欢快心情，让寒冷的冬天瞬间都传来了暖暖的热浪。这是一个劳动者一生的幸福、自豪、激动，是王小康用昨日的辛勤汗水换来今日闪亮的奖章。

"光荣属于劳动者，幸福属于劳动者。"习近平总书记诚恳的话语、暖心的问候，字字句句叩击着王小康的心。

大学毕业后，他带着年轻人对未来的憧憬与展望一路向西，将梦想的旗帜插在戈壁明珠——嘉峪关，将他的人生融入酒钢，融入东兴铝业的胸膛。和所有同龄人一样，他对新的人生角色充满了希望。

2008年夏天，他被分配到东兴铝业陇西分公司电解厂电解岗位，炙热的工作环境，高强度的劳动，让刚走出校园的他，一时也有点吃不消。"这是我的第一份工作，既然选择了目标，无论多难我都要义无反顾、拼搏到底，不能遇到困难就绕着走，就退缩。"这是他对工作的信念与执着。也正是这股力量推动他奋力拼搏，实现着他的理想。这些年虽然辛苦，但王小康似乎有着使不完的劲儿。从一名普通的一线电解工干起，先后担任电解组长、工区值班长、见习厂长助理、协理工程师、副作业长，一步步地成长是努力付出的最好见证，也是企业对于他的认可和肯定。

荣誉实现"全满贯"

在酒钢"艰苦创业、坚韧不拔、勇于创新、开拓前进"的铁山精神的感召下，在东兴铝业"熔炼和谐，追求卓越"的企业文化影响下，一

337

路的成长与历练，王小康被委以重任，现担任酒钢集团东兴铝业有限责任公司陇西分公司副总经理。先后荣获了2014年嘉峪关市劳动模范、2013—2014年酒钢集团公司先进个人、2014年酒钢集团公司技术先进个人、2015年甘肃省劳动模范、2019年甘肃省五一劳动奖章、2019年甘肃省第三届十大陇原工匠、2020年全国劳动模范等荣誉称号。

"获得这么多荣誉我很激动，但责任更重。我不会停下脚步，将以更高的标准要求自己，不给党旗抹黑。"王小康略显激动感慨地说。

从一名普通的电解工人到全国劳模，从看护电解槽的新手到带动团队一同在电解工作中创新……工作16年来，他用持之以恒的坚守和精益求精的追求，诠释了平凡岗位上的劳动者精神。

王小康的"技术观"

2012年6月，嘉峪关电解四作业区500千安系列的336台电解槽开工建设，王小康一路陪伴、成长。8年里全系列336台铝电解槽运行平稳高效，关键经济技术指标处于行业领先，最长槽龄高达2400天以上。

这些年，他转变着多种身份角色扎根电解一线，在工作中不断学习，充实自我，以最大的努力和最快的速度适应岗位需要。在日常工作生活中坚持"多看、多听、多想、多做"，通过学习与实践的有机结合，自身素质逐步得到提高。

善打硬仗，敢啃硬骨头。这是他在电解四作业区启动初期感触最深的经历。2013年8月，酷暑炎炎，500千安系列一段84台电解槽启动不久，部分电解槽突然出现问题，铁含量超标，槽温偏高导致沉淀加剧，铝液质量一降再降，如果不及时处理，就会出现严重的漏槽事故。当时时间紧、情况急，他连夜查阅资料，跟班观察，记录槽况变化，与技术人员和工友彻夜分析研究，在最短的时间内摸清原因。

顾不得眯一会的他，急忙投入到与其他技术人员研究和紧急处理问题的工作状态当中，及时有序更换阳极，有效控制钢爪脱落……所有问题得到快速解决，为企业挽回了巨大的经济损失。

作业区生产三段、四段启动，时至隆冬，时间紧、任务重，又一场硬仗摆在他的面前。有一句俗语："启动多变，漏槽最常见，心悬三十天，汗水日日洗衣衫。"可想而知启动的难度，他和工区长们天天盯在现场，时时观察着每台新槽的变化，及时记录总结各项技术数据，并有针对性地进行工艺调整。困了就在值班室的凳子上打个盹，饿了就吃口方便面，边吃边观察槽况。通红的双眼、蓬乱的头发、黑灰的脸庞、参差的胡茬，凌乱得有点不能入眼。功夫不负有心人，在大家的努力下，启槽速度从每天2台增加到4台，336台电解槽在安全平稳中全部启动，刷新了铝行业同类槽型启动纪录。

"劳模效应"正升温

"幸福不会从天而降，梦想不会自动成真。"习近平总书记曾说。

不知痛、不知苦、不顾家的铁人，是妻子眼中的他。"时常在电解槽旁一待就是几天，那专注的神情，就像是在摇篮边守护自己的孩子一般。这几年来究竟放弃了多少节假日，熬了多少夜，没有记录。"这是工友眼中的他。电解槽夏天是火炉，汗水不出厂房，就灌满靴筒；冬天是炉火，汗水出了厂房，就结成冰。而在他的眼里，电解槽就像是要精心呵护的孩子，一守护就是十几年。

16 年的拼搏，如铝花之绚烂，奉献了青春点燃梦想；16 年的历练，如炉火之炽烈，燃烧匠心浇铸年华。他得到了领导的赞扬，同事的尊重，同行的肯定，实现了自己的价值。16 年的初心不忘，他收获了太多太多，让劳模精神成为引领职工岗位成才的"精神标杆"，"一帮一""一带一"引领职工向技能型职工转变。以王小康名字命名的"王小康劳模创新工作室"激发广大职工创新潜能，成为职工成长的"大课堂"、技术创新的"孵化器"、成果转化的"中转站"，对企业挖潜作出了巨大贡献。

"现在回想，为了快速高质量地完成项目，我和我们的团队在多少个深夜研究制定方案；多少次遇到瓶颈一筹莫展；多少次推倒重来……但我始终没有被困难打倒，我坚信只要有坚定的理想信念、不懈的奋斗精神，脚踏实地把每件平凡的事做好，一切平凡的人都可以获得不平凡的人生，一切平凡的工作都可以创造不平凡的成就。"

"'树立终身学习的理念，养成善于学习、勤于思考的习惯，实现学以养德、学以增智、学以致用。'习近平总书记在表彰大会上的讲话还回荡在我的耳边，也牢记在我的心间。我将在崭新的起点上，用自己的行动践行诺言。在工作实践中始终弘扬劳模精神、劳动精神、工匠精神，扛起责任，实干干实，以实际行动让'劳动模范'奖章永不退色。"王小康信心满满地说。

（酒泉钢铁（集团）有限责任公司）

张荣华：为责任而生、为使命而活、为传承而前行

● 人物档案 ●

张荣华，1969年11月生，河北唐山人。第十四届全国人大代表，现任中国民间商会副会长、全国妇联第十三届执行委员会委员、全国工商联女企业家商会会长、中国民营经济研究会副会长、天津市工商联副主席、天津荣程祥泰投资控股集团有限公司董事会主席。先后荣获全国劳动模范、全国三八红旗手标兵、优秀中国特色社会主义建设者、光彩事业国土绿化事业贡献奖、全国绿化奖章、全国五一巾帼标兵、光彩之星年度人物、杰出创业女性等荣誉。

张荣华从弱女子到"铁娘子",以"似水柔情"之心,以"钢铁女王"之姿,展现了女性在工业领域的非凡领导力与卓越成就。

温柔娴静,见过荣程集团董事会主席张荣华的人总会如此形容。恰恰这样一位女性,用铁一般的信念、铁一般的担当、铁一般的作风,从白手起家的个体户做到中国500强企业掌门人,谱写了一曲奋斗者之歌。

白手起家　乘风而起

1988年12月13日,张荣华和张祥青喜结连理。满怀着"过上好日子"的信念,夫妇俩做豆腐、卖早点,风雨同舟、艰苦创业。彼时"春潮"涌动,靠着起早贪黑攒下的积蓄,曾作为钢铁厂学徒的张祥青从废钢生意做起,乘着改革开放的东风,与张荣华携手开启了一段民营企业发展的荣耀征程:

1991年,投身废钢贸易,为企业发展奠定基石;

1994年,设立顺达冶金原料厂,走上实业报国之路;

1998年,组建丰南冀发特种钢材有限公司;

1999年,成立唐山市合利钢铁厂;

2001年,收购原渤海冶金钢铁公司,成立天津荣程钢铁厂;

2003年,迈入集团化经营发展轨道;

……

一路披星戴月、爬坡过坎,夫妇二人带领荣程人自强不息、奋斗不止、永不言败的气魄凝聚成强大的精神内核,驱动企业不断前行。

回首奋斗历程,张荣华内心充满感恩:"从两人到万人,从个体到集团,从中国到世界,这些变化的背后,是时代赋予的奋斗舞台与价值共创的契机。"创业发展 36 年，荣程先后参与四次国企并购重组，盘活了资产，稳定了就业，焕发了新的生命力。最近的一次是 2021 年，在国务院国资委、天津市委市政府的指导支持下，张荣华带领荣程集团成功重整原天津物产集团贸易板块，成立融诚物产集团，并实现当年重整，当年盈利。通过混改赋能支持，融诚物产集团主要经营指标连续三年高速增长，正全力重返国内大宗商品贸易商第一梯队，成为荣程集团进军世界 500 强的主力军。"荣程，是'两个毫不动摇'的见证者、践行者、受益者。"张荣华说。

接力祥青　续写辉煌

打造为人民服务的世界一流民族企业是张荣华为荣程绘下的蓝图。这也是她与张祥青共同的梦想。

2014 年的春天，在天荣公司厂庆期间，张祥青"打造世界 500 强"的豪情壮志激荡着所有荣程人的心。然而，就在同年 8 月，张祥青因突发疾病辞世，留下了未竟的事业。

当时，随着我国经济步入新常态，与宏观经济关联度极高的钢铁行业也步入新常态，许多大型钢铁企业陷入亏损，面临增长方式和结构的深度调整。此前，荣程刚刚完成生产设备升级和多元产业布局，账面资金吃紧。在形势最艰难的时候，张荣华要一次性拿出 1.5 亿元，其中 1 亿元是最近 1 个月要缴的电费，5000 万元是待发的工资。转型升级的挑战，上千家庭的生计，沉甸甸地压在了张荣华的肩上。

艰难时刻，张荣华放下悲痛、迎难而上，坚定地扛起企业发展的大旗，展现了坚韧、拼搏、不屈不挠的企业家精神。责任和使命是她挑起荣程重任的信仰支撑。她说："国家赋予我使命，荣程人赋予我责任，我没有理由不把企业经营好，不把这个家打理好。"她毅然选择按时缴纳电费，发放工资。在她的认知里，最大的危机是信任危机。他们夫妇把荣程看作自己的家，不能因一时困境，透支多年建立起来的信任，不能让家人失去安全感。

全面接手荣程后，张荣华锚定"打造百年绿色荣程"的发展愿景，科学处理企业发展与环境保护的关系；坚持"客户第一""诚信经营"，践行"用钢铁般的意志，为社会和客户持续创造价值"的企业使命；将"家的文化，水的理念"作为企业文化的核心，凝聚人心，转化为发展的澎湃动力。随着集团公司的不断壮大，她越发意识到在集团建立现代企业管理制度的迫切性、重要性，不断自我充实，用新的管理理念来驾驭企业发展，到清华大学、上海交通大学等系统学习现代化管理知识。

时至今日，荣程集团已形成钢铁智造、经贸服务、数字科技、新能科技、文化健康五大产业板块。业务遍布国内31个省、自治区、直辖市、特别行政区及海外70个国家和地区。2014年至2024年，集团总资产增长1.96倍，净资产增长1.14倍，相当于再建一个荣程！集团营业收入增长140%，十年利税累计150亿元，十年社会贡献总额234亿元，实现稳健持续的高质量发展。

翻开荣程集团宣传册，在"企业精神"一页，是张祥青和张荣华分别手举火炬的照片，高高举起的火炬仿佛在隔空传递。面向未来，世界500强的梦想从未如此之近。万名荣程人正在张荣华的引领下，接力梦想，砥砺前行。

与时俱进　向新而行

创业发展36年，探寻荣程发展之道，有一点毋庸置疑：始终与国家同向、与时代同步。

进入新时代，踏上新征程，张荣华紧扣国家"3060"战略目标及制造业强国愿景来制定企业发展战略，坚守实业，以高端化、绿色化、智能化为主攻方向，走数智化转型绿色低碳高质协同发展道路，培育新质生产力，推进新型工业化。

在张荣华的带领下，荣程钢铁聚焦产品质效提升，进军高端特种钢市场，形成了以国内首条1100毫米全连轧带钢生产线等为代表的先进装备集群，优钢及品种钢比例超60%，战略性新兴材料占比近40%。公司生产的钢绞线用热轧盘条荣获天津市单项冠军产品，预应力钢丝及钢绞线用热轧盘条获评中国钢铁工业协会金杯优质产品。6项科技成果经鉴定达到国际领先水平、国际先进水平。荣程钢铁产品成功应用到港珠澳大桥、京雄高铁、京张高铁、国内单体最大LNG储罐项目、卡塔尔世界杯、北京冬奥会等一批世界级项目。

习近平总书记指出："绿色发展是高质量发展的底色，新质生产力本身就是绿色生产力。"张荣华始终坚持绿色发展，集团环保投入累计已达66亿元。一座现代化花园式工厂由此拔地而起，获评国家环保绩效A级企业、国家级绿色工厂。集团投建天津首个氢能运输示范项目，建设国内首家"钢化联产－氢能冶金"试验基地，屋顶分布式光伏发电项目、55兆瓦煤气发电机组项目及国内钢铁行业首个采用渔光互补发电的新能源项目相继投产并网发电，同时推行工业用水循环和余热余气循环利用，绿色低碳发展不断迈上新台阶，荣获2023年中国工业碳达峰"领跑者""2024年绿色发展标杆企业"等荣誉称号。

向"产业深度转型升级"要新质生产力，是荣程持续发展的重要战略。集团前瞻布局新能源赛道，围绕"制储运加用研及装备制造"一体化氢能全产业链构建产业生态。目前，建成投运光伏绿电水电解制加氢一体化项目，形成货运领域绿氢能源制储加用全产业链闭环，入选国家首批综合货运枢纽补链强链项目。通过"氢""智"结合的氢能零碳运输模式，赋能荣程钢铁绿色转型，支持天津港、黄骅港绿色港口建设和河北唐山的绿色矿山建设。依托在氢能应用领域积累的经验和数据，与整车厂、燃料电池系统、供氢系统、动力电池等氢能产业链头部企业共同推动氢能重卡研发升级，并成功下线交付。截至2024年10月底，荣程投运加氢站超10座，氢能运行创造了双过百、双过千、双过万、双过千万的"荣程速度"。

加快发展数字经济，促进数字经济和实体经济深度融合，建设数字强国已上升为国家战略。张荣华将数字产业化和产业数字化视为民营企业发展的时代所需、必由之路，并提出构建"智云、智运、智造"三智合一的荣程模式：打造智云平台，实现战略一盘棋、管理一贯制、运营一体化、布局一张网。在天津、江苏、河北等地落地建设第四方集成服务平台，以"万亿元级平台交易规模"为发展目标，整合产业链资源，共建产业生态圈。打造"5G+"智慧工厂，实现大规模智能集控和一体化管控，并着力建设数字孪生工厂。打造智运平台，有效集合人、车、货、油、钱等物流要素，提高车货匹配效率，节约物流成本。截至2024年10月底，平台拥有车辆注册会员23.8万辆，运输路线2883条，累计运量1.48亿吨。

赓续文脉　弦歌不辍

张荣华深知，文化是凝聚人心、上下一心的基础，是走出自我精彩人生的基础，是团队的魂。她提出了"文化先行，产业同步"的发展理念，在发展钢铁硬实力的同时打造文化软实力，并坚持以文化人、以文惠民、以文润城、以文兴业。

为传承红色文化，弘扬爱国精神，2013 年荣程建成天津时代记忆馆，开启文化产业新赛道。2024 年，时值新中国成立 75 周年之际，在中华人民共和国国史学会指导下，时代记忆馆改陈升级，倾力打造"五史"学习教育基地，展馆以中国共产党百余年磅礴奋斗历程为时间轴线，从开天辟地到改天换地，从翻天覆地到惊天动地，系统展示党史、新中国史、改革开放史、社会主义发展史、中华民族发展史，生动再现我们党和国家在各个历史时期的光辉历程、伟大成就，以及中国共产党人的精神谱系。

非物质文化遗产（以下简称"非遗"）是中华民族璀璨的文化瑰宝，也是全人类珍贵的历史遗产。张荣华以挖掘、保护、传承、创新、发展民族非遗文化为使命。2017 年 12 月 26 日，荣程集团打造的全国首个 56 个民族非遗文化保护传承中心落成，中心面积达 5000 平方米，全景式呈现 56 个民族生活方式、生产场景和民俗文化，打造"匠人入驻、创意创业、新媒直播、实训基地、资源整合、线上线下联动"的综合空间载体，构建传统文化保护与产业发展相融合的新模式。对接 5000 多位各民族匠人，设立了 10 多个民族非遗大师工作室，为他们提供就业、创业、创意、创新的平台，并助力民族匠人反哺家乡，带动当地就业。

以时代记忆馆、56 个民族非遗文化保护传承中心等为载体，荣程持续推进红色文化传承弘扬，推动民族文化的挖掘、保护、传承、创新和发展，为不断铸牢中华民族共同体意识，构筑中华民族共有精神家园，为中国和世界文化的多样性作出更多贡献。

感恩社会　传承爱心

作为唐山大地震的亲历者，张荣华深怀感恩之心，主动担当尽责。

每当发生灾难、危急之时，张荣华与荣程集团必然挺身而出：汶川地震后，先后捐赠 1.2 亿元，帮助灾区人民重建家园，建"震不垮的学校"；新冠疫情时期，第一时间捐款 1 亿元，采购筹集物资、医疗设备驰援抗疫；捐赠 2000 万元驰援河南 7·20 特大水灾，其中与中国发展研究基金会合作设立 1000 万元"荣程河南水灾灾后重建专项基金"；甘肃积石山地震，捐助 1100 万元……用实际行动书写着传播大爱的时代篇章。

在张荣华夫妇的带领下，荣程集团于 2008 年捐资援建两所荣程中学，并通过励学励教等方式持续支持学校发展建设；荣程还与清华

大学、华中科技大学、中国宋庆龄基金会等高校及组织合作设立专项教育基金，累计教育公益事业投入 2 亿元。

为了帮助困难家庭先天性心脏病儿童摆脱疾苦过上正常生活，张荣华携家人与泰达国际心血管病医院合作设立"生命之树"先心病儿童救治项目，持续近 20 年不间断为先心病儿童提供手术费用，累计帮扶患儿及其家庭百余个；在山东省庆云县设立"星星家园小镇"乡村公益主题村落，探索孤独症儿童教育与康复创新之路，希望"为天真者守真，孤独者不再孤单"，为孤独症群体打造融合发展友好社区。

作为一名女企业家和全联女商会会长，张荣华还将促进性别平等作为履行社会责任的重要内容。她捐赠 100 万美元支持与联合国妇女署、全国妇联联合启动"支持女性从新冠疫情社会经济影响恢复项目"，惠及 550 多家中小企业、6000 名女性员工；捐赠 100 万元支持"春蕾计划"，资助帮扶疆、甘贫困女学生 3 年学业。

迄今，张荣华秉承"感恩社会，传承爱心"的公益理念，带领荣程集团及荣程普济公益基金会在灾难救助、乡村振兴、教育发展、文体事业、医疗卫生、绿色环保等领域开展公益慈善项目百余项，企业累计社会公益事业投入 10 亿元，足迹遍及全国 30 余个省市地区。

为责任而生，为使命而活，为传承而前行，是张荣华的人生格言，也是她人生的生动写照。

党的二十届三中全会吹响了新时代新征程进一步全面深化改革的冲锋号角。张荣华将带领全体荣程人，始终与党和国家同心同向，不忘初心，勇毅前行，向着建设为人民服务的世界一流的民族企业前进，持续为推进中国式现代化凝聚荣程力量。

吴琨：无悔岁月三十载，我与八钢共成长

· 人物档案 ·

吴琨，1966年10月生，新疆乌鲁木齐人（籍贯重庆），中共党员，高级工程师，宝钢集团新疆八一钢铁有限公司制造管理部理化检验中心作业长，公司唯一女工匠。坚守在检验化验一线30多年，为钢铁生产提供了有效指导。2019年4月23日，荣获全国五一劳动奖章。2020年11月，获评全国劳动模范。

做化验要"知其然，知其所以然"。

——吴琨

习近平总书记说："社会主义是干出来的，新时代是奋斗出来的。"中国宝武正以"亿吨宝武"的崭新姿态引领未来中国乃至世界钢铁业的发展，从黄埔江畔到长江两岸，从岭南韶关到西北边陲，中国宝武人正在实现中华民族伟大复兴的征程上昂首挺胸、大步向前！

今天的八钢，正在按照中国宝武战略规划，努力打造成为西部乃至中亚地区最具竞争力的现代化钢铁企业。吴琨是伴随着八钢公司的成长、壮大一路走来的，没有企业，就没有她的成长；没有企业的发展，就没有她的今天。她特别感恩八钢公司提供的广阔平台，使她有机会连续 5 年被评为八钢公司唯一女"工匠"；先后获得新疆维吾尔自治区三八红旗手称号、全国五一劳动奖章和全国劳动模范等荣誉，她经常由衷地说："无悔岁月三十载，我与八钢共成长！"

信念笃定，严把质量，责任担当

她是 20 世纪 80 年代末从重庆钢铁专科学校毕业分配进入八钢，刚开始从最基层检化验操作岗位干起。

检化验工作承担着铁矿、烧结矿、煤气、煤焦油等化验工作及高空中火车、汽车、罐车上的取样采样作业，作业区域也多在高炉、焦炉旁，点多面广，伴随粉尘、噪声，每班都要爬高上低。同时要接触有毒有害液体、易燃易爆气体及强腐蚀性物质，刚进厂时，分析需要的氧气瓶有三四十千克重，从车上卸下氧气瓶再搬到楼上的分析室，几乎全是由女同志完成，把一二十千克的试剂及水瓶从地面搬上操作台几乎是每天的工作内容。面对如此工作环境和劳动强度，她思想上曾一度产生过波动，想过退缩。在她犹豫徘徊、最脆弱的时候，刚参加工作时父亲说过的话犹然在耳畔回响："干一行就要爱一行，就要专一行、精一行，是金子总会发光的。"而老一辈八钢创业者风餐露宿、不畏艰难创建八钢的感人画面也不断涌现在她脑海里，让她在困难面前能一次次坚强起来，激励她排除外部干扰，更加信心坚定地奉献八钢。一转眼，在基层化验岗位已30多年了。在大多数人眼里，检化验工作在钢铁企业里也就是一个辅助工种，是一个很平凡、很普通的岗位。因为，检化验不像轧钢、炼钢那样，属于生产主线，最终能有看得见摸得着的钢铁产品，但通过30余年的工作经历，她认为检化验工作虽然看似平凡、不起眼，但是对企业而言非常重要，是钢铁生产的"眼睛"和"导航"，是"产品质量的检验师"，是企业产品"走向市场、赢得市场的把关者"，说到底，检化验工作者的责任心和工作质量，将直接影响企业市场占有率和企业经济效益。

不断学习，追求知识和技能提升

基于这样的认识，多年来，为了提高自己的专业技能和知识理论水平，以适应企业不断发展的要求，她一直保持着不断学习的习惯。

· 吴琨在煤质分析显微镜前调试仪器

利用下班后和节假日的时间，她先后又学习了计算机信息科学、化学工程应用等专业知识，并通过自学取得了全国注册质量工程师资格，取得钢铁分析高级工程师职称，随着知识的积累，她的视野不断开阔，解决工作中的难点和痛点的方法增多了，管理创新意识也得到了很大提升。

以技术创新带动工作质量提升，实现超越

2013 年，她创建了由基层女职工为主要成员的"吴琨女工创新工作室"。她带领创新工作团队，采取多种技术方案，开展现场安全环保攻关，对化验中的有毒有害方法进行了创新改进，对设备本质化的安全进行了创新改造，降低了安全风险，降低了员工劳动强度，减少了分析检测误差，提高了工作效率。6 项先进操作法在生产中得以应用，获得 5 项国家专利授权。

八钢进厂焦煤混煤状况原因分析一直是制约八钢降本增效的关键难点，她带领团队组织开展"运用镜质体反射率测定分析煤质状况"手自一体先进操作分析方法应用，能有效识别煤的 DNA，辨识出煤的变质程度，经过成百上千次的反复实验和无数次论证，终于解决了八钢进厂焦煤混煤的鉴别问题，为八钢每年百万吨进厂焦煤提供煤质鉴别依据。近年来，她带领的工作室先后获授权 10 余件国家技术专利，40 多项创新技术秘密获得八钢公司认可，发表 15 篇技术论文。创新工作室还被自治区总工会授予"职工（劳模）创新工作室"称号。

工作中严谨仔细，来不得丝毫马虎，努力践行工匠精神

长流程、连续作业是钢铁企业的特点，八钢公司每年价值上百亿元的钢铁的原燃料、贵重合金等不分昼夜入厂，她们就要不分昼夜取样检测，每天检测几百甚至上千个数据，生产部门要根据她们的检化

· 吴琨正在进行钢铁合金中化学元素的检测

验数据来调配组织生产和对外结算，任何一个数据的偏差，都有可能给企业造成严重损失，所以检化验工作的每一个环节都要求必须精准、精准、再精准。

一次，一批进厂合金中微量元素指标不合格引起外供厂家异议，若不及时解决，将对炼钢生产及八钢成本结算造成百万元以上的损失，为了找到症结所在，她带领 3 名创新工作室女职工对影响因素逐一进行测试排查，她们在符合国标的基础上，创新采用不同的方法反复进行了几十次实验，验证了她方数据的可靠性，也找到了供应方数据误差的原因，最后选取了 9 批试样，分别委托国家钢铁材料测试中心、上海宝武集团宝钢股份检化验中心进行仲裁比对，最后证明她方测定结果符合国标，供应厂指标检测超出国家标准规定的误差范围，降级结算。为八钢成本止损上百万元，合金生产厂还专门请她去给厂里做了不合格原因分析及检测操作培训。

言传身教，做好传帮带

技能传承及师徒带教工作是企业当前的一项重要工作。为了把自己 30 多年积累的化学分析技能及经验无私传承下去，她积极参与本专业（岗位）技能课程及理论加实操培训，亲自编撰教材 4 部，每年她们开展各类安全、技能培训、检测方法创新 100 余课时，已经把来自不同岗位的 60 名转岗职工培养成能熟练掌握近 10 个检化验项目的合格化验员，因此她也获得了八钢公司优秀兼职教师奖，2018 年 10 月她还圆满完成了中国宝武首届技能大赛评委、裁判工作，与来自中国宝武检化验岗位的多名专家进行了深入学习交流。

"对标找差创一流"献一计

2020 年，创新工作室按照中国宝武关于组织开展"我为企业'对标找差创一流'献一计"活动实施方案，她们立即行动，认真安排，提出了关于"设备安装限位保护装置""推进融样自动化设备改造""实现化验室智能分析实验""危化品储存自动智能通风系统"等，2020 年她和团队已献计 120 余条，她们的检化验工作正走在推进自动化检测方法、智能智慧检测的道路上。

欧冶炉熔融还原炼铁技术是钢铁工业的前沿技术之一，但 COREX 技术同时也面临着工艺技术复杂、原燃料及过程控制要求高等问题，准确测定各项关键指标一直影响着生产的稳定运行。为配合欧冶炉新上项目脱水及煤气脱碳项目的数据支撑，她带领团队创新完成多项没有国标方法的化验指标检测，有效指导了生产顺行。

实验室进行的"贵重合金智能检测方法运用"半自动化研究是一项新的检测技术。研究将大大降低职工劳动强度，提高分析准确度，在智能分析上取得突破。

作为全国劳模，她有幸能在现场观看了中国宝武"金色炉台"主题活动现场直播，让人心潮澎湃。"金色炉台"主题活动让她们再次重

355

温中国宝武 130 多年的光辉历程，中国钢铁行业承载着民族自强和崛起的使命，中国宝武的血脉中始终流淌着钢铁报国的情怀与担当，不忘初心，方得始终。习近平总书记在马鞍山钢铁公司调研时说："企业发展，钢铁挂帅。"劳模是共和国的基石。作为中国宝武的一员，她将牢记习近平总书记的嘱托，在加快中国宝武绿色发展、智慧制造、共享共建钢铁生态圈，建成世界一流钢铁企业的道路上充分发挥劳动模范的示范引领作用！

（李　玲）

邹明：铁路钢轨开发舵手

• 人物档案 •

邹明，1970年生，四川内江人，鞍钢集团钒钛（钢铁）研究院钢轨新产品开发一级专家、全国劳动模范、第十四届全国人大代表、四川省劳动模范、四川省突出贡献的优秀专家，攀枝花市学术和技术带头人，魏寿昆青年冶金奖获得者。2005年带领团队成功研制出1300兆帕级PG4钢轨，实现我国重载钢轨升级换代。2010年带领团队攻克高速道岔技术难题，使我国高铁建设用上国产高性能道岔钢轨。承担"十三五""十四五"国家重点研发计划课题，负责30余项国家、省、市、企业重大科研攻关项目，成功开发30余项新产品。其劳模创新工作室获多项荣誉，如牵头研制的过共析钢轨获2023年度"四川十大创新成果"。

创新不是一蹴而就的，需要我们不断学习、积累和尝试。

——邹明

伴随着清晨的第一缕朝阳，一列"绿巨人"列车飞驰穿过初秋碧绿的金沙江，这座为中国高速重载铁路发展立下汗马功劳的英雄钢城，因她的到来充满了无限朝气和活力。铺展在成昆铁路上笔直的攀钢钢轨，见证了这位扎根祖国大西南，为中国钢轨发展和中国铁路"走出去"献出青春和智慧的首席专家的成长历程。他就是鞍钢集团钒钛（钢铁）研究院钢轨新产品开发一级专家——邹明，他一心只为做强民族钢轨品牌。

提起邹明，给大家的印象是"很土"，甚至听说有一次被新来的门卫师傅拦住查验身份，险些造成"乌龙"。但他"土得很有气质"。在邹明办公室，你会很惊奇地看到他办公桌上的水杯，一个杯盖上已没有了螺丝帽且微微泛黄的极其普通的杯子，而这个杯子已陪伴他十余个春夏秋冬。随着目光的转移，你会发现一套蓝里泛白的工作服，乍眼一看肯定穿了有些年了，其衣领、衣袖因磨损已然掉色，甚至有些拉丝，但还是整齐地挂在衣架上。

邹明不是"土"，那是一种"艰苦创业的传承和追求"。他常常给团队里的年轻同事讲以前的"峥嵘岁月"，告诫团队成员任何时候都要节约公司的"马达和电"，他对铺张浪费甚是反感，对因试验设计不充分、不合理产生的工业浪费更是"零容忍"。他经常很严厉地说："工业试验不比实验室，实验方案必须反复讨论、可行性方案和实施计划必须精益求精，关键时刻不得马虎，不得整出劳民伤财、费马达费电的事情。"

邹明，又以"专"出名。21世纪初，邹明带领团队在国内率先研制PG4重载钢轨，研发初期的几年里，邹明每天的睡眠时间几乎都只有三四个小时，不知道多少次通宵达旦修正数据，上百页的随身记录本用过多达数十本，里面密密麻麻地记录着每一次的试验过程数据、文献查阅情况和反思出来的"新点子"等内容。

"那段时间好像没见过他怎么休息，每天就是两点一线地跟踪现场和办公室分析数据，从他身上我看出了什么是专和钻！"和邹明一起奋战的同事回忆。一次在做热处理工业试验，他还是和往常一样提前奔赴现场，殊不知这已经是他连续半个月现场跟踪试验了，只见他右手拿着测温枪，左手捧着随身记录本，一百多米长的热处理线他从进口到出口往复测钢轨温度，来来回回不知道跑了多少趟，由于钢轨温度高，大家发现每次回来时他的上衣都已湿透，摘下安全帽后头发也印出了帽子的形状。困了累了，就靠在控制室的长条椅上眯一会儿，他让其他课题组成员轮流回去休息，但他自己却一直坚守在现场，就像他说的"这次数据太重要了，我必须掌握每一项过程的参数和细节，这对后续工艺优化至关重要，可以大幅提高试验效率。"其间，因昼夜

· 邹明（右）在观察钢轨母材质量

· 邹明（左二）在钢轨焊接国家地方联合工程研究中心与团队
成员探讨钢轨焊接技术问题

颠倒、作息紊乱，邹明患上"睡眠呼吸困难""睡眠骤醒"等病症。他把这些抛诸脑后，历经两年不断试验探索，带领团队最终成功破解了全流程技术难题，使攀钢成为国内首家研制出 1300 兆帕级 PG4 钢轨的企业，由此，世界年运量最大的重载专线——大秦铁路有了为其量身定制的高性能钢轨，每年仅减少换轨和养护频次，提高运输效率一项就能为国家创造显著的效益。

30 多年来，邹明先后承担国家科技攻关项目、国家重点研发计划项目等课题 3 项，国际合作课题 3 项，省部级及企业课题 20 余项；获授权发明专利 20 余件，其中美国、德国等海外专利 6 件，为我国钢轨赶超世界先进水平和国家高速、重载铁路建设立下了汗马功劳。他先后获评攀枝花市学术和技术带头人、四川省有突出贡献的优秀专家、魏寿昆青年冶金奖、四川省劳动模范、全国劳动模范等称号，享受国务院政府特殊津贴，当选第十四届全国人大代表。

钢轨领域获"魏寿昆青年冶金奖"第一人

2019 年 11 月 9 日，第五届"魏寿昆科技教育奖"颁奖典礼在北京科技大学隆重举行，邹明喜获"魏寿昆青年冶金奖"。邹明是攀钢首位获此殊荣的科技专家，也是全国钢轨领域获此大奖的第一人。

铁路道岔技术水平是衡量铁路发展水平的重要标志。我国高速铁路建设之初，道岔轨全部依赖进口，产品和技术受制于人。邹明看在眼里急在心上，立志改变这一现状。

邹明结合我国高速铁路对道岔轨的特殊需求，与教授级高工战金龙等一批专家联合攻关，对道岔轨成分及生产工艺进行认真分析，攻克了非对称断面热处理加速冷却关键技术，破解高速道岔轨生产技术难题，攀钢由此成为国内首家研制出世界一流水平的系列在线热处理道岔轨的企业。

从此，攀钢高速道岔轨实现全部替代进口，京津城际铁路之后建成的高速铁路用道岔轨主要由攀钢供货。近年来，面对竞争激烈的国际国内市场，邹明带领团队变压力为动力，确保了攀钢在这一领域始终处于主导地位。

"如今，我们成功实现了逆袭：中国首组出口的高速道岔，由攀钢造！"邹明自豪地说。2021年3月17日，雅万高铁18号可动心轨单开道岔通过验收，标志着中国首组出口高速道岔具备系统集成化发运条件。而该组出口高速道岔的母材，是攀钢生产的60系列高速道岔钢轨。

奏响"一带一路"上的攀钢强音

2022年4月7日，首批由攀钢供货的50米长高铁钢轨从印度尼西亚芝拉扎港口运抵雅万高铁铺轨基地，标志着从中国四川攀枝花至印度尼西亚雅万高铁铺轨基地的钢轨运输通道全线打通。

雅万高铁是中国高铁全系统、全要素、全生产链走出国门的"第一单"，对我国钢轨出口具有里程碑意义。

"为了攀钢钢轨更好地走出国门，邹明和团队十年如一日，解决了一系列制约高端钢轨出口的技术难题。"谈到出口钢轨的研发，攀钢研究院轨道交通用钢技术研究所所长韩振宇如数家珍。

1982年9月11日，攀钢与印度铁路部门签订首单15000吨52千克/米钢轨出口合同。在此后的20余年中，攀钢钢轨的出口一直维持在少量范围，且鲜有高端产品。

2003年9月，攀钢轨梁厂万能二线破土动工。次年12月，这条中国第一、世界第三的百米钢轨生产线建成投产。

邹明敏锐地意识到，这是开拓国际市场的重大机遇。他结合销售人员与国外客户的交流情况，不断收集相关信息，连续4年提出进行出口钢轨开发立项。

高标准的出口钢轨，攀钢以前从未生产过，风险大。但邹明的研究从未停止过。这为2006年攀钢正式立项，以及后续出口钢轨顺利开发，打下了良好的技术基础。

在出口钢轨开发高峰期，受生产组织和交货期的限制，有时4至6个品种，工业试验完后2至3天就要进行批量生产，对生产技术把握要求高，是否能生产、如何生产……很多时候，压力让邹明彻夜难眠。每当这个时候，他时常白天跟踪现场生产，晚上想各种技术细节，杜绝了因技术原因不能兑现合同的事情发生。

主动融入"一带一路"倡议，目前，邹明和团队已先后研制出满足美国、欧洲、日本等国际钢轨标准的30余个出口钢轨品种，使攀钢钢轨出口保持了绝对领先地位，远销至五大洲30多个国家和地区。

甘当打造世界品牌的铺路石

秉持家国情怀，肩负企业荣辱，邹明的创新成果填补了多项国内空白，先后荣获全国发明展金奖等国家级、省级奖达 30 余项，荣获"四川省有突出贡献的优秀专家"称号，担任国际 ISO/IEC 工作组专家，成为攀钢第 4 代（PG4）、第 5 代（PG5）钢轨研发的领军人物。

邹明非常清楚团队建设对于创建民族品牌的重要性，作为四川省劳模创新工作室领办人，他在不断提升自身科研水平的同时，始终注重发挥"传帮带"作用，甘当年轻科技人员的铺路石。

他注重劳模创新工作室技术引领和发挥集体智慧，鼓励年轻人大胆提出自己的想法和见解，共同研究技术路线和试验方案。同时，搭建人才交流平台，促进多领域学科的协同研究，使这支平均年龄 30 多岁的队伍，已成为学风严谨、团结协作、人才辈出、成果丰硕的"硬核"团队。

近年来，邹明劳模创新工作室累计完成科研项目 21 项，获得四川省、冶金行业科技进步奖 18 项，获授权发明专利 53 件；新产品累计应用量 400 万吨以上，为企业新增效益 15 亿元以上。

巍巍横断山，滔滔金沙江。纵然山高路远、道路曲折，纵然金沙拍岸、洪波涌起，都抵挡不住邹明扎根西南、砥砺奉献的爱国精神；抵挡不住邹明立足产业、服务产线的劳动精神；抵挡不住邹明科技攻关、强国强企的劳模精神。

（宋　兵　李若曦　孟祥林）

曲晓东：钢板上书写传奇的"驯龙手"

・ 人物档案 ・

曲晓东，1976 年 10 月生，辽宁鞍山人，中共党员，鞍钢集团鞍钢股份有限公司热轧带钢厂 1780 线值班长，先后荣获 2020 年度钢铁行业最高奖冶金科技奖一等奖（工人组唯一一项）、2018 年度辽宁省科学技术进步奖二等奖（工人组唯一一项）、全国钢铁行业职工技术创新成果二等奖、辽宁省科技成果一等奖、辽宁省科技成果二等奖，获授权国家专利 8 件、专有技术 3 项、国际发明展世界发明者协会国际联合会（IFIA）颁发的"最佳卓越创新奖"1 项、全国发明展金奖 2 项、银奖 1 项。先后获评鞍钢集团优秀共产党员、鞍钢集团劳动模范、鞍山市特等劳动模范、中央企业劳动模范、全国劳动模范、辽宁省优秀共产党员、全国技术能手称号，被授予鞍山五一劳动奖章、辽宁五一劳动奖章。

曲晓东以创新驱动技术攻关，用匠心塑造钢铁行业工匠精神典范。

立足新时代，传承甘于奉献的担当精神

热轧带钢厂是鞍钢最大的成材厂，拥有 1700、1780、2150 三条热连轧生产线，年产热轧卷板 1150 万吨，是承上启下的"咽喉"要塞，地位举足轻重。1780 生产线年产量达到 430 万吨，被誉为鞍钢的"希望工程"，主要生产汽车、桥梁、造船、管线等高附加值产品。其产品享誉"水立方"，享誉"港珠澳"。在钢铁行业形势严峻的今天，作为一名操作者，不仅需要确保每个操作环节的严谨细致，更要大胆进行技术创新，才能牢牢保证产品在市场的占有率。

曲晓东凭借着过硬的技术和出色的综合表现为鞍钢产品提档升级作出了突出贡献，担当模范作用突出，成果显著，被誉为一线职工创新攻关的"领头羊"。他改变以往固有工作方式，响应"极限规格零拒单"的热轧担当精神，在难轧品种方面下功夫，从烧钢制度、温度控制、料型调整、板型控制等方面入手，及时调整操作思路，为实现"极限规格零拒单"贡献了力量。高强铁路耐候钢是鞍钢新开发的高端产品，参数控制难度大，在生产中经常出现 CT 温度波动大影响成品强度指标的技术问题。曲晓东带领团队首次达到了高速度轧制，头、中、尾 ±20 摄氏度的控制精度，实现了指标的重大突破。曲晓东把技术创新、操作优化等工作成果取得的新数据及时纳入数学模型，纳入岗位作业标准和工艺技术规程中，方便操作人员学习与应用。多年来，曲晓东参与的各项创新成果累计创效约上亿元。

贯彻新理念，传承精益求精的工匠精神

时刻不忘"精雕细琢，埋头苦干"的新时代工匠精神，他把精益求精的品质精神做到极致。热轧带钢 1780 线在生产过程中钢板表面出现色差与条纹，在冷轧酸洗时很难洗净。为解决这一问题，曲晓东临危受命开展攻关。那段时间，他天天守在现场，不分昼夜地跟踪每道工序，不放过每一个细节，通过对温度控制、除鳞方式、轧制节奏、辊面状态等关键控制点的持续攻关改进，最终找到了克服缺陷的办法，使生产运行顺畅，产品质量稳定。曲晓东深知在大生产状态下，一个人的力量再强，也是有限的，只有把班组拧成一股绳，才能实现团队提升，打造精品产线。他秉承传递工匠精神以创建学习型班组活动为契机，在自己的班组开展了"班组小课堂"和"岗位亮绝活"活动，分批次进行"1 对 1"现场结对练兵，不断攻关终于解决了一系列的控制难题，尤其是在取向硅钢板型控制上获得突破，精准地控制各个节点温度；他采用优化操作界面的功能方法提高了换辊效率，缩短换辊时间，既减少了操作强度又减少了误操作；在他的传帮带下，有 10 名职工成为班组的生产骨干和技术能手，其团队有 2 名成员进入鞍钢高技能人才等级序列。

·曲晓东在产线前的照片

构建新格局，传承追求卓越的创新精神

"学历可以不高，但学习能力绝对不能不高"，学习是提高技能水

平、提升自身素质的重要手段。曲晓东坚信"勤能补拙是良训，一分辛苦一分才"。他通过自主学习，利用工余及休息日，获得了辽宁大学工商管理自考本科学历及学士学位。从精轧操作员岗位晋升到轧钢班长，进而成为倒班作业长，他一步一步实现了从单纯的优秀操作员到操作及管理复合型人才的提升。他时刻注重现场知识积累，结合岗位实际总结归纳提炼出3项先进操作法，纳入操作技术规程进行应用，体现出较强的独立技术创新能力。"严谨细致、勇于创新"是曲晓东日常工作的真实写照。边裂缺陷造成下游工序多起断带事故，曲晓东会同技术人员共同攻关，最终确认加热炉内步进梁垫块硌到板坯是出现边裂缺陷的主要原因，从根本上避免了缺陷的大批量产生。他敢于突破，立足本职潜心修炼，提高技能，坚持标准，从每一个细节、每一道工序、每一个流程做起，精益求精、力求完美。在任职倒班作业长的12年时间中，曲晓东带领班组生产出1100余万吨的优质产品。

苦干加实干，勇于开拓创新结出硕果累累

"热连轧的轧制过程短、速度快，自动化程度高，我们的每一步操控都对高标准保障产品质量起到决定性作用，所以来不得半点马虎。"1780生产线是鞍钢在"九五"期间改造建设的"希望工程"，主要生产汽车、桥梁、管线等领域应用的高附加值钢材产品，被鞍钢人形象地称为"印钞机"。曲晓东坚持创新驱动，带领团队成员立足岗位，对高技术含量和高附加值产品的轧制控制技术进行创新攻关，将鞍钢品牌嵌入"西气东输""水立方""港珠澳大桥"等国家重点工程建设，以实际行动和显著成效书写精彩业绩。他先后获得冶金科技奖一等奖，辽宁省科技进步奖二等奖、三等奖，第七届全国职工创新成果二等奖

·曲晓东在大国工匠论坛上阐述创新成果

（该奖项是在国奖办备案的社会力量科学技术奖，相当于省部级科学技术奖），鞍钢集团重大科学技术奖，第13届中东国际发明展金奖，全国发明展金奖、银奖、铜奖，获第二届全国大国工匠优秀项目奖2项、优秀项目展示奖1项（是全国15项成果中辽宁省唯一推荐项目），全国钢铁行业职工创新成果二等奖，鞍山市合理化建议优秀奖、国际联合会（IFIA）颁发的"最佳卓越创新奖"，辽宁省科技成果一等奖、二等奖，鞍钢集团职工创新成果一等奖，申报专利12件、专有技术3项，发表论文4篇。

（史华蕾　张笑男）

邢岗：产业工人的圆梦之旅

◆ 人物档案 ◆

　　邢岗，1976年1月生，河北定州人，中共党员，内蒙古包钢钢联股份有限公司煤焦化工分公司维护部工控网络段段长、首席技师。发表学术论文40篇，总结先进操作法1项，获得国家授权实用新型专利2件。先后获得内蒙古自治区有突出贡献的中青年专家、内蒙古自治区金牌工人、首批北疆工匠、全国钢铁工业劳动模范、全国青年岗位能手、全国技术能手、全国五一劳动奖章、全国劳动模范、草原英才等荣誉，享受国务院政府特殊津贴。

　　扎根一线，在自己的工作岗位上认认真真地做好每一件平凡的工作，这才是自己的目标。

——邢岗

　　他，31年如一日，从一名电工成为全国技术能手、北疆工匠。

　　他，自学成才，从技校生变成大学生，又成为全国劳动模范。

　　包钢（集团）公司级操作状元、首批技能大师、全国钢铁行业技术能手、全国青年岗位能手、全国技术能手、全国劳动模范……一个个闪光的荣誉，记录着他成长的足迹。

　　他就是邢岗，包钢钢联股份有限公司煤焦化工分公司维护部工控网络段段长，包钢（集团）公司首席电工技能大师，同时是邢岗电工技能大师工作室领衔人。

　　对于这些荣誉，邢岗称之为自己圆梦之旅中的一次又一次的"惊喜"。这名朴实的产业工人，始终在为心中的梦想而努力。

　　有人说邢岗人如其名，是一名坚守岗位的忠诚员工，但他自己心里明白，作为一名技校毕业生，从生产一线的电器维护工开始，他从来没有放弃过对事业的追求和努力。再优越的工作，不用心也足以荒废；再平凡的岗位，肯努力也能创造奇迹！邢岗说，正是这个平凡、艰苦的一线岗位锻造了他，是包钢（集团）公司重视岗位成才的良好氛围鼓舞了他。

　　近几年，邢岗秉承"互帮互学、提升技能和创新成果"的宗旨，以人才培养、技术创新、技术改造、解决生产难题为工作主线，努力将工作室打造成为职工技能提升的"加油站"和专业技术人才开展技术攻关、形成创新成果的"孵化园"。

从兴趣爱好到毕生事业圆"电气"梦

熟悉邢岗的人都知道，他是电气专业的行家里手，可曾经"转行"经历却鲜为人知。

1994年，包钢技校焦化专业毕业的邢岗成为包钢焦化厂备煤车间的一名炼焦工。一年后，他却成为电工班的一员。转行，源于无法舍弃的"电气梦"。

与电"结缘"，邢岗似乎讲不出原因，只是记得，自小就喜欢会动、会亮的物件儿。因为对电太好奇，儿时甚至会做一些"试验"。邢岗曾经一次次拆开手电筒观察研究，想办法省去电池花销。他取下手电筒灯泡，又找来导线、钳子，将灯泡与自家220伏电源连在一起。结果，短路引来整栋十几户人家停电。还是父亲排查线路，解除了故障。那一年，邢岗7岁。他记住了闯祸后的惴惴不安，更记住了电的神奇。

7岁时"试验"究竟发生了什么，若干年后，邢岗从物理课本上找到了答案。初中时代，邢岗是班里物理课代表，对电气原理的了解让他产生了更加强烈驾驭电的兴趣。

作为社招生，尽管邢岗在技校招生考试中成绩优异，却无权选择所学专业。他只能服从分配，进入焦化专业。然而，这并没有成为他放弃梦想的理由。参加工作短短一年后，邢岗就凭借在电气方面专长成功转行做了电工，而且一干就是31年。每每回忆这段往事，邢岗都会庆幸自己的正确选择。

从普通电工到技能大师圆"工匠"梦

戴着一副近视眼镜，说起话来思路清晰、语气温和。记者面前的邢岗更像是一位儒雅书生。"为什么没有上大学？"面对这一问题，邢岗微微一笑，他被无数人问过同一问题。

邢岗好学，从小到大都如此。看着两个姐姐先后考上大学，他也立下同样志向。然而，一个家庭供 3 个大学生实在太难了。邢岗默默地把大学梦埋在心底，选择报考技校，为早日就业做准备。

埋藏梦想并不代表放弃梦想。参加工作后，邢岗走进职工大学校门，开始边工作边学习。这一次，他如愿以偿选择了电气自动化专业。随后，他又完成了计算机科学与技术本科学业。手捧毕业证，邢岗发现，圆梦之旅远没有结束。因为，对于一名产业工人来说，真正代表实力的不是学历，而是能为企业作出的贡献。他，要成为一名"工匠"。

邢岗渴望获得更多专业技能知识，他抠图纸、下现场、问师傅，分解图纸、总结原理，半年吃透了烦琐的翻车机系统；他攻克110多本专业书籍，积累笔记超过百万字。他将所掌握的理论知识运用于实际，完成技术革新及设备改造百余项。他的论文《翻车机控制系统的改造研究》在"全国创新杯"教科论文大赛评选中荣获一等奖，"电磁

·邢岗在工厂现场做电气测量

振动给料机动、静铁芯间隙调整先进操作法"年创效 30 余万元，专利"电磁振动给料机及配料系统"获得国家实用新型专利授权……

荣誉纷沓而来。从包头市"鹿城英才"到内蒙古自治区有突出贡献的中青年专家到内蒙古自治区金牌工人和内蒙古"北疆工匠"，再到全国青年岗位能手和全国技术能手，直至捧回全国劳动模范奖章，邢岗用"精益求精、追求完美"的工匠精神鞭策自己不断前行。

从自动化到信息化圆"金蓝领"之梦

"其实，做着大学梦的同时，我还怀揣着白领梦。"邢岗说，他曾经梦想能够在窗明几净的办公室里实现人生价值。"如今的岗位，会不会觉得落差太大？"如此提问，邢岗仍是微笑回答，"有过失落，但随着自己价值体现和被社会认可，很快就找到新方向。"他说，做不了"白领"也要做"金蓝领"。

邢岗坚信，知识一定可以改变命运。2016 年 6 月，包钢钢联股份有限公司煤焦化工分公司稀土钢焦化作业区 4 套制冷机组中两套停机。环境温度高，制冷机不能正常使用，荒煤气得不到有效降温，化产品收率降低，且煤气质量受到影响。邢岗带领团队自主编程，完成对系统整体改造。此项改造创效 300 万元，而对该公司制冷机控制核心技术的掌握其意义远远超过经济效益。其实，这仅仅是邢岗众多技术攻关中一项。正是通过这些，他体现着自己人生价值，得到了企业和社会认可。

邢岗笑称自己是"完美主义者"。他不但要努力改变自己命运，而且要改变工友们的命运。多年前，邢岗就发起创建了煤焦化工公司第一个"电工学习室"，并于 2012 年创建了"邢岗电工技能大师工作室"。

·邢岗（中）电工技能大师工作室努力搞技术攻关

青工杨景轶就是在这里成长起来的。"拜师"之初，杨景轶只能在该公司炼焦电工班"打杂"。对于他每周半天跟随邢岗学习这件事，班长并不赞同，直到杨景轶完成一件"大事儿"。他利用邢岗传授的 PLC 编程技术，短短十几分钟就解决了推焦车平煤杆不到位的问题，令班长刮目相看。和杨景轶一样，"邢岗电工技能大师工作室"走出来 14 名职工都成为岗位骨干力量。其中，5 人在各级别技能大赛中取得好成绩，17 人晋升为高级技师，9 人走上专业技术岗位。

邢岗电工技能大师工作室也一路成长，先后完成自主改善、技术攻关 1836 项，为企业创造经济效益 2000 万元以上，获得包头市劳模（职工）创新工作室、"鹿城英才"高技能人才团队、内蒙古自治区职工创新工作室、"草原英才"工程内蒙古自治区高技能人才团队等荣誉，并最终晋升为国家级技能大师工作室。

如今，邢岗的圆梦之旅还在继续，这一次他要圆的不是一个人的梦想。未来，实现信息化，会让产业工人成为"金蓝领"。而现在，邢岗和他的团队正不断提升技术水平，把自动化做实，为实现信息化奠定基础。

（赵雪峰）

罗佳全：追电前行的"大国工匠"

◆ 人物档案 ◆

　　罗佳全，仫佬族，1962 年生，广西罗城人，中共党员，正高级工程师，首席技师，全国劳动模范、全国五一劳动奖章获得者、全国模范退役军人、中华技能大奖获得者、全国技术能手、全国机械冶金建材行业工匠、辽宁省优秀共产党员、辽宁省五一劳动奖章获得者、辽宁省（中）直企业道德模范、辽宁省有突出贡献高技能人才、辽宁首批工匠、"辽宁好人·最美人物""辽宁好人·最美退役军人"，本溪市五一劳动奖章获得者、本溪市道德模范、本溪工匠、本溪市最美退役军人，鞍钢楷模、本钢新时代功勋员工，辽宁省第十三届人大代表，享受国务院政府特殊津贴，是国家技能大师工作室和辽宁省劳模创新工作室领创人。

靠技术吃饭、凭本事生存、用知识改变人生。

——罗佳全

2024年7月9日，在第三届"鞍钢楷模"发布表彰大会上，本钢设备工程公司首席技师罗佳全捧起"鞍钢敬业爱岗楷模"奖杯时，心潮澎湃、思绪万千。他想起了故乡广西罗城，想起了九万大山连绵起伏的林莽。离开家乡40多年，他扎根本钢这片钢铁沃土，追电前行，创新攻坚，在平凡的岗位上书写出不平凡的"匠心"人生。

梦圆本钢——刻苦钻研，练就一身"绝活"

广西罗城仫佬族自治县东门镇大福村大井屯，是罗佳全的故乡。

年少时，山里贫瘠，少见稀罕玩意儿。当电工的堂哥从山那边扯了根电线过来，大山里从此告别"油灯时代"。罗佳全看堂哥时，眼里充满了敬佩之情，"将来我也要当个了不起的电工"成了他的梦想。

1979年冬，罗佳全瞒着家人偷偷报名参军，穿上崭新的军装踏上一路向北的人生旅途。五天五夜之后，罗佳全来到了一个完全陌生的城市。背着行囊站在起伏的山坡上，四周群山环绕，层峦叠嶂。罗佳全第一次在战友口中得知，这个城市因地得名，叫作"山城"本溪。

只是那时只有17岁的罗佳全并没有意识到，这座城市，将成为与自己牵绊一生的城市。

落脚本溪后，罗佳全成了00039部队新兵营的一名基建工程兵。新兵训练的间隙，罗佳全愿意站在山头俯瞰这座城市。他听说，"山城"本溪也被称为"钢城"本溪，因为这座城市里有一个"本钢"，是著名的"人参铁"产地。

1983 年，罗佳全所在的部队集体转业。面对很多热门岗位，一心想学技术的罗佳全只有一个念头，"我想去本钢学门手艺"。那年夏天，罗佳全得偿所愿，来到本钢机电安装公司（现本钢设备工程公司）一线班组，当上了一名电工。

"外线电工、维修电工、设备安装调试电工……电工的细分类别竟然这么多。"刚参加工作的罗佳全如同刘姥姥进了大观园。因为文化底子薄，他主动提出从作业条件艰苦的外线电工做起。

终于有机会接触向往已久的"电"了，罗佳全喜不自胜。求知是一条没有尽头的路，罗佳全开始勤奋学习、刻苦钻研，从书本上探求理论知识，向老师傅请教实战经验，还报名念起了夜校。

每天，罗佳全背着工具箱，骑着自行车穿梭于本钢的十里厂区。从大山里走出来的罗佳全感觉到，本钢太大了，大到可以装下自己所有跟"电"有关的梦。

通过不懈努力，罗佳全从外线电工成长为设备安装调试电工，并集百家之长，练就了一身电气设备调试的"绝活"。

扎根本钢——敢于挑战，让外方专家红了脸

因生产需要，本钢于 2000 年启动板材炼铁厂冷烧工程，从外国进口了烧结机主抽高压变频风机系统。合同规定外国专家负责设备的安装和调试指导工作。

风机系统在进行到六组组合式 10 千伏电缆接头附件安装时，罗佳全发现附件上有异色斑点。在第一时间向上级汇报的同时，罗佳全及时与外方专家沟通，指出该附件可能受潮了不能使用，外方专家面露不悦，表示他们的产品是世界顶级的，不可能有问题。然而系统在试运行时，突然发生"放炮"，六组组合式 10 千伏电缆接头附件和相关电气元件被"炸"得面目全非，外方专家束手无策，提出必须从国外重新发来配件安装才行。

配件从国外运到本钢至少需要 1 个月的时间，这会严重影响本钢按期完成施工任务。罗佳全急企业之所急，第一时间提出用"土方法"国产化替代，仅用 10 个小时就解决了问题。为此，媒体还用《年轻技师化解外国专家难题》进行了报道。

2001 年，本钢从新加坡引进 66 千伏高压电缆接头制作技术。新加坡公司在安装制作高压电缆接头时拉起警戒绳，不允许中方工人靠近。然而，外方专家漂洋过海带来的"封铅纸巾"却因受潮无法使用。正当外方专家一筹莫展时，罗佳全自告奋勇，用师傅传授的"绝技"迎刃而解。罗佳全用精湛的技术，不仅让傲慢的外方专家红了脸，还避免了再从国外重新发货工期被迫延长造成的巨大损失。

在多场与国外技术专家的"擂台赛"中，罗佳全赢了，本钢赢了。时光里锻造的"匠心"早已融入罗家全的血液中。

2011 年，本钢丹东不锈钢公司工程建设期间，1000 多米长的地下 10 千伏高压电缆突发故障，几千人的施工作业被迫停工，前来救援的供电系统专业队伍两天两夜解决不了问题。罗佳全受领此抢修任务后，仅用 1 个多小时就找到故障点，为企业挽回经济损失 400 多万元。

原本钢原料厂煤场高压电气室因空间狭小和系统不能停电的原因，多年未曾升级改造。罗佳全设计出"有限空间 28 面高压柜不停电整体平移"施工方案，采纳实施后，节省新建变电所费用 1280 余万元。

2023 年年初，本钢对 1780 热轧生产线进行改造，其中，电气系统改造按常规施工方法至少要两个月。罗佳全和徒弟陈雄创新施工方法，18 天就完成了任务，创造行业施工新纪录，为企业创效上亿元。

……

曾有国外企业以优厚的工资待遇，向罗佳全递出橄榄枝，但罗佳全依然不为所动。他说："本钢培养了我，我要永远扎根在本钢。"

2020 年，罗佳全荣获"全国劳动模范"称号，2021 年又摘得技能人才最高奖项"中华技能大奖"，也是这一年，本钢授予他"本钢新时代功勋员工"荣誉称号，并奖励一台采用本钢汽车板制造的红旗轿车。

此时的罗佳全，用一双"钢的手"，在这座生产钢铁的城市中，体味着通过努力带来的骄傲和自豪，感受这座城市坚韧品性带来的繁荣和发展。

奉献本钢——倾囊相授，助青年快速成长成才

2022 年，作为辽宁省第十三届人大代表，罗佳全提出在全省建立劳模创新工作室联盟的建议，得到辽宁省相关部门高度重视并迅速在全省推行。当年年末，在辽宁省确立的 23 家联盟盟主中，"罗佳全劳模创新工作室"位列其中，并得到政府 20 万元资金扶持。

在"罗佳全劳模创新工作室"里，总是坐满了求知若渴的年轻人，而罗佳全则站在讲台上，毫无保留地将一生所学倾囊相授。他常说："靠技术吃饭、凭本事生存、用知识改变人生，是我的信条。"正因如此，罗佳全更愿意帮助身边的年轻人快速成长成才，尽到他作为本钢一名首席培训师的责任。

多年来，罗佳全带领工作室青年及其他成员创新攻关，获得国家实用新型专利 5 件、辽宁省工法 4 项、企业工法 5 项，工作室现已成为国家级技能大师工作室、辽宁省劳模创新工作室、辽宁省职工职业技能培训基地和本钢职工电气专业技能晋级考试基地。他带出的徒弟，包揽过两届本溪市职工职业技能大赛前三名，其中，4 名徒弟成为高级工程师，2 名徒弟成为特级技师。

而伴随着罗佳全一路成长的电仪事业部，自鞍本重组以来，切实让罗佳全感受到了日新月异的发展变化。经营管理水平不断提升，技术攻关能力显著增强，产值利润连创新高，2023 年工作目标突破亿元

大关，利润达到 1000 万元。以布袋除尘器 DCS 电控系统研发为重点的科研立项，2024 年成果落地并在本钢应用。目前研发的"煤气水封无人巡检系统""低压开关柜远程控制系统"也在试运行中，在数字化、智能化的道路上开始了新征程。

追电前行，匠心筑梦。参加工作 40 多年来，罗佳全凭借一身"绝活"，处理电气故障不计其数，累计为企业挽回经济损失上亿元；参与过 500 多项工程建设和设备升级改造，亲眼见证了本钢由半自动化生产到全自动化生产的发展历程。

尤其在鞍本重组后，罗佳全更是积极地开展交流授课、传授经验。"希望工友们都能成为知识型、技能型、创新型劳动者，为鞍钢集团加快建设世界一流企业和钢铁强国建设作出更大贡献。我愿意为这个目标而不懈奋斗。"罗佳全目光坚定地说。

（高晓曦）

荣彦明：锐意创新的轧钢状元

◆ 人物档案 ◆

　　荣彦明，1987年1月生，河北唐山人，中共党员，现为首钢京唐钢轧作业部 MCCR 作业区精轧操作工。荣获全国劳动模范、全国五一劳动奖章、全国技术能手、北京大工匠、全国机械冶金建材行业工匠、国企楷模·北京榜样"十大人物"、首都市民学习之星、首钢工匠等荣誉称号，享受北京市政府技师津贴。从业以来，他精准操作，轧制过程零失误，编写了130余项操作方法，命名最佳操作法4项（一等奖3项），获授权专利11件，发表论文4篇，获得全国发明展银奖和铜奖3项。

只有不断挑战极限、追求极致，工作才更有意义。

——荣彦明

一个个沉甸甸的荣誉是他努力实干的见证，也成了他职业生涯中明亮的轨迹，他是荣彦明，被誉为金牌轧钢工。

挑战极限　轧制精品

2008 年，材料工程专业毕业的荣彦明成为京唐热轧作业部的一名顶岗实习生，参与到了 2250 热轧生产线的建设之中，出于对知识匮乏的"本领恐慌"，他分秒必争提技能、学本领，练就了"眼、心、手"合一，"快、准、稳"轧制的基本功，入职 6 年，便在技能竞赛中夺得了北京市轧钢状元。

"只有不断挑战极限、追求极致，工作才更有意义。"这是荣彦明常挂在嘴边的一句话。高难度轧制的钢种生产对工艺路线、设备精度、生产操作都是极大考验。荣彦明凭借着对轧钢精湛技能的执着追求，

·荣彦明在轧机旁巡检，仔细检查设备运行状态

不断攻坚克难，取得了一个又一个新突破：第一个轧制出高强度汽车用钢，第一个轧制出 SPA-H 极限规格集装箱板，第一个轧制出出口瑞士的高表面等级的汽车外板。

创新突破　敢为人先

2018 年，世界首条多模式全连续铸轧生产线——MCCR 生产线项目落地，作为金牌轧钢工的荣彦明义无反顾地投身到建设之中。由于 MCCR 生产线为世界首例，许多解题方法需要突破性的思考，毫无经验可借鉴，调试过程异常艰辛。为了快速突破调试瓶颈，荣彦明与建设团队成员夜以继日扑在生产线上。功夫不负有心人，快速变厚控制、动态窜辊、负荷分配等一系列外方专家都难以破解的技术难题被他们逐一攻克。经过不懈努力，他们仅用了两年时间 MCCR 生产线便完成了达产目标。

目前 MCCR 生产线 95% 以上为无头轧制。无头抛尾时，由于规格薄、温度低、板形差等容易出现甩尾、轧破等事故，严重影响产品质量和辊耗等。为了应对此问题，尝试使用在无头抛尾时，大幅度降低带钢尾部轧制速度和打开辊缝的控制程序，但是会导致卷取温度不合、厚度不合，切损达 100 米，严重影响了生产线的成材率和成本。荣彦明带领创新团队开发了一套无头产线薄规格抛尾控制技术，大幅度提升了无头轧制薄规格抛尾的稳定性，并提高了成材率，降低了轧辊辊耗等，每年创效 3500 多万元，获得了全国机械冶金建材行业职工技术创新成果一等奖。

在 MCCR 生产线攻关的过程中，京唐公司搭建了以荣彦明为领军人物的创新工作室，团队攻关能力得到进一步提升。生产线投产以来，曾经多次尝试薄板坯领域极限规格（0.8 毫米薄板）轧制，均以失败告终。但荣彦明并没有气馁，而是通过深入分析制约薄规格稳定轧制的不利因素，最终锁定了造成板形缺陷的原因。为了解决瓶颈难题，荣彦明带领创新工作室成员开展了专项攻关，通过制定薄规格轧制过程中的拉速控制规则，优化活套控制程序等一系列措施，有效改善了轧制中心线波动造成的跑偏问题。同时，轧机治水攻关团队深入生产线，开展设备改造，突破设计瓶颈，独立摸索出一套适合现场轧制状态的轧辊冷却方案，提升了带钢温度和轧辊冷却的温度均匀性。在各攻关组的协同努力下，轧制 0.8 毫米规格这块硬骨头终于被啃了下来，而这个过程总结出的经验《MCCR 产线高效轧制关键技术研究与应用》也获得了首钢科学技术奖二等奖，MCCR 生产线制造能力达到行业先进水平。

· 荣彦明严格按照操作规程进行轧钢生产

凝聚力量　助推发展

"一花独放不是春，百花齐放春满园。"荣彦明深知团队整体技术实力的提升对完全驾驭这条生产线至关重要。他默默下决心：一定要借助创新工作室这个平台打造一支技术过硬的操作团队。编教材、定制度、练操作……为了加快 MCCR 轧钢人才培养，荣彦明将自己的经验毫无保留地传授给身边同事，培养了一批优秀高技能人才，对生产线的顺利调试起到了支撑作用，并编写了《精轧机械培训》《无头轧制注意事项》等一系列教材，很多新职工只用 1 年时间就成长为班组的生产骨干。

"如果你在走一条没有经验可借鉴的创新之路，要做好反复尝试的准备，直到成功。"为了吃透生产线，荣彦明与团队成员深入研究探讨。铸机高拉速、无头轧制、长辊期与连浇炉数、薄规格轧制、感应加热器自主维护等 30 多项技术难题被他们逐个攻破，获得首钢科学技术奖一等奖、二等奖共 13 项，获专利授权 33 件，获得京唐公司改善金点子奖、优秀课题和最佳操作法等群众性创新成果奖 16 项，专利成果奖 6 项，发表论文 5 篇，累计创效上亿元。

经过不懈努力，MCCR 生产线各项指标不断取得新突破，月产量突破 19 万吨（超设计产能）；平均厚度 1.83 毫米（超过设计 2.17 毫米）；无头比例达到 95% 以上（超设计 71%），最高轧制 263 千米，最薄规格 0.75 毫米（超设计极限 0.8 毫米）；连铸机最高拉速达到 6.0 米/分，通钢量居世界第一。

（张鹏飞）

钟韶：用心打造安全与创新标杆班组

· 人物档案 ·

钟韶，1973年10月生，广东韶关人，中共党员，1994年7月参加工作，现任宝武集团中南股份能源环保部维检作业区调试检修班班长，变电设备检修高级技师，继保调试高操，变压器设备检修工高级技师。2014年担任调试班班长以来，不断探索新形势下创建安全"1000"班组、创新创效及学习型班组的有效途径，以严谨的工作态度对待每一个试验数据，及时排除设备存在的安全隐患，为公司的安全用电保驾护航。先后获得了全国劳动模范、中央企业劳动模范、全国安全管理标准化百名优秀班组长、宝武"金牛奖"、中南股份"最佳员工"等荣誉称号。

钟韶以安全筑基、创新赋能、人才育成三位一体的实践，推动企业安全生产、绿色降碳与团队建设协同发展，彰显了产业工人队伍的时代担当与卓越贡献。

筑牢安全屏障　班组 50 年无事故

调试班是一个与高压电打交道的班组，工作点多面广、作业环境复杂多变、安全风险大。作为班组的带头人，钟韶时刻将安全放在首位，不断探索、研究、创新班组安全学习方法及日常安全管理。他带领班组员工不断夯实、创新班组安全管理，自编高压断路器、高压电缆、电机等安全标准化作业可视化教材；建立"岗位风险管控表""各类作业安全措施表""安全规范标准表""故障汇总表"和"应急疏散图"四表一图；探索总结出双安全交底法、一票一柜法、一对一联系法、"211"创新安全工作法和"3331"安全管理模式；扎实开展"我的安全我管理，我的生命我珍惜"主题活动，创新推出"重点检修项

· 钟韶在对设备进行点检维护

目风险描述"和"员工风险自检动态看板"，推行检修风险隐患滚动消缺，认真做实岗位安全风险管控，形成具有调试检修班特色的安全管理模式，实现了班组50年无安全事故。

为提高中南股份220千伏界牌岭站、220千伏柏山站、110千伏高炉站三座变电站7台大容量变压器试验数据的准确性，钟韶查阅大量书籍和技术资料，探索并推广使用助磁法，通过降低变压器自感效应，使得测试时间从22分钟缩短到5分钟左右，测试结果误差率远远低于国家电力行业标准。近年来，在钟韶的带领下，调试班全体班员积极投身岗位创新、改善，取得了可喜成绩，创新（改善）课题荣获公司级银奖5项，中南股份能源环保部自主管理成果发布一等奖5项、二等奖7项。钟韶撰写的《双重联锁安全门在交流耐压试验平台中的实践》《一种用于绝缘器具电气耐压试验综合装置》《浅谈快速确认电缆及绝缘电阻的检测方法》等成果分别荣获中南股份科协优秀论文奖。

调试班连续10年荣获中南股份"年度十佳标杆班组""安全'1000'标准化示范班组"和"工人先锋号"等称号，2019年荣获"广东五一劳动奖状"。多次荣获"中国宝武安全'1000'标准化示范班组"，荣获2022—2023年度全国"安康杯"竞赛优胜班组称号，成为中南股份班组建设、基层安全管理的一面旗帜。

焕发创新热情　申请专利85件

2016年3月，钟韶领衔创建了中南股份能源环保部第一个以一线员工为主体的"钟韶蓝领创新工作室"。2017年6月，在中国宝武组织的一次班组研修会上，钟韶现场聆听了宝钢股份硅钢部专家宋俊《关于如何现场改善创新》的精彩演讲，深受启发。钟韶认为，只要用心去发现、改善，现场存在的小问题、小缺陷都可能转化为创新成果，促进企业安全管控、保障安全生产。随后，他学以致用，针对现场使用的试验短接线夹子容易断裂且不易被发觉存在安全风险这一问题，持续创新，大大改善了作业安全与效率，并成功获得了1件实用新型专利授权和1项技术秘密认定号。

初尝创新甜头激发了钟韶和班组员工的创新激情，他们开始更多地关注现场改进。调试班承担了全公司大型变压器的年度预防性试验，炎热的夏天加上变压器本体温度，长时间待在变压器平台上容易造成人员中暑；多次往返变压器平台造成作业人员体能下降，使用爬梯作业安全风险增加；大型变压器本体高度均在3米以上，高处作业也存在一定的安全风险。如何克服大型变压器电气试验时存在的缺陷？他们通过自主创新，研发了一种大型变压器直流电阻试验转接装置，实现了变压器高压套管引线一次性接入转接装置，减少试验人员攀爬接线次数，有效降低作业人员的劳动强度和安全风险，降低试验时间，提升检修效率。同时，此次课题攻关实现直接创效55.18万元。在此基础上形成的创新成果"大型变压器试验技术及方法的应用"获得了全国机械冶金建材行业职工技术创新成果二等奖。

2021年，团队通过对涵盖电缆盖板吊运、电缆头制作、电缆敷设、电缆孔洞封堵、电缆检测试验等一系列过程中存在的问题进行技术创新，成立"电力电缆安全运行的智能化技术"项目攻关，该项目人性化设计和自主研制新装置，优化电缆敷设方法，改进电缆孔洞封堵结构和方法，打破电缆试验常规方法，进一步延长电缆使用寿命，确保电力电缆全生命周期运行的安全性和可靠性，实现电力电缆运维、安全双赢，对提高电网运行的稳定性、可靠性、安全性提供了有力保障。同时有效降低作业劳动强度，保障人身安全，提升作业效率。该项目减少外购电 408 万千瓦时，减少发电锅炉和汽轮机停机次数，带来直接经济效益达 299.63 万元，降低二氧化碳排放量达 3363.092 吨，该项目分别获得了第 25 届全国发明展的铜奖和 2021 年中国宝武优秀岗位创新成果三等奖。

·钟韶（左四）和创新工作室成员在探讨技术创新问题

多年来，钟韶蓝领创新工作室以"聚焦自主管理和岗位创新，创建创新创效班组"为抓手，挖掘和培养创新骨干，以点带面，引领班员以现场的疑点难点为攻关目标进行创新。截至目前，钟韶和他的团队共申请了 85 件专利，其中发明专利 49 件、实用新型专利 18 件，获得专利授权号 36 件；获得技术秘密认定号 35 项；先进操作法 2 项。完成岗位创新成果转化 19 项，为企业降本增效 190 多万元。2020 年6 月钟韶蓝领创新工作室升级为公司级蓝领创新工作室，2021 年 12 月晋级为韶关市劳模创新工作室。调试班于 2020 年获评中南股份"优秀创新班组"称号。

感恩企业培养　打造一流团队

因工作成绩突出，钟韶先后获得中南股份最佳班组长、最佳员工、设备检修技能竞赛第三名、变电维修技能竞赛第五名，全国安全管理标准化百名优秀班组长，中国宝武"金牛奖"，中南企业劳模，全国劳模等荣誉。

"我取得了一些成绩，获得了一些荣誉，主要得益于公司搭建的班组建设、员工创新平台，今后要继续发挥示范引领作用，和团队成员一起努力，争取做最好的自己。"在班组建设和蓝领创新平台上成长起来的钟韶对企业深怀感恩之心。他以蓝领创新工作室为依托，加强人才培养引导和现场创新创效实践，让想干事者有机会、能干事者有舞台，营造有利于创新人才脱颖而出的环境，让创新人才"挑大梁、当主角"，打造创新人才培养的基地。

钟韶先后与6名基层员工进行创新结对，利用业余时间进行帮助和辅导。他毫无保留地分享自己的成长经历、岗位创新创效的实践与感悟，结合工作实际对结对对子进行精心辅导，促进了结对员工更好更快地成长成才。2022年钟韶创新结对的黄文星获得了中国宝武"银牛奖"、成霞获得了中国宝武"创新新人奖"、中南钢铁工匠。同时，钟韶还以蓝领创新工作室为平台，开展高压、低压电工复审培训30余次，开展电表安装、继保编程、标准化操作等20多项培训；为高压电气、继电保护方面输送10名技术人才；导师带徒累计40人次，先后培育出高级技师3名、技师6名、工程师3名、电气助理工程师2名。

作为中南股份首届班组长联谊会的会长，钟韶充分发挥班组长联谊会平台作用，经常组织标杆班组和安全"1000"班组的班组长走进基层班组传经送宝。他发挥示范效应，主动与后进班组结对，利用业余时间给予帮助和辅导，他的班组成了中南股份基层班组长现场观摩、交流学习的实训场。在他的带领下，中南股份基层班组长交流沟通活跃，有力助推了中南股份基层班组建设，为夯实企业基层基础管理作出了积极贡献，充分体现了当代产业工人队伍勤学习、敢担当、善管理、会创新的优秀品质。

（陈立新）

闫良凯：在矿山拔节生长的"奋斗青年"

◆ 人物档案 ◆

　　闫良凯，1985年9月生，山东兰陵人，中共党员，2008年参加工作，机修钳工技师，现任中钢集团山东矿业有限公司提选动力车间副主任。13年来坚守一线岗位，用刻苦钻研、精益求精的韧劲，从维修"小白"成长为技术大师，为主井提升设备的安全运行默默扮演着"守护神"的角色。先后获得山东省青年安全生产标兵、中钢集团杰出青年、山东省劳动模范、宝武"铜牛奖"等荣誉称号。2024年，闫良凯获得全国五一劳动奖章荣誉。

要想把这份工作做得更好，就必须持续给自己充电。

——闫良凯

2024 年 4 月 29 日，一身工服的闫良凯胸前戴着一朵大红花、肩披绶带，在济南山东会堂留下了自己迄今为止"最高级别"的一张照片。就在前一天，中华全国总工会召开大会，表彰了 2024 年全国五一劳动奖和全国工人先锋号获得者，闫良凯这次被授予了全国五一劳动奖章。他给自己的微信取名叫"奋斗的青年"，他也确确实实地在中钢山东矿业的生产一线奋斗、打磨了 13 年，这枚奖章就是最好的见证和褒奖。

· 闫良凯参加表彰大会

2008 年从烟台南山学院汽车检测与维修专业毕业后，闫良凯先后进入枣庄市一家车企和一家轮胎厂工作，直到 2011 年 2 月入职中钢山东矿业。经过一段时间的培训，他成为一名维修工，被分配到了维修车间，从事机械设备的维修、保养，他说："维修工作有挑战、有难度，我喜欢那种把活儿做到完美的成就感。"

从汽修到矿山，这一转变着实给闫良凯带来了不小的困难和挑战。使用的工具、要维修的设备截然不同，理论知识从头学，实践经验也没有，用他的话来说就是"一看就会，一干就废"。向来不服输的闫良凯没有放过任何提升技能的机会。万丈高楼平地起，彼时的中钢山东矿业正处于"起"的第一步，刚刚从一片荒芜建设成初具规模的矿山。为了尽快培养起一支能力过硬的技术人才队伍，公司开展了一系列技能培训，闫良凯像一块海绵，如饥似渴地吸收着专业知识，他说道："比如像电焊这样的技能，都要跟着老师傅从零开始学习，只有主动学，人家才愿意倾囊相授。"一边跟着老师傅学习，一边下班后自己加练，他仅用了 3 个月的时间便掌握了生产工艺流程及电焊、气割、吊装起重、机械设计等专业技术，熟悉了设备构造原理，在成为独当一面的维修大师的路上迈出了第一步。第一次独自完成的工作任务让闫良凯至今记忆犹新。当时中钢山东矿业提升系统尚未运行，他接到了给卷扬机配电室做设备接地的任务，这是保障提升系统顺利运行的关键设备，需要先挖深坑再进行电焊，一番操作下来焊接的效果并不理想，最后还是交给了老师傅接手。他认识到，功成在久不在速，自己还有很长的路要走，此后他便给自己立下一个小目标——自己接手完成的工作，决不需要让别人再返工、收尾。

接下来的时间里，闫良凯越发刻苦地打磨自己的技能本领，周围的同事看着他"每天来得最早，走得最晚"，对他的拼劲儿都很服气。随着矿山基建完成，自动化、智能化进程不断加快，闫良凯意识到自己所学的专业知识与技能可能不足以满足未来智能化矿山建设的需要。2015 年，他攻读了山东科技大学自动化专业，顺利拿到了本科学历。他的手机里关注了很多矿山机械类的公众号，里面发布的具有代表性的专业论文成了他的"必读书目"。同时，他也积极参与公司的提升系统整体自动化改造，在井下装矿自动化、提升速度最大化的研究改造过程中获得了丰富的实践经验。台下的十年功让他在台上的一分钟里大放异彩，闫良凯参与完成公司大型设备改造任务 30 余项，仅主井矿仓喇叭口改造一项，就为公司实现降本 600 万元，先后被评为山东省青年安全生产标兵、临沂市沂蒙首席技师，并受山东煤炭技师学院邀请兼职指导老师。寒来暑往，曾经的"学徒"已然成为了"老师傅"，闫良凯凭借着过硬的技术能力成长为主井维修工段的带头人。

· 闫良凯检修提升设备

2018 年 4 月，闫良凯获评山东省劳模，获得这一荣誉让他更加感受到了"责任"二字的分量。"在公司的推荐和培养下，我拿到了许多荣誉，站得更高了，看得也更远了。我想，和周围的同事一起提高才更有利于矿山的发展。"这些年来，闫良凯一直思考着，在传统"传帮带"之外，还有什么其他能够高效培养技术人才的方法，不断地做出了许多尝试。他率先把目光落到了产教融合这条路上。鲁南技师学院是临沂当地的高级技工学校，也是国家重点技工院校，闫良凯参与到鲁南技师学院提出的山东省重点课题——"产教融合校企双主体背景下电工专业一体化课改的研究"当中，负责企业课程开发，旨在使学校教学课程更加贴近企业工作实际。以此为契机，他又多次与学院联系，邀请学院老师为中钢山东矿业技术工人进行培训。2021年10月，中钢山东矿业以闫良凯的名字命名成立了劳模创新工作室，他获得了更大的施展拳脚的空间。创新工作室吸收了三十余名来自提选动力车间、采矿车间、设备材料部等不同部门的操作工人、管理人员、技术人员，既有精通技术的业务骨干，也有还未出师的青年学徒，分成电工、设备、工艺三个小组开展技术攻关。闫良凯既是设备小组的负责人，也是劳模创新工作室的带头人，带领工作室成员们进行了多项技术改造。公司老一号皮带是矿山生产的运输"动脉"之一，由地表颚破和主井两方供矿，此前曾出现当两方同时供矿，皮带发生跑偏掉料的问题，直接导致皮带使用寿命缩减，严重影响后续的供矿、磨选等生产环节。经过一个月时间的多次停机检查，对运输装置部件进行了四次调整改造，问题仍然没有得到解决，两三天就要检修一次，下雨时掉料更为严重，一天就要清理皮带周围掉落的矿石三次。他带领小组成员齐上阵，沿着近200米长的皮带安排全部人手观察运行情况。闫良凯说道："维修起来简单，关键是要发现问题出在哪里"，一次持续数天的阴雨天气让闫良凯发现了问题所在，他进入主井供矿下料口检查，发现井下矿石因潮湿而堆积过高，造成落料点偏移，随后他和小组成员通过焊接衬板更改落料点位置，成功解决公司老一号皮带跑偏掉料的顽疾，保障了矿山的正常生产。

在他的劳模事迹与工匠精神的影响下，工作室定期开展技能培训与对外技术交流，成员们只要遇到技术难题，随时开展"头脑风暴"，并通过工作室实践基地进行实操，利用工余时间攻克了一个又一个难题，工作室真正成了"人才成长的新摇篮、安全生产的新防线、经营创收的新亮点、降本增效的新窗口"。3 年来，先后开展小改小革 80 余项，获授权国家发明专利（实用新型专利）21 件，获得全国机械冶金建材职工技术创新成果 6 项，累计创效 1200 万元。2023 年，闫良凯劳模创新工作室获评"临沂市劳模和工匠人才创新工作室"。工作室还培养出了一批技术骨干和年轻干部，有的人走上了车间领导管理岗位，有的人从普通工人成长为工段段长，有的人成为了公司专业维修技术能手、自动化高级技术人才，闫良凯"为公司培养更多技术人才"的设想照进了现实。

闫良凯的家在临沂市兰陵县鲁城镇附近的一个小村子，距离中钢山东矿业仅有五六千米，远远地就能看到提升井架矗立在广袤的田野之上，他说："每次看到它，我都有种很踏实、很自豪的感觉。"一如矿山的井架，这个"奋斗的青年"也扎根在矿山许多年，但不同的是，他将继续在现代化矿山建设的进程中拔节生长，志之所趋，无远弗届。

（王笑语）

张红军：炉火纯青"钢铁侠"

◆ 人物档案 ◆

　　张红军，1980年11月生，湖南衡阳人，中共党员，江苏省首席技师、第四届六合区人大代表、南京市政协委员。2001年入职南京钢铁股份有限公司，先后从事第一炼钢厂转炉炉前工、主操工、炉长、大班长、车间主任助理、副主任。曾获得全国劳动模范、全国五一劳动奖章、全国钢铁行业技术能手、江苏省工匠、江苏省首席技师、南钢十佳生产与技术能手、全国劳动模范等荣誉。2024年享受国务院政府特殊津贴。

> 张红军以匠心独运的精神，在熔炉中锤炼出坚定的意志与卓越的技艺，为中国钢铁制造业的国际化贡献力量，堪称新时代工匠精神的典范。

在钢铁行业的璀璨星空中，张红军的名字熠熠生辉。他不仅是全国钢铁行业的技术能手，更是全国机械冶金建材领域的"行业工匠"。南京市文明职工、南钢十佳生产与技术能手、江苏省工匠、江苏省首席技师、2024年享受国务院政府特殊津贴专家，每一项荣誉都见证了他20多年来的辛勤付出与卓越成就。他现为南钢集团第一炼钢厂炼钢车间副主任。

张红军的炼钢之路，是一段追逐梦想、不断超越的传奇之路。从一名普通的炼钢工人起步，他凭借对钢铁事业的热爱和不懈的努力，逐渐成长为一名知识型炼钢技能人才。他的精湛技艺和卓越贡献，为国家重点工程用钢的转炉冶炼开创了多项先例，让"蓝鲸一号""华龙一号""天鲲号"等大国重器的背后，都留下了南钢的力量和印记。

攻克"钢铁界钻石"冶炼难关，引领行业技术革新

在钢铁行业中，9镍钢被誉为"钢铁界钻石"，其独特的性能使得它在全球能源输送存储中扮演着举足轻重的角色。然而，这种珍贵的材料曾一度完全依赖进口，长期让我国钢铁业处于被动局面。

然而，张红军和他的团队并未被这一难题所吓倒。他们深知，只有攻克这一技术难关，才能真正实现中国钢铁业的独立和崛起。于是，他们夜以继日地投入技术攻关，经过无数次的试验和炼制，终于在全国独创了超低磷钢单渣法生产工艺。

这一创新不仅终结了9镍钢的进口依赖，更使南钢在这一领域达

到了全国领先水平。如今，南钢已拥有独有的生产9镍钢专利技术，并成功研发出3.5镍钢、5镍钢、7镍钢、高锰钢等系列品种，成为我国镍系钢市场中一股不可替代的力量。

张红军和他的团队以极致的水平稳定了"蓝鲸一号""华龙一号""天鲲号"等国家重点工程用钢的转炉炼钢生产，开创了多项创新方法。他们结合现场生产实践，申报了"转炉炉衬维护生铁块渣补操作法""超低磷钢转炉单渣冶炼方法""一种转炉冶炼高温低磷抗酸管线的方法"等专利，为南钢的技术革新和产业升级作出了巨大贡献。

面对这些成就，张红军表示："要把钢炼成、炼好，这是钢铁人的责任和使命。"南钢板材的定位是建设国际一流的精品板材基地，要在产品质量档次上提档升级，首先就要能炼出优质高档次的钢水。他坚信，只有拥有一流的装备、一流的工艺技术和稳定的操作，以及不断创新的人才团队，才能为一个个大国重器提供强力支撑。

炼钢界的创新先锋，引领行业技术飞跃

在炼钢的世界里，张红军不仅是一位技艺精湛的工匠，更是一位

不断追求技术创新的领路人。他深信"干一行、爱一行，守细微、担大任"的原则，自投入炼钢事业的第一天起，就立志要超越"会炼钢"的界限，向技术的高峰发起挑战。

在开发生产板材精品镍系钢等超低温钢的过程中，张红军面临了前所未有的挑战。这些钢材的成品磷含量要求极高，在没有铁水预脱磷工艺的情况下要达到 98.5% 以上。他带领团队全程参与生产试制和工艺优化，从最初的摸索到最终的创新突破，历经双渣法生产、双联法生产，直至独创超低磷钢单渣法生产工艺，这一切都凝聚了他们一年零三个月的辛勤汗水。

张红军和他的团队成功克服了镍系钢冶炼周期长、生产组织难度大、脱磷率低的难题。他们运用冶金动力学和热力学原理，精确控制冶炼过程，充分发挥转炉的动力学条件，实现了产品质量和生产效率的大幅提升。凭借独门技艺，南钢能够轻松完成超低磷钢的生产，将精品板材推向了新的高度。

张红军的创新技术不仅为南钢赢得了荣誉，更为整个钢铁行业树立了标杆。该技术为全国同行首创，充分展现了转炉在过程脱磷工艺控制方面的全国领先水平。为了进一步提高生产冶炼效率，张红军牵头组织团队对影响冶炼周期的制约因素进行逐项攻关。他运用头脑风暴法，集思广益，最终实现了极致效率冶炼高端品种。这一成果不仅提高了生产效率，更为南钢在激烈的市场竞争中赢得了宝贵的成本优势。

在钢铁行业的激烈竞争中，低成本、低排放和高质量成为企业持续追求的目标。张红军带领炼钢团队，以精细化管理为指引，紧盯各类消耗指标。通过深入研究和实践，他总结出"留渣操作、生料替代、少渣冶炼"的先进转炉冶炼操作法，显著提升了生产效率并降低了成本。在煤气回收方面，张红军勇于创新，不断学习探索，开发出一套高效的转炉煤气回收标准操作法。通过持续优化操作细节，并提炼出"氧同步"的先进操作方法，促使南钢的转炉煤气回收值达到了行业领先水平。

张红军用自己的实际行动诠释了什么是真正的工匠精神。他不仅是南钢的骄傲，更是中国钢铁行业的骄傲。在他的带领下，南钢将继续在技术创新的道路上砥砺前行，为中国的钢铁事业书写更加辉煌的篇章。

炼钢技艺的传承者与创新者

"工作没有终点，只有始点；没有最好，只有更好。"张红军，这位全国钢铁行业的佼佼者，始终坚守着这样的信念，在平凡的岗位上书写着不平凡的人生。如今，在忙碌的工作之余，他又肩负起传承炼钢技艺、培养更多技术出众徒弟的重任。

走进"张红军技师创新工作室"，满墙的荣誉证书见证了张红军的辛勤付出和卓越成就，每一项荣誉都是对他技艺和贡献的肯定。然而，面对这些荣誉，张红军并未停下脚步，他深知"技术创新不能停步"。

自"张红军技师创新工作室"成立以来，已累计开展课题项目26项，带领团队荣获了中华全国总工会全国工人先锋号、全国"冠军炉"等称号。这些成绩的取得，离不开张红军对技术创新的执着追求和对团队成员的悉心指导。

在传承炼钢技艺方面，张红军也取得了显著成果。他先后培养了12名转炉炼钢工炉长，其中多人在全国和省级技能比赛中获得优异成绩。这些徒弟们不仅在技术上得到了张红军的悉心指导，更在精神上受到了他的深刻影响。他们纷纷表示，要继承和发扬张红军的工匠精神，为祖国的钢铁事业贡献自己的力量。

转炉炼钢的过程是知识与技术的交融，是智慧与力量的结合。张红军说，他很庆幸自己当初选择扎根一线，这份选择让他收获了荣誉和动力。在未来的工作中，他将继续坚守生产一线，锤炼过硬本领，践行工匠精神，带动身边更多的人投身到钢铁事业中。他希望通过自己的努力，为建设知识型、技能型、创新型劳动者大军贡献力量，为祖国多炼高端钢、精品钢。

"锚定低碳、低耗目标，为推动钢铁行业的绿色可持续发展作出更大贡献！"张红军的目标坚定而明确。

（刘婧莉）

周树春：培养高技能人才的"金牌教练"

• 人物档案 •

　　周树春，1974年3月生，四川遂宁人，中共党员，现为中国十九冶集团有限公司（以下简称"中国十九冶"）焊工高级技师、正高级工程师，攀枝花技师学院焊接技能指导老师，国家级技能大师工作室领办人，中国五矿集团焊工首席技师。

　　2011—2024年，周树春连续7届担任世界技能大赛焊接项目国家队主教练，培养的选手在世界技能大赛上为中国取得3块金牌、2块银牌及一个优胜奖，实现了中国参加世界技能大赛焊接项目的"三连冠"。先后荣获全国技术能手、全国青年岗位能手、全国五一劳动奖章、中央企业劳动模范、中华技能大奖、四川省有突出贡献的优秀专家、四川省优秀共产党员、全国优秀教师、建国70周年功勋工匠、国家高技能人才培育突出贡献个人等荣誉和各类奖项60余次。并且享受国务院政府特殊津贴。他还先后培养出了全国及省部级行业职业技能大赛金奖59人、银奖36人、铜奖23人，全国技术能手29人，成为名副其实的"金牌教练"，为国家和企业高技能人才培养工作做出了重要贡献。

当就当最棒的电焊工，练就练独门的绝技绝活！

——周树春

2015年8月15日，第43届世界技能大赛在巴西圣保罗落下帷幕，代表中国参加焊接项目比赛的中国十九冶员工曾正超力克群雄夺得冠军，为中国赢得首枚金牌，实现了中国参加世界技能大赛以来金牌零的突破，同时也彻底打破了韩国连续五届对焊接项目金牌的垄断。

曾正超在领奖台上欢呼雀跃，而有一个人却在台下泣不成声，他就是曾正超的师父——周树春。

时间倒回2011年，一个令人振奋的消息从人社部传了出来，中国将首次组织选手参加10月在英国伦敦举行的第41届世界技能大赛，焊接是参赛项目之一。这个被誉为"技能奥林匹克"的大赛代表着世界技能竞赛的最高水平，人社部自然是积极响应，立即展开筹备工作。经培训基地专家推荐，周树春被人社部聘任为第41届世界技能大赛焊接项目主教练。

刚接到聘任书，周树春迟疑了许久，原因很简单，接过聘任书就意味接过了"为党育人、为国育才"的重任。虽然有些迟疑，但周树春没有退缩，他知道，身为一名共产党员，这是组织对他的考验。使命在肩，周树春选择负重前行，来到国家集训基地后，他就与专家组一起提出了"中国焊工，焊接世界"的口号。周树春暗自立下奋斗目标：共产党员从来就不怕困难，一定要带领中国选手在世技赛的舞台上赢得荣誉、展示中国工匠的风采。

在伦敦举办的第41届世技赛上，中国参赛的6个工种，焊接项目一举夺得银牌，这是中国第一次参加世界技能大赛，这样的成绩确实是一个惊喜，也给了周树春莫大的鼓励和信心。

带着夺金的期待，两年后周树春带领选手再次征战莱比锡的第42届世界技能大赛，代表中国队参加焊接项目比赛的是周树春的徒弟王晨宇。当他们满怀信心地期待好成绩的时候，意外却发生了，王晨宇在分数遥遥领先的情况下，裁判判定中国队选手犯规且申诉无效，结果痛失金牌。一时间，周树春和他的团队受到了很大的打击。当时他就立誓："在第43届世界技能大赛中，我们一定要以无可挑剔的表现、无可挑剔的作品，把本属于中国的金牌拿回来！"他是这样说的，也是这样做的，从失落中走出后，周树春又迅速选拔了一批年轻选手，投入第43届世技赛的备战中。

一年多的集训，无论对选手还是教练，都是炼狱般的生活。周树春几乎每天都要陪选手集中训练12~14个小时，在训练以外的时间，他还要翻阅专业教材，不断琢磨新的教学方法。

有心人，天不负，梦想终于在2015年8月15日实现了，为了这一天，周树春怀着一名共产党员的初心和使命整整坚持了5年，其间有无数艰辛和汗水，更有与世界第一擦肩而过的懊悔，这块金牌意义非凡，它让中国焊工站上了世界技能大赛的最高领奖台，代表着国家荣誉。更让人骄傲的是，2017年的第44届世界技能大赛上，宁显海以94.63分的成绩蝉联了焊接项目冠军，赵脯菠又在2019年的第45

届世界技能大赛上拿到了焊接项目金牌，成就了中国在该项赛事上的"三连冠"，周树春名副其实地成了大家公认的"金牌教练"。

总有人会问，为什么周树春带的徒弟每次都可以取得好成绩，是不是有什么秘诀。其实，哪有什么秘诀，成功的路上从来没有捷径，如果有，那便是一名共产党员甘于奉献的精神和永不言败的勇气。

在第 43 届世界技能大赛集训冲刺的关键阶段，周树春被诊断出甲状腺肿瘤，为了不影响训练安排，他不听医生建议，决定暂时不做手术。后来病情严重了，经过国家集训基地领导的多次沟通协调，甚至强制性打断他的工作后，周树春才在最短的时间内接受了手术治疗。住院期间，他心系选手，放不下工作，迫不及待地通过手机登录监控系统观看选手训练，并与选手电话沟通训练问题，当身体稍微好转，便坚持每日到集训车间指导选手，场景令人动容。

当问及对周树春的评价时，大多数学生及选手都会说他很严厉，这句话一点都不假。"一点都不能差，差一点都不行"是周树春在焊接行业里践行的工作准则。世界技能大赛焊接项目竞赛共有四个模块，包含了三种不同的材质、四种焊接方法、各类焊缝型式和操作位置。

在莱比锡的第 42 届世技赛上失利后，周树春认真总结经验教训，仔细研究竞赛规则，时刻关注变化调整，将所有的条文烂熟于心，并转化为选手训练时的操作要求。为达到第一模块内部质量无缺陷、第二模块水压试验拿满分、各个模块外观少丢分的训练目标，周树春对选手的训练要求近乎苛刻，以达到精益求精的训练效果。

如此看来，世界上并没有幸运儿，如果有，那也属于努力奋斗的人。

2024 年 9 月，第 47 届世界技能大赛在法国里昂举行，周树春又一次担当重任，带领徒弟胡泽宏为国出征，奋力冲击中国在焊接项目上的"四连冠"。遗憾的是，这次"冲金"未能如愿，胡泽宏最终摘得一枚银牌。赛后周树春说："虽有遗憾，亦有收获，所有经历皆为成长。从头越、再出发。"

回想 20 多年的经历，荣誉是对他成绩的最好证明。周树春先后获得全国技术能手、全国青年岗位能手、全国五一劳动奖章、中央企业劳动模范、中华技能大奖、四川省有突出贡献的优秀专家、四川省优秀共产党员、中央企业百名杰出工匠、全国优秀教师、新中国成立 70

周年功勋工匠、国家高技能人才培育突出贡献个人、天府工匠、天府质量奖等荣誉和各类奖项 60 余次，并享受国务院政府特殊津贴。还当选了四川省第十三届人大代表、四川省第十一次党代会代表，领办的"周树春焊接技能大师工作室"成为攀枝花市及中冶集团第一个国家级技能大师工作室。

值得一提的是，2015 年 9 月 3 日，周树春受人社部组织推荐，作为中华技能大奖代表，受邀到天安门广场观礼纪念中国人民抗日战争暨世界反法西斯战争胜利 70 周年大会。2017 年 10 月，国务院国资委举办"党员 idol"公益广告展，在 18 位入选的国企优秀党员典型中，周树春作为冶金行业优秀党员代表成功入选。

取得这些成就后，许多北京、上海等大城市的公司、职业院校闻名而来，向周树春抛出了橄榄枝，并且开出了优越的条件，如年薪 50 万元、解决事业编制、解决北京、上海等地户口及孩子可以到一线城市的好学校选择上学等，但周树春在利益面前守住了初心，从来没有动摇。周树春时常教育他的徒弟们说："我们今天的成绩不属于我们个人，公司为我们费尽了很多心血，在利益诱惑的时候，我们要保持初心，坚定意志，不忘根，不忘本，才能开创更踏实、更精彩的未来。"

曾经有人打趣地说："教会徒弟，饿死师傅，周老师恐怕还得留点绝招啊！"可周树春却不这样认为，之所以对徒弟们倾囊相授，是因为在他们身上，他看到了许多自己年轻时候的"影子"，即对成功的渴望，对梦想的执着，对责任的担当。从一个来自农村的"轮换工"成长为可以执教世界大赛的教练，周树春知道，他个人的成长离不开国家和企业的培养，能把掌握的知识和技艺传授给更多的青年工人，帮助他们快速成长，才是对企业和国家最好的报答。

411

2013年2月，中国十九冶以周树春的名字命名，成立了"西部铁军——周树春焊接工程队"。工程队先后奔赴孟加拉国AKG电炉炼钢、成都东二环、中国妥乐东盟十国产能峰会会议中心、马来西亚联合钢铁、津西钢铁装备升级改造、榆钢装备升级改造等项目打增援、攻技术、解难题，解决项目施工的"急难险重"问题，以实际行动回报企业的培养，同时也擦亮中国十九冶"冶金建设国家队"的名片。

一名党员就是一面旗帜。在职业技能教育的这块阵地上，"金牌教练"周树春就是那面最鲜艳的旗帜，绚烂如焊花，最映赤子心！

（包国安）